Breve historia de la Guerra Fría

Breve historia de la Guerra Fría

Eladio Romero García

nowtilus

Colección: Breve Historia
www.brevehistoria.com

Título: *Breve historia de la Guerra Fría*
Autor: © Eladio Romero García
Director de colección: Luis E. Íñigo Fernández

Copyright de la presente edición: © 2021 Ediciones Nowtilus, S. L.
Camino de los Vinateros, 40 local 90 - 28030 Madrid
www.nowtilus.com

Elaboración de textos: Santos Rodríguez

Diseño y realización de cubierta: Universo Cultura y Ocio
Imagen de portada: Roosevelt y Stalin en la conferencia de Yalta, 1945

ISBN edición impresa: 978-84-9967-949-5
ISBN impresión bajo demanda: 978-84-9967-950-1
ISBN edición digital: 978-84-9967-951-8
Fecha de edición: abril 2018
Fecha segunda edición: diciembre 2021

Impreso en España
Imprime: Podiprint
Depósito legal: M-7881-2018

Dedicado a Paloma,
por su paciencia

Índice

Prefacio

Me jubilé el 1 de enero de 2017. Sin embargo, en los últimos años de mi vida como profesor de secundaria dediqué cursos completos a explicar a mis alumnos de primero de bachillerato lo que fue la Guerra Fría. Al principio, esos muchachos nacidos entre los años 1991 y 2000 no sabían de lo que les estaba hablando. Para ellos, Stalin, Kruschev, Kennedy, Nixon, Reagan o Gorbachov podían ser perfectamente contemporáneos de Nerón, Felipe II, Voltaire, Robespierre o Charles Darwin. Si tomamos como ejemplo el curso 2008-2009, los alumnos correspondientes, nacidos hacia 1992, nada sabían de lo que era el comunismo y no habían vivido la caída del muro de Berlín, por lo que no entendían lo que este hecho podía haber significado en la evolución de la historia contemporánea. He debido tener en cuenta todo ello a la hora de redactar este libro, porque la Guerra Fría es, hoy en día, un hecho remoto, a pesar de que a menudo se utilice como forma de definir las actuales relaciones entre Estados Unidos y Rusia, la heredera de la Unión Soviética: la nueva Guerra Fría, en la que dos líderes, Donald Trump y Vladimir Putin, pugnan por mantener su influencia en el mundo.

En definitiva, casi nadie recuerda hoy los acontecimientos que voy a describir. Algunos españoles de mayor edad quizá relacionen el tema con la película *Bienvenido,* Míster *Marshall* (1953), de Luis García Berlanga. Incluso puede que alguno conserve en su memoria una canción de la movida madrileña, interpretada en los comienzos de los años ochenta del siglo pasado por el grupo punk Polansky y el Ardor. Su título: *Ataque preventivo de la URSS*. En el estribillo de su surrealista letra se nos preguntaba reiteradamente: «¿Qué harías tú en un ataque preventivo de la URSS?». Lógicamente, hoy no sabríamos qué responder a esa pregunta, porque la URSS, la Unión de Repúblicas Socialistas Soviéticas, no existe, y no se temen ataques preventivos de nadie, al menos en la Europa occidental. Pero hace cincuenta años las cosas eran bien diferentes.

Al final de cada curso, y después de visualizar diversos documentales sobre el tema, entre ellos el magnífico trabajo producido por la cadena estadounidense CNN en 1998, compuesto de veinticuatro episodios, los alumnos, en general, acababan sabiendo que hace escasamente sesenta años el mundo a punto estuvo de ser destruido por una guerra nuclear. Una guerra impulsada por Estados Unidos y la desaparecida Unión Soviética, las dos potencias dominantes del momento. Por suerte, no sucedió así, y ahora muchos vivimos para contarlo, bien en una clase de enseñanza secundaria, bien en un libro como este.

Un libro destinado sobre todo a la nueva generación de lectores para quienes la Guerra Fría no constituye lo que denominamos un acontecimiento reciente, que aporta como ingredientes la amenidad, el rigor y la claridad a la hora de narrar los complejos momentos de tensión, muchos de ellos incomprensibles para dicha generación. Pocos, hoy día, podrían llegar a imaginar que en octubre de 1962, durante la crisis de los misiles, el mundo estuvo al borde del colapso. En la actualidad preocupan más las cuestiones económicas, los bajos salarios, la precariedad en el empleo, la ecología, que no la simple destrucción masiva derivada de una acelerada carrera de armamentos.

Introducción: un repaso histórico a los sistemas de equilibrio internacionales

Durante el período transcurrido entre 1815 (derrota napoleónica) y 1991 (desintegración de la Unión Soviética) se han producido primero en Europa, y posteriormente en todo el mundo, tres sistemas de equilibrio de poder más o menos sólidos, en realidad más bien precarios, que por regla general han derivado en cruentísimos conflictos denominados guerras mundiales. El tercero de estos períodos, el que se caracterizó por un mundo bipolarizado entre los Estados Unidos y la Unión de Repúblicas Socialistas Soviéticas (en adelante, URSS), con sus respectivos aliados, va a ser el objeto principal de este libro.

El primer sistema, que podemos definir como vienés (por el Congreso de Viena de 1815), tuvo una larga duración. De hecho, constituye la parte más conspicua del considerado «larguísimo siglo XIX», iniciado para algunos en 1776 (comienzo de la guerra de independencia de los Estados Unidos) y para otros en 1789 (Revolución francesa), y concluido en 1914 (con el estallido de la Primera Guerra Mundial). Se trata de un sistema derivado de las negociaciones políticas entre las potencias conservadoras y legitimistas de la Europa continental centro-oriental (Austria, Rusia, Prusia) por un lado, y del espacio insular más occidental (Reino Unido) por otro. Fue elaborado con gran pragmatismo en el ámbito del Congreso de Viena, configurándose y confirmándose como una respuesta reaccionaria (en el sentido etimológico de la palabra), políticamente rígida e ideológicamente autoritaria del Antiguo Régimen. No obstante, se demostró con el paso del tiempo como un sistema extremadamente flexible e inopinadamente resistente. Pudo además soportar, aunque no sin ciertas dificultades, notables giros y transformaciones potencialmente destructivas. Comenzó siguiendo el contrarrevolucionario espíritu vienés, con una restauración de lo anterior a la Revolución francesa más bien imperfecta, y un Reino Unido en nada asimilable a las potencias reaccionarias de la Santa Alianza (1815-1830). Se pasó sucesivamente, a través de una restauración legitimista en un estado de cada vez mayor descomposición (1830-1848), a una nueva etapa revolucionaria que incluyó una restauración provisional y una rápida transición hacia el completo e inevitable cambio. En este proceso se asistió a un primer momento en que la iniciativa la tuvo la insurrección popular, que luego cedió el terreno a la actividad diplomática de los gobiernos (1848-1856). Luego vino el subsistema llamado de Crimea, que se extendió entre 1856 y 1871 y donde se observó el eclipse ruso, el aislamiento austriaco, el paso del este austrorruso al oeste anglofrancés en lo que se refiere a la hegemonía sistémica europea y, por fin, las unificaciones italiana y alemana. Finalmente se llegó a un

Escena del Congreso de Viena. Grabado del retratista y miniaturista francés Jean-Baptiste Isabey, realizado en 1819. El Congreso de Viena, que se desarrolló entre 1814 y 1815 y en el que participaron las principales potencias europeas, introdujo un sistema de equilibrio de las naciones del viejo continente, vigente hasta 1914.

largo e internamente variado período denominado de la Realpolitik (1871-1914), introducido, con una creciente exhibición de la fuerza, en el centro de los espacios germánicos (entonces un centro autónomo dentro de la política europea). Se trataba de una suerte de sustituto, con el tiempo generalizado, del cada vez más erosionado aunque todavía increíblemente vital equilibrio surgido en Viena en 1815.

El segundo sistema de relaciones internacionales, inaugurado en 1919 tras la terrible hecatombe de la Primera Guerra Mundial, es aquel que podemos definir como versallés (por el genéricamente denominado Tratado de Versalles, o paz impuesta a los derrotados alemanes). Partiendo de la importancia que adquirió la intervención de Estados Unidos en aquel conflicto, y del ostracismo al

Escena de la negociación del Tratado de Versalles. El Tratado de Versalles fue un tratado de paz firmado el 28 de junio de 1919, diez meses después de finalizada la Primera Guerra Mundial, por más de cincuenta países. Con él terminó oficialmente el estado de guerra entre la Alemania del II Reich y los aliados. Representó un nuevo orden mundial y un nuevo equilibrio internacional que apenas se mantendrían en vigor.

que se quiso someter a la Rusia revolucionaria, el Tratado de Versalles pretendió extender los principios progresistas liberales y del nacionalismo, principios conculcados anteriormente en el Congreso de Viena. Versalles se reveló, no obstante, como un episodio no resolutivo. El desarrollo de un elemento tan perturbador como fue el comunismo, materializado en la nueva nación llamada Unión Soviética, y que pretendía extenderse por buena parte del mundo, pronto hizo que surgieran tendencias cada vez más destructivas manifestadas en los regímenes fascistas, extremadamente violentos y potenciadores de una política agresiva, imperialista y basada en un enorme desarrollo de nuevas técnicas armamentísticas.

El equilibrio surgido tras la Primera Guerra Mundial y los principios de Versalles fue mucho más inestable que el anterior de Viena. Sus principios no lograron domesticar la aplastante lógica polimorfa que acababa de surgir, basada en el uso indebido de la fuerza, el nacionalimperialismo y las ideologías de masas. Además, Estados Unidos se inhibió durante el período de entreguerras de lo que sucedía en Europa, y se limitó a evitar la expansión en su territorio tanto de la ideología comunista como de la fascista. De esta forma, Versalles, a pesar de los generosos esfuerzos para mantener el equilibrio, en lugar de evitar un nuevo estallido, contribuyó en cierta manera a acelerarlo.

Una de las razones de la inestabilidad del momento fue la ausencia de un mecanismo destinado a conservar el equilibrio en la zona central de Europa. Existía, sí, una Sociedad de Naciones, organismo supranacional creado en 1919 y en el que no se involucraron los estadounidenses, por lo que quedó bajo la hegemonía de franceses y británicos. Entre los mismos vencedores y vencidos surgieron además divergencias, situación a la que se unió en 1922 la formal creación de la Unión Soviética. Y existían también Estados tapón, éxodos de población en todas direcciones, cordones sanitarios antisoviéticos y antialemanes, trastornos monetarios y económicos en general, cultos monumentalizados a los caídos, erróneas estimaciones de daños, resentimientos, continuas amenazas de venganza, revisionismos, revanchismos, interesadas maniobras de los grandes hacia los menos potentes... Basándose siempre en los abstractamente entendidos principios wilsonianos (los catorce puntos de Versalles del presidente estadounidense Woodrow Wilson), en buena manera legítimos, los nuevos Estados se situaban en los espacios creados en el centro, sur y este del continente europeo, flanqueados por la República de Weimar y la Rusia bolchevique. Es decir, por una Alemania debilitada que había olvidado su estatus imperial, castigada por los aliados, y un nuevo estado nacido del antiguo Imperio zarista, concebido ahora como una expansiva potencia revolucionaria. Los imperios centrorientales (austrohúngaro, otomano y el mismo *Kaiserreich* alemán) habían caído uno a uno, mientras que el Imperio ruso tuvo que verse inmerso, ya durante la guerra, en una invasión germánica de alemanes, austríacos y turcos, en una revolución y en una guerra civil apoyada por los aliados, situaciones todas ellas ajenas al Tratado de Versalles.

Rusia fue, por tanto, el único Estado tradicionalmente imperial que quedó en pie de todo aquel espacio, aunque amputada su zona occidental (Finlandia, Polonia, países bálticos independizados y Besarabia, integrada en Rumanía). Todo ello bajo un Gobierno de comisarios del pueblo, y después de superar numerosas dificultades y sufrir elevadísimos costes humanos. En 1917, el producto de las tres revoluciones vividas en el país (la liberal y occidentalizante de febrero, la proletaria de los sóviets y de las ciudades industriales en octubre, y la campesina de su inmenso espacio agrícola) culminaron en un dominio total de los bolcheviques, aunque sin alcanzar su propósito de extender la revolución socialista a un ámbito más internacional.

La revolución bolchevique, que, como vemos, logró preservar buena parte del antiguo territorio zarista, generó un fuerte rechazo internacional. Circunstancia que obligó a la aplicación de una política exterior muy compleja, desproporcionada en relación con su capacidad económica y productiva interna. Algo que había sucedido ya en tiempos del zarismo, aunque ahora alcanzara proporciones muy superiores.

El sistema de Versalles, afectado por la inhibición estadounidense y por desórdenes cada vez mayores, nada pudo hacer durante la década de 1930 frente a los exigentes revisionismos alemán y japonés, a los que se añadieron otros revisionismos menores aunque también desestabilizadores (caso de Italia frente a Abisinia o Albania), guerras políticas, guerras civiles (España), enfrentamientos sociales, quiebra de gran parte de las democracias europeas frente a ideologías y regímenes dictatoriales, crisis económica de enorme alcance, nacimiento de movimientos anticolonialistas (India, Indochina francesa...), aventuras coloniales fuera de lugar (Italia en Abisinia, Japón en Manchuria)... Este fue el escenario que se vivió en el llamado período de entreguerras, un período que en realidad conectó dos contiendas mundiales aunque no de forma directa (la lucha contra el comunismo no estaba presente en la primera de estas guerras), y que por ello también ha permitido apuntar la expresión de «la guerra de los Treinta Años del siglo xx», empleada tanto por el primer ministro británico Winston Churchill como por el ideólogo nazi Alfred Rosenberg durante la Segunda Guerra Mundial, en referencia a los años que van de 1914 a 1945.

El sistema de Versalles, que durante algunos años logró benéficamente moderar algunas actitudes peligrosas, no consiguió al final imponerse de forma duradera durante todo el período. Tuvo que convivir, postulándose como un sistema de orden mundial, con una pronunciada anarquía internacional. La Primera Guerra Mundial se veía entonces, desde una perspectiva geopolítica, como un enfrentamiento en ocasiones imperfecto entre potencias marítimas (las vencedoras) y potencias terrestres (las derrotadas). Entre estas últimas se encontraría Rusia, autoexcluida del conflicto a causa de la revolución. Entre las potencias vencedoras, al finalizar la contienda se produjo una *traslatio imperii* desde Reino Unido y, en menor medida Francia, hacia los Estados Unidos, que convirtió a esta en una potencia marítima de primera magnitud, en ocasiones imperial (cuando intervenía en Haití, República

Dominicana o Nicaragua), en otras, aislacionista (frente a Europa). Unos Estados Unidos librecambistas, abiertos al mundo, liberal demócratas, contrarios a la injerencia económica del Estado; en situación de elaborar sin demasiadas dificultades una política planetaria para la que no renunciaban al uso de la fuerza ni a controlar, de grado o por imposición, a sus aliados periféricos. Llegados a la Segunda Guerra Mundial, iniciada por las políticas expansionistas de Japón en Asia y de la Alemania nazi en la Europa del este, los Estados Unidos asumieron el papel de líderes tanto de las potencias marítimas como de todo el mundo occidental.

Al finalizar la Primera Guerra Mundial, y aún durante los años veinte, los Estados Unidos, a pesar del posterior quebranto económico iniciado en 1929, eran ya universalmente reconocidos como la primera potencia económica del planeta. Las potencias terrestres, y en primer lugar Alemania, encerradas en un universo gigantesco y febrilmente dinámico, aunque inevitablemente asfixiante, mostraron unas tendencias claramente proteccionistas, dirigistas, militaristas y autoritarias, al aplicar una política exterior musculosa destinada en todo momento, y de forma expansionista, a preservar su seguridad. Aun a costa de multiplicar las esferas institucionales de influencia y de orquestar un conjunto de estados satélites o colaboracionistas. Alemania, a lo largo de las dos guerras mundiales, intentó fallidamente superar la mayor movilidad de las potencias marítimas y asumir el liderazgo de las terrestres. Y lo hizo controlando y dominando en un primer momento buena parte de Europa, y en una segunda ocasión todo el bloque euroasiático, desde el canal de la Mancha hasta Japón. Para ello firmó primero un pacto de amistad con la URSS (1939), a la que luego, sin embargo, invadió buscando absorberla (1941).

Sigue siendo, sobre todo entre los historiadores alemanes y británicos, materia de discusión las causas de la estrategia político-militar de la Alemania nazi. Unos creen que Hitler pretendía el dominio de Europa hasta los Urales o, verosímilmente, hasta Turquía u Oriente Próximo. Otros, en cambio, consideran que el líder nazi buscaba el dominio mundial. El sangriento crepúsculo de tales ambiciones acaecido en 1945 provocó, a lo largo de una dilatada posguerra, el asentamiento de una Guerra Fría con diferentes fases y características distintas en cada una de ellas, donde la confrontación nuclear en todos los frentes constituía la principal amenaza. En ella, los Estados Unidos se convirtieron en los nuevos líderes indiscutibles de las potencias marítimas, mientras que la URSS pasó a ser casi en exclusiva (luego se añadió China) de las terrestres. La imposibilidad de un enfrentamiento directo no convencional, y la bipolarización efectivamente ejercitada por ambas potencias, las convirtió tanto en rivales como en complementarias, dadas sus radicales e insuperables diferencias.

El tercer sistema de equilibrio político del mundo contemporáneo, después de Viena y Versalles, es el que surgió tras la Segunda Guerra Mundial. Fue un orden de hecho, no de derecho, a pesar de las numerosas y extenuantes tentativas de negociarlo. A diferencia de los conseguidos en 1815 y 1919, no se estableció entre los vencedores (es decir, Estados Unidos y la URSS) mediante la concordia y gracias a la afinidad político-ideológica (si exceptuamos que ambas potencias eran antifascistas). Después de la victoria, se configuraron dos bandos antagónicos, el mundo libre y el socialista, ya opuestos anteriormente, pero que durante el conflicto habían constituido el núcleo de la Gran Alianza antifascista. Quedaron separados por sus propuestas geopolíticas, su patrimonio ideológico, los valores que pretendían defender, sus modelos económicos propugnados e impuestos y las formas políticas que adoptaron. Se enfrentaron de inmediato, casi en solución de continuidad, acusándose mutuamente de encabezar la facción del mal: para los soviéticos, los estadounidenses eran imperialistas, y para estos, sus enemigos seguían un modelo opresor y totalitarista.

El sistema de 1815 se había ido erosionando paulatinamente, hasta llegar al catastrófico quebranto de 1914 debido a una serie de razones que amenazaron el equilibrio. Por un lado, cuestiones nacionales hiperpolitizadas y malévolamente apoyadas (sobre todo en los Balcanes) por uno u otro Estado. Por otro, encontramos el declinar lentísimo aunque irremisible de un Antiguo Régimen (basado en los estamentos, la jerarquía, el rango, los valores y el Imperio) que en absoluto había desaparecido después de 1789. Más bien era consustancial al orden vienés y mantenía muchos elementos vigentes todavía a fines del siglo XIX. Y por último debemos añadir la insostenible y desproporcionada lógica continental de Viena, cada vez más compleja y mundializada con la aparición de potencias modernas como Japón y Estados Unidos.

El sistema liberal-democrático de 1919, paradójicamente menos elástico que el ultraconservador vienés, quebró por la incapacidad de la Sociedad de Naciones, por el fallido desarrollo de las democracias, por la propagación de nacionalismos cada vez más agresivos, por el miedo que suscitó la aparición de la república bolchevique, por la deriva expansionista y destructiva que caracterizó a uno de sus principales componentes (la Alemania nazi) y por la intolerancia revisionista manifestada por dos de las potencias victoriosas, es decir, el militarista Japón y la fascistizada Italia.

El sistema de 1945 quebrantó de forma relativamente tranquila y en un corto período de tiempo (al menos en lo que a la fase final se refiere) por el colapso de uno de sus dos componentes a la hora de garantizar el orden, es decir, la URSS, un Estado a su vez imperialista que pretendía alcanzar el verdadero socialismo.

En 1945, el mundo se encontró en disposición de ser regulado de nuevo. Después de la capitulación alemana (mayo de 1945) y la japonesa (agosto de 1945) concluyeron los intentos de ambas potencias por imponer un nuevo orden tanto en Europa como en Asia. No se produjo, sin embargo, ningún tratado que estableciera las nuevas bases del equilibrio, si exceptuamos el firmado en Helsinki el 1 de agosto de 1975. Ese día, treinta y cinco países, incluidos Estados Unidos y la URSS, acordaron mejorar las relaciones entre los gobiernos comunistas y el mundo occidental, con el objetivo de reducir las tensiones de la Guerra Fría.

Solo cerca ya del final de la Segunda Guerra Mundial, el 8 de agosto de 1945, se asistió a la apertura de hostilidades entre la URSS y el Japón. Los soviéticos, a pesar de los graves daños y las enormes bajas sufridas durante el conflicto en Europa, parecían favoritos a la hora de dominar en este continente, pues los Estados Unidos todavía necesitarían de tres meses para acabar su lucha en el Pacífico. Los Estados ocupados por el Ejército Rojo se convirtieron en democracias populares, aunque, desde el punto de vista de las relaciones internacionales, pronto pasaron a ser considerados satélites de la URSS. Y desde un punto de vista de geopolítica elemental, fueron definidos como países del Este (Polonia, Alemania oriental —después República Democrática Alemana—, Hungría, Rumanía, Bulgaria, Yugoslavia y Albania). En 1948, tras un golpe de Estado comunista, se añadió Checoslovaquia. Entre 1947 y 1948, Yugoslavia rompió con Moscú, asumiendo una posición equidistante entre los dos bloques que se decantaría de nuevo hacia la URSS después de la muerte de Stalin. Durante la época de disensiones entre

China y la URSS, Albania acabó decantándose hacia la primera. Y la URSS, protegida en el oeste por los mismos territorios que en 1919 se consideraron un cordón sanitario antibolchevique, pasó a ser una superpotencia, aunque enormemente retrasada respecto a los Estados Unidos en lo que se refiere a la economía civil y a la producción de bienes de consumo. No obstante, pronto se nuclearizó y terminó dominando un vasto territorio de dimensiones hasta entonces nunca vistas en la historia del mundo. Sus áreas de influencia se extendían desde el Adriático y el Báltico hasta el mar del Japón, y después a toda China (1949), al golfo de Tonkín (1954), a toda la antigua Indochina (1975, incluyendo la filochina Camboya), con un enclave en el Caribe (Cuba, 1961-1962) y, entre los años sesenta y setenta, con aliados directos e indirectos en diversos lugares de África y Oriente Próximo.

En los Estados hegemonizados por la URSS (los Estados satélite), excluida la China comunista, autónoma desde una perspectiva nacionalista desde 1958-1959, o parcialmente también excluida la propia Cuba, la autonomía fue reducidísima, prácticamente inexistente. Después de la invasión de Checoslovaquia de 1968, la doctrina Breznev difundió de modo explícito la brutal concepción *realista* de la soberanía limitada.

Incomparablemente mayores fueron la soberanía y la independencia existente en el campo hegemonizado por los Estados Unidos. Un campo que en Europa era democrático (excluidas España y Portugal, y durante unos años Grecia), pero que en otros ámbitos (América Latina, zonas de Asia) vio reducirse el concepto de Estado-nación y de las cuestiones nacionales. En estas áreas, fue característico el apoyo directo o semioculto a regímenes dictatoriales o marcadamente antidemocráticos.

El equilibro, de hecho, no de derecho, en un contexto de contraposición ideológica, aproximaba, y a la vez alejaba, el modelo que podemos denominar Teherán-Yalta-Potsdam (por las conferencias celebradas en estas ciudades al finalizar la Segunda Guerra Mundial) y el modelo de Viena. Además, a partir de 1945, cada uno de los dos bloques, a través de sus ideólogos y políticos, acusaba al otro de ser el responsable de la división acaecida tras la guerra. Se argumentaba que, en aquel tiempo, cualquier acuerdo entre el imperialismo o el comunismo, por su misma esencia, solo podía resultar algo efímero. Ese sistema de 1945 basado fundamentalmente en dos bloques, en el contraste entre dos centros de poder (dilatado en el tiempo, pero no exclusivo), estaba más próximo a aquel sistema unipolar de Viena que al multipolar de Versalles. De hecho, en general, y con la debida consideración hacia los dos bloques, fue un sistema autoritario, contrario a las sacudidas nacionalistas o independentistas, dispuesto al intervencionismo directo o indirecto (recordemos la política de congresos de la Santa Alianza, destinada a intervenir allí donde surgían movimientos liberales) allí donde se producían desobediencias reales o potenciales, y encaminado a hacer de la ideología un potente medio de confrontación. Sin embargo, como en Viena, y a diferencia de Versalles, a pesar de los conflictos armados habidos en zonas periféricas del planeta (surgidos sobre todo al introducirse en el sistema todo el grandioso proceso de descolonización), el sistema logró cierto éxito a la hora de mantener la paz. En los dos bloques, y en sus respectivas metrópolis, se alcanzó en el ámbito internacional lo que podemos denominar la paz armada soviético-americana de los cuarenta y cinco años (1945-1991), una paz que sucedió a la Segunda Guerra de los Treinta Años (1914-1945).

Escena de la conferencia de Potsdam (Alemania). Sentados, de izquierda a derecha, Clement Atlee, primer ministro británico, Harry Truman, presidente estadounidense, y Josef Stalin, primer ministro soviético. La conferencia de Potsdam de julio y agosto de 1945 dio por finalizada la Segunda Guerra Mundial en Europa y sentó las bases del nuevo equilibrio internacional, basado en las tensas relaciones entre los dos bloques antagónicos.

Tal paz armada quedó definida, a partir de 1947, mediante la afortunadísima fórmula de Guerra Fría. Además, y a diferencia de lo sucedido en 1919, el nuevo sistema supo integrar a los derrotados, potenciales elementos contrarios. Es decir, a los antiguos integrantes del eje Roma-Berlín-Tokio, a los países fascistas que habían llevado al mundo al caos. Para evitar lo sucedido a partir de 1919, estos países fueron integrados en el mundo occidental y prácticamente privados, a diferencia de los demás integrantes de su bloque, de una completa soberanía y, sobre todo, de una política exterior verdaderamente autónoma (al menos durante los primeros años). Quedaron ocupados militarmente por los aliados, reducidos al rango de pequeñas (Italia) o medianas (Alemania y Japón) potencias, privados de su integridad territorial (sobre todo Alemania, mutilada por el este debido al avance del Ejército Rojo) y despojados asimismo de colonias y de pequeñas aunque importantes realidades de su territorio nacional (Japón e Italia). Por ello, los países derrotados y luego reclutados en el bando de los vencedores de la nueva división-partición del mundo se concentraron sobre todo en su propio desarrollo económico interno, llevaron a cabo una rapidísima reconstrucción (gracias al plan Marshall de ayuda económica estadounidense), aprovecharon el hecho de constituir áreas de frontera y fueron especialmente favorecidos por los americanos en su confrontación con los soviéticos. Esto sin duda también comportó dolorosas contrapartidas, pero permitió a los tres países, gracias a sus milagros económicos, convertirse en exclusivas potencias industriales. Primerísimas en los casos de Alemania y Japón, y más bien mediana en el de Italia.

1

Inicio, etapas y fin de la Guerra Fría

Límites cronológicos de la Guerra Fría

La denominada Guerra Fría, término surgido al finalizar la Segunda Guerra Mundial para explicar el momento concreto que se estaba viviendo entre los dos bloques de aliados (el soviético y el estadounidense), se alargó incluso después de la muerte de Stalin (uno de sus principales promotores) en 1953. Muchos autores la dan por concluida con la conferencia de Helsinki de 1975. Sin embargo, la política de bloques que la caracterizó, compañera de viaje y a la vez causa y efecto de la Guerra Fría, se mantuvo unos años más, se ralentizó entre 1975 y 1985 para luego entrar en convulsión a causa de un efecto de avalancha entre 1985 y 1991. Fueron estos los años de la imposible perestroika del mandatario Gorbachov, del crepúsculo del comunismo histórico, de

9 de noviembre de 1989. Los berlineses orientales consiguieron permiso para pasar libremente al otro lado del muro que divide su ciudad desde 1961. A partir de ese día, el mundo libre y el comunista pudieron convivir sin trabas en la ciudad más simbólicamente fronteriza de toda la Guerra Fría.

la implosión del Imperio externo (1989, fin de las democracias populares) y del propio Imperio interno (1991, desintegración de la URSS). Al final, todo concluyó con la creación de quince nuevas repúblicas cuyas fronteras artificiales provocarían diversos conflictos entre ellas (Armenia-Azerbaiyán, Rusia-Georgia, Rusia-Ucrania). Con ello se puso fin al viejo e inmenso espacio bicontinental ruso-zarista-soviético, configurado a través de sucesivas conquistas militares en el oeste y de una política imperialista en el este y en el sur, iniciado con el zar Pedro I el Grande (1689-1725) y culminado durante el mandato del soviético Leonid Breznev (1964-1982).

La fecha considerada más emotivamente simbólica, a la hora de individualizar el momento en que finalizó la política de bloques, fue aquel 9 de noviembre de 1989, momento en que las agotadas autoridades de la República Democrática Alemana autorizaron abrir el muro que dividía la ciudad de Berlín desde 1961 y permitieron que miles de ciudadanos de la zona oriental (la comunista) pasaran a la occidental.

Aunque si se prefiere una mayor precisión en el plano histórico-institucional, la fecha con la que se cierra de forma notoria y en modo oficial el mayor período de posguerra de la historia es el 3 de octubre de 1990, día de la reunificación de las dos Alemanias. Acaso mucho más relevante que la Navidad de 1991, momento en que la bandera roja fue retirada del Kremlin y se dio así por finalizada la existencia de aquel Estado denominado Unión de Repúblicas Socialistas Soviéticas, creado el 29 de diciembre de 1922 mediante la unión de las repúblicas soviéticas de Rusia, Transcaucasia, Ucrania y Bielorrusia.

¿Cuándo comenzó realmente la Guerra Fría? El origen de un concepto afortunado

A esta pregunta se tiende a responder, con razones perfectamente válidas, que en cuanto concluyó la Segunda Guerra Mundial. Precisando un poco más, el reconocimiento oficial del inicio del conflicto se produce en la Universidad de Fulton (Missouri, Estados Unidos), cuando el ex primer ministro británico Winston Churchill, el hombre que había dirigido el Reino Unido durante la guerra contra Alemania, pronunció su famoso discurso el 5 de marzo de 1946. En su disertación, Churchill acuñó la célebre expresión «telón de acero» al recordar que desde Stettin, en Alemania (hoy Szczecin, Polonia), sobre el Báltico, hasta Trieste (Italia), en el Adriático, se había extendido un telón de acero destinado a dividir el continente europeo. Al otro lado de dicho telón se encontraban las viejas capitales de los países de la Europa central y oriental (Varsovia, Berlín, Praga, Viena, Budapest, Belgrado, Bucarest y Sofía). Sin embargo, en el arranque de este discurso, considerado duro aunque se hiciera muy popular en el mundo occidental, el mandatario británico se sintió en el deber de mostrar su intacta admiración y amistad hacia el pueblo soviético y hacia el mismo gran compañero de combate antinazi, el mariscal Josef Stalin. De esta forma, Churchill demostraba ante sus amigos americanos (sospechosos en un primer momento de no mostrar demasiada preocupación, como en los años veinte, por el destino de Europa) que no tardaría en producirse el enfrentamiento ideológico entre dos mundos irreconciliables. Por otro lado, el papel ejercido entonces por el político británico, reducido al de simple jefe de la oposición en su país, no parecía convertirlo en nadie influyente a la hora de iniciar o desarrollar una labor propagandística en la Guerra Fría que estaba a punto de estallar. Su discurso, pues, ha sido a menudo sobrevalorado. El juicio lanzado sobre el pueblo ruso, junto a la admiración por la energía estratégico-militar de Stalin, constituían entonces moneda común tanto entre los más conservadores (como lo era el propio Churchill) como entre los que, en el futuro, demócratas y socialdemócratas, se convertirían en los más destacados dirigentes del mundo occidental. En Italia, por ejemplo, es posible encontrar declaraciones de admiración o gratitud en personajes como Alcide de Gasperi, el fundador de la Democracia Cristiana, o el socialista moderado Giuseppe Saragat. Nadie recordaba entonces el Gran Terror estalinista de los años treinta o la alianza germano-soviética de 1939-1941, hechos que parecían situarse a años luz. La gran guerra patriótica soviética y los más de veinte millones de muertos provocados en la URSS (que al final alcanzarían los veintisiete millones, según las últimas estimaciones), tan frecuentemente recordados por los dirigentes comunistas, habían alejado aquellos hechos hasta convertirlos en sucesos remotos, propios de un tiempo ya superado.

Discurso de Churchill en Fulton (Missouri). En la izquierda de la imagen, el presidente estadounidense Harry Truman, el hombre que había invitado al político británico a visitar su país. Truman, nacido en el estado de Missouri (concretamente en la ciudad de Lamar), invitó a su admirado Churchill a la Universidad de Fulton, donde el británico iba a ser investido doctor *honoris causa*, para que pronunciara un discurso. Fue en este marco donde el británico acuñó el concepto de telón de acero.

Se suele recordar también que el escritor británico Eric Blair, más conocido como George Orwell, una persona que había sufrido durante la guerra civil española la persecución estalinista, escribió en 1945 un ensayo titulado *Tú y la bomba atómica*. En él llegaba a afirmar que las nuevas armas de destrucción permitirían a los Estados que las poseyeran alcanzar una situación permanente de «guerra fría» con sus vecinos, de amenaza constante en un estado de «paz que no es paz». Un concepto que no volvió a ser recogido hasta julio de 1947, cuando el influyente columnista estadounidense Walter Lippmann, partidario de respetar las áreas de influencia soviéticas, volvió a emplearlo en una serie de artículos considerados neoaislacionistas, publicados en el *New York Herald Tribune* y luego reunidos en un solo volumen titulado *The Cold War: A Study in U. S. Foreign Policy*. Su polémico objetivo principal era criticar la doctrina Truman, proclamada el 12 de marzo en el Congreso estadounidense, destinada a la contención del comunismo por todos los medios. Una doctrina inspirada en los informes del diplomático George F. Kennan, a la sazón subjefe de la misión estadounidense en Moscú, manifestada a bombo y platillo mediante el plan Marshall anunciado el 5 de junio en la Universidad de Harvard. Un plan económico destinado a ayudar a los países occidentales que lo solicitaran, siempre que se mantuvieran libres de la influencia comunista. Kennan, en un artículo publicado de forma anónima en julio de 1947 en la revista *Foreign Affairs. An American Quarterly Review*, titulado «The Sources of Soviet Conduct», había descrito la política exterior de la URSS como una política moldeada por la combinación de la ideología marxista-leninista, que abogaba por la revolución para derrotar a las fuerzas capitalistas en el mundo exterior, y la determinación de Stalin de usar la noción de cerco capitalista con el fin de legitimar su reglamentación de la sociedad soviética y así consolidar su poder político. Kennan argumentaba que Stalin no moderaría nunca la supuesta determinación soviética de derrocar a los gobiernos occidentales:

> El elemento principal de cualquier política de Estados Unidos hacia la Unión Soviética debe ser, a largo plazo, paciente pero firme y vigilante en lo tendente a la contención del expansionismo ruso [...]. La presión soviética contra las instituciones libres del mundo occidental es algo que puede contenerse mediante la aplicación hábil y vigilante de la fuerza contraria a una serie de cambios continuos de puntos geográficos y políticos, que corresponden a los desplazamientos y maniobras de la política soviética, y sobre los que no podemos dejarnos seducir o rechazar su existencia.

En definitiva, los Estados Unidos tendrían que ejercer una continua vigilancia a escala planetaria «en correspondencia con los cambios y a las maniobras de la política soviética», una política que se estaba estructurando como si se hubiese iniciado un duelo mundial de duración potencialmente infinita. Lippmann, que consideraba sin duda erróneamente que los estadounidenses no estaban capacitados para una guerra de posiciones, temía que su política de contención no haría más que justificar la ocupación de la Europa oriental por parte de la URSS y la permanente división del mundo en bloques opuestos e ideológicamente contrarios el uno al otro. Una situación que para el periodista sin duda beneficiaría al Estado totalitario soviético y perjudicaría a unos Estados Unidos democráticos. La expresión elaborada por Lippmann, con una obvia referencia a los años precedentes de guerra caliente, extremadamente cruenta y destructiva en la que su país había participado entre 1941 y 1945, será posteriormente utilizada (por una suerte de ironía semántica de la historia) como una forma de describir de forma «objetiva» y no «crítica» (como la empleó él mismo) la situación de un mundo dividido en dos bloques contrapuestos.

Razonablemente, pues, podemos decir que entre 1946 y 1947 comenzó la Guerra Fría. O mejor dicho, fue cuando comenzó a percibirse progresivamente en Occidente, particularmente en Estados Unidos y Reino Unido, al constituirse entonces el fenómeno y el proceso que llevaría al mundo a dividirse en bloques rígidos. Hay quien todavía ha recuperado, con cierto oportunismo, la emocionante profecía que el ideólogo francés Alexis de Tocqueville lanzó al final de la primera parte de su ensayo *La democracia en América* (1835), cuando afirmó que rusos y americanos «parecen llamados por un secreto designio de la Providencia a tener algún día en sus manos los destinos de medio mundo». Aprovechando estas palabras, se ha llegado a remontar el inicio de la Guerra Fría al siglo xix, momento en que se fueron formando dos grandes imperios, el americano y el ruso. Recordemos que durante un cierto tiempo, mientras fue poseedora de Alaska (1784-1867), la Rusia zarista fue un imperio tricontinental. El propio Tocqueville ya vislumbró que Rusia representaba la servidumbre, mientras que América era la tierra de la libertad. También se ha buscado el inicio de la Guerra Fría en el año 1917, momento del estallido de la revolución bolchevique y de la entrada de los Estados Unidos en la Primera Guerra Mundial, una intervención que más tarde se extendería a la propia Rusia comunista durante su guerra civil. La primera hipótesis, la referente a Tocqueville, resulta ciertamente sugestiva desde un punto de vista cultural, aunque no describe una etapa de las relaciones internacionales, sino un momento mínimamente estimulante en el desarrollo de la civilización contemporánea. La segunda hipótesis, la relacionada con el año 1917, se considera historiográficamente más plausible, aunque disuelve la efectiva especificidad de la Guerra Fría, convierte el elemento ideológico en algo hecho a medida y se remonta a una fase anterior de las relaciones internacionales. Un momento en que la Rusia bolchevique, inmersa en una guerra civil y campesina, había adquirido a pesar de su extensión una función internacional claramente periférica. En ese mismo momento, los Estados Unidos se encontraban anclados, pese a su gran poder económico y comercial, en la versión original de la doctrina Monroe, y su intervención exterior se produjo con cierta mala gana. Conviene no obstante recordar que ellos disponían de una frontera móvil por su propia naturaleza, que se desplazaba aventureramente por los océanos, en especial el Pacífico, en línea con la tradición expansiva procedente del este europeizante (las primitivas trece colonias de Nueva Inglaterra) y dirigida hacia el lejano Oeste. Una frontera que acabaría alcanzando en 1898 un oriente realmente lejano cuando se apoderaron de Filipinas. En definitiva, parece que solo después de la Segunda Guerra Mundial se hace posible hablar de Guerra Fría propiamente dicha, un término tan afortunado que se convertirá en recurrente, empleado de nuevo al valorar las a menudo tensas relaciones entre Rusia y Estados Unidos durante el siglo XXI. Sin embargo, insistimos en que solo en lo que sucedió durante la Segunda Guerra Mundial podemos encontrar los presupuestos de la Guerra Fría propiamente dicha. La URSS, que a finales de 1941 (al igual que le sucedió en 1919 a la república de los sóviets) se encontraba en un momento crítico, no parecía precisamente muy propensa a convertirse, a diferencia de lo que sí sucedía ya con los Estados Unidos, en la gran potencia destinada a competir con estos. Fue su victoria contra Alemania y su avance por los países del Este lo que le permitiría hacerse poderosa y establecer un claro dominio en esa zona de Europa al extender incluso su influencia en el Pacífico norte asiático (recordemos su intervención en Corea del Norte en agosto de 1945).

¿Cuándo concluyó realmente la Guerra Fría?

Sobre el final de la Guerra Fría parece sin embargo que existen menos dudas al establecerla a comienzos de la última década del siglo XX, momento en que se producen sonoros estallidos históricos (disolución de la URSS) que derivan en situaciones extremadamente traumáticas en diversas partes del planeta: los Balcanes, el Adriático eslavo-albanés, la región caucásica o en Afganistán (que vivió una guerra civil tras la retirada soviética en 1988). Escenarios en que, en ocasiones, intervienen tanto los Estados Unidos como la Europa occidental (pensemos en Bosnia-Herzegovina en 1995 o en Kosovo en 1999) y en los cuales se produce la mutación comunista y la deriva etnonacionalista que motiva algunas de esas convulsiones. Son los casos de Chechenia (que luchó intermitentemente por separarse de Rusia entre 1994 y 2009), Georgia (donde se produjeron luchas nacionalistas en las regiones de Abjasia y Osetia del Sur, que provocaron incluso la intervención de Rusia en 2008) y otras áreas (guerra de Nagorno Karabaj entre Armenia y Azerbaiyán durante los años 1988-1994). En definitiva, conflictos surgidos durante la descomposición del Imperio interno soviético.

En 1989-1991, se produjo el final abrupto y no bien metabolizado de lo que se ha interpretado como una guerra fría, ese término en un principio improvisado a partir de 1947, tal y como hemos visto, convertido luego en sinónimo de un entero y monolítico período histórico. Un final que ha tenido como efecto principal, sobre todo en el terreno historiográfico y de la teoría política, e incluso del periodismo corriente, compactar y homogeneizar desde una perspectiva inequívocamente ideológica lo sucedido entre 1946 y 1991.

Al finalizar la Guerra Fría propiamente dicha se produjo un aluvión de libros y artículos que cubrían de forma global el período que va desde la capitulación de Berlín (mayo de 1945) hasta el golpe de Estado fallido contra Gorbachov, propiciado por los comunistas más duros, en agosto de 1991. Lo que primero se denominó la posguerra, expresión no demasiado afortunada, es decir, el largo momento en el que se sugería un latente estado bélico, quedó en definitiva convertido en la etapa de la Guerra Fría. Una etapa que tuvo como protagonistas destacados el marxismo-leninismo de escuela soviética, el liberalismo político y económico de matriz anglosajona, la aspiración al Estado del bienestar desde la perspectiva de la socialdemocracia europea, el cristianismo democrático y social, el occidentalismo y sus valores, el anticolonialismo, el neonacionalismo independentista, el tercermundismo maoísta (o castrista, o de otro género), el no alineamiento, el panarabismo, el panafricanismo (o negritud), etc. Una etapa que, con tantos protagonistas, no quedaba adecuadamente definida con el solo concepto de Guerra Fría, demasiado ideologizado, y que hacía referencia esencialmente a un momento articulado por dos potencias dominantes, aunque trascendidas por un sistema global más multifacético que bipolar.

En definitiva, ¿concluyó la Guerra Fría entre 1989 y 1991? Para algunos, claramente no, ya que consideran que entre 1946 y 1953 hubo un momento clásico, duro, al que siguió otro de alternancias (tensión-distensión) terminado en 1975. Para otros, claramente sí, porque tras el fin de la política de bloques y el colapso de la URSS, desaparecieron las razones geopolíticas e ideológicas que produjeron la existencia de una guerra que era tal porque no se podía firmar la paz entre dos poderosos bandos antagónicos, pero que era fría porque no podía resolverse, a causa del equilibrio nuclear, mediante un encuentro directo y definitivo entre ambos contendientes. La Guerra Fría, de hecho, se prolongó en el tiempo como forma de guerra y a la vez de paz. Dio lugar a conflictos calientes, sí, pero afortunadamente produjo efectos estabilizantes parecidos, al menos en Europa y Estados Unidos, a la paz. Una paz armada, extremadamente armada, eso sí. Pero «¿ha habido en la historia alguna paz sin armas?», podríamos preguntarnos. Ciertamente no, aunque en el caso de la Guerra Fría debemos tener en cuenta que fue hasta tal punto armada que el planeta corrió el riesgo de desaparecer ante el tremendo poder destructivo de los nuevos ingenios militares. Por ello tuvo que imponerse una paz forzada que dio alas a la imaginación de muchos escritores o cineastas, que recurrieron a la ciencia ficción y a la política ficción para relatar situaciones de guerra caliente en la que las armas nucleares, en ocasiones activadas por error o por un acto de locura, llevaban a la humanidad al desastre. La película de Stanley Kubrick *Doctor Strangelove or: How I Learned to Stop Worrying and Love the Bomb,* realizada en 1964, dos años después de la crisis de los misiles cubanos, es quizá una de las más conocidas dentro de un género, el de la destrucción nuclear, que hizo fortuna durante este período.

Cartel publicitario de *Doctor Strangelove or: How I Learned to Stop Worrying and Love the Bomb.*

Se trata de una cinta en la que se ridiculiza el asunto de la destrucción nuclear, una de las obsesiones más características de la Guerra Fría. Su protagonista es un general obsesionado con la idea de que los comunistas están corrompiendo a los Estados Unidos. Dominado por la locura, manda que se lancen bombas atómicas desde el aire sobre la URSS. Temiendo el desastre que se avecina, su ayudante el capitán Mandrake intenta abortar el ataque, mientras que el presidente de los Estados Unidos procura convencer al Gobierno de Moscú de que todo es fruto de un error. A su vez, el asesor del presidente, otro estrafalario personaje llamado doctor Strangelove, antiguo científico nazi, complica la trama denunciando que la URSS posee una curiosa arma denominada máquina del Juicio Final, capaz de destruir a la humanidad. La delirante situación que se crea concluye con la imposibilidad de frenar los bombardeos atómicos ya activados. En España, la película se estrenó bajo el título de *¿Teléfono Rojo?, volamos hacia Moscú.*

En definitiva, ¿qué fue la Guerra Fría?

Podemos contestar genéricamente diciendo que la Guerra Fría fue una constante, y a la vez discontinua, sucesión de acontecimientos y de estrategias que tuvo lugar durante la segunda mitad del siglo XX. Aunque de ningún modo en la entera mitad del siglo en su conjunto, como a menudo ha pretendido la discusión mediática habida en el decenio 1991-2001, así como alguna reflexión historiográfica subordinada a este debate. Unas concepciones que se dejaron seducir por las sombras chinescas de la simplificación propia, y sin duda espectacular, del ámbito mediático. Concepciones que además se muestran sumariamente intolerantes al enfrentarse con la complejidad que realmente se produjo.

En este sentido, *Le Monde Diplomatique* constituye un buen ejemplo de esta simplificación. Estamos hablando de una publicación surgida, desde un punto de vista europeo occidental y sobre todo francés, en 1954, y dedicada a comentar mensualmente la actualidad política, internacional y cultural del mundo. Ya en sus primeros números comenzó a tratar el tema de la Guerra Fría desarrollando opiniones ya muy extendidas y ofreciendo una perspectiva del hecho casi historiográfica, al dividir el período en dos etapas. La primera de ellas fue identificada como la de los años de la confrontación euroalemana (1947-1949). Tuvo como epicentro la ciudad dividida de Berlín, y en ella se produjo por un lado la expulsión (legítima desde un punto de vista aritmético) de los comunistas franceses e italianos de los gobiernos de unidad nacional (1947), y por otro el golpe estalinista de Praga (1948), que significó el fin, diez años después de la intervención hitleriana en Checoslovaquia, de la democracia republicana en dicho país. La siguiente etapa fue la denominada etapa caliente asiática, que se habría desarrollado entre 1949 y 1953. En ella habría tenido lugar, como consecuencia de la guerra civil, la proclamación de la República Popular China (1 de octubre de 1949) y el desarrollo de la guerra de Corea (1950-1953). La firma del armisticio de Panmunjom (27 de julio), con el que finalizó dicha guerra, fue muy importante desde el punto de vista de la lógica directa de la Guerra Fría, aunque quizá no tanto desde una perspectiva histórica general que la derrota un año después de los franceses en Indochina (21 de julio de 1954, día de la firma de los acuerdos de Ginebra por los que Francia abandonaba la región). También en el año 1953 abandonaron la escena tanto Stalin, el tiránico mandatario de la URSS, como el presidente Harry Truman, propugnador de la estrategia de la contención frente al comunismo. El primero falleció el 5 de marzo, lo que causó una compleja guerra por la sucesión en el control del PCUS (Partido Comunista de la Unión Soviética) y, en suma, del poder soviético. El segundo, objeto de la oposición de una parte de la opinión pública por su empeño en Corea, decidió no presentarse a la reelección presidencial (al igual que haría Lyndon B. Johnson en 1968 por culpa de la guerra de Vietnam). Tal decisión tendría como consecuencia la elección de un presidente republicano, Dwight Eisenhower, más partidario (como también en su momento lo sería el asimismo republicano Richard Nixon, sucesor de Johnson) de una confrontación más indirecta con la URSS. Curiosamente, durante la Guerra Fría fueron los presidentes demócratas estadounidenses (Truman, Kennedy y Johnson, con la excepción de Jimmy Carter, que venía de la recentísima humillación vietnamita) los que mostraron una propensión más intervencionista, mientras que los republicanos, en general, buscaron captar las opiniones aislacionistas del electorado.

De forma no muy diferente a la de *Le Monde Diplomatique* se mostraron otras publicaciones occidentales, las cuales, con cierto alivio incluso las más antisoviéticas, tras la muerte de Stalin comenzaron a emplear los términos distensión y competición (sustituida después por coexistencia) pacífica basándose en las distintas declaraciones rivales. La cuestión de la Guerra Fría fue poco a poco quedando reducida al marco del discurso político, como si se tratara de un problema exclusivo de los estadistas, políticos e intelectuales occidentales, sobre todo los de izquierdas. Los soviéticos fueron los principales protagonistas de este cambio, basando su discurso, obsesivamente repetido ya entre 1947 y 1954, en la idea de que el campo socialista, por su propia idiosincrasia, solo deseaba la paz, mientras que en el bando capitalista, reaccionario e imperialista, su anhelo principal seguía siendo la guerra. El mismo Stalin había sido ya especialmente hábil a la hora de radicalizar de forma sorprendente, y no solo desde el punto de vista propagandístico, semejante impostura maniquea. Desde su muerte, la URSS supo desarrollar una política exterior sofisticada, rígida y prudente al mismo tiempo, reforzando su papel de superpotencia mundial. Una política astuta y en ocasiones brutal, a la altura de la gran tradición diplomática de la Rusia zarista.

Si se abandona la interpretación monolítica y se pasa al análisis, comenzamos a observar un panorama complejo y lleno de altibajos, en el que el duopolio político y nuclear de americanos y soviéticos fue perdiendo consistencia a medida que transcurrían los años. Con la mente abierta, encontraríamos una complicada política internacional, una amplia red de relaciones entre países que rompía cualquier monolitismo analítico, y aunque podríamos seguir hablando de una paz armada soviético-americana, en absoluto nos permitiría clasificar el período simplemente de época de la guerra fría. En un intento de periodizar este tercer sistema de equilibrio contemporáneo, obtendríamos más o menos el siguiente resultado:

1. 1944-1954. Momento de progresiva y no improvisada fractura europeo-germánico-asiático, enlazado con un inicio explosivo de la descolonización.
2. 1955-1964. Relativo deshielo marcado por periódicas e improvisadas crisis.
3. 1965-1975. Coexistencia definida como pacífica, aunque flanqueada por la realidad de la guerra de Indochina y por el asentamiento irreversible del conflicto chino-soviético. Un conflicto que hace cada vez más imperfecta la bipolarización inicial característica de la Guerra Fría.
4. 1976-1979. Interludio caracterizado por el nerviosismo soviético y por el síndrome de Vietnam estadounidense.

5. 1980-1985. Nuevo enfriamiento o recuperación, aunque menos ideologizada y más explícitamente geopolítica, del enfrentamiento hostil.
6. 1985-1994. Progresivo, y en este caso no improvisado, fin de la Guerra Fría, en lo que a materia de bloques se refiere (desde el punto de vista de la amenaza bélica ya había concluido teóricamente en 1975). En el proceso se produce la catástrofe de la URSS, en 1994 Estados Unidos acaba con el embargo impuesto a Vietnam y también en ese año abandonan Alemania oriental las últimas tropas rusas (las tropas aliadas asimismo marcharán de Berlín occidental).

Por otro lado, cada fase incluye destacados momentos propios que desmienten la uniformidad y coherencia no solo de todo el arco cronológico, sino de la misma fase. En la fractura inicial, por ejemplo, se dan la victoria conjunta frente al nazismo, las leyes no escritas de Yalta, la recíproca *protocontención* manifestada en Potsdam, la creación de la ONU, el proceso unitario a los criminales de guerra, la continua apelación por parte de todos a la paz como valor y como necesidad, el inicio del terror nuclear como factor objetivo e intrínsecamente disuasorio o el aplastante inicio asiático de la descolonización. En el momento del deshielo surgen a la vez el no alineamiento, el pacto de Varsovia, el rearme de la Alemania occidental, la crisis húngara de 1956, el movimiento ultranacionalista chino (bajo ropajes comunistas) contra la India y Taiwán, el asunto del avión espía U-2 derribado por los soviéticos (1960), el desacuerdo y el cisma chino-soviético, el desbordamiento del proceso descolonizador, la construcción del muro de Berlín, la crisis de Cuba, el asesinato del presidente Kennedy o la destitución de Kruschev. Durante la coexistencia se produce nada menos que la guerra de

Tanques rusos abandonan la base de Wünsdorf, en la antigua Alemania oriental, en 1994. Durante casi medio siglo, esta Ciudad Prohibida (llamada así por estar vetada a los ciudadanos alemanes), a poco más de cuarenta kilómetros al sur de Berlín, fue el corazón del Gobierno soviético en Alemania oriental durante la Guerra Fría. También se la conoció como el pequeño Moscú, desde el que los trenes partían y regresaban cada día hacia la capital soviética. En su apogeo, la base de Wünsdorf era el hogar de alrededor de setenta y cinco mil hombres, mujeres y niños soviéticos, así como el mayor campamento militar fuera de la URSS.

Vietnam y la consiguiente humillación estadounidense, la masacre de comunistas en Indonesia (1965-1966), las guerras árabe-israelíes, la Revolución Cultural china (acontecimiento más antisoviético que antiamericano, como, muy inteligentemente, captó el entonces consejero de Seguridad Nacional estadounidense Henry Kissinger), la intervención de los tanques del pacto de Varsovia en Checoslovaquia (1968) y el golpe militar de Chile apoyado por la CIA contra el presidente electo Salvador

Allende en 1973 (y, en general, el intervencionismo estadounidense en América Latina), compensación aislacionista de Estados Unidos al abandono del sudeste asiático. El interludio mencionado nace con la conferencia de Helsinki y sigue con el inicio de las disensiones en el este de Europa, las negociaciones sobre los misiles, la victoria sandinista en Nicaragua, el eurocomunismo de los partidos comunistas occidentales o la administración Carter en Estados Unidos y la política de derechos humanos. En las fases finales encontramos momentos particulares como la presencia de comunistas en el Gobierno socialista francés de François Mitterrand, la iniciativa de defensa estratégica del presidente estadounidense Reagan, la matanza de la plaza pekinesa de Tiananmén (1989), la guerra del Golfo (1991), el terrorismo islámico, la primera fase de la descomposición de Yugoslavia y la consiguiente guerra interétnica de los Balcanes...

Hay, pues, muchas más cosas en el cielo, y sobre todo en la tierra, de lo que contiene el cómodo, simplificador y unificador concepto de Guerra Fría, el cual, a diferencia de lo que sucedió en los años noventa, cuando fue mitificado, queda claro que no constituyó un fenómeno homogéneo. Ni siquiera marcó una estricta continuidad durante el largo período en que se desarrolló. Porque si en 1954 parecía que la Guerra Fría hubiera quedado empequeñecida, esta rebrotaba continuamente siendo bien representada en el lenguaje diplomático y de los medios de comunicación. Son los casos de 1956 (Hungría y Suez), de 1962 (crisis de los misiles de Cuba) o de 1968 (ofensiva norvietnamita del Tet y Checoslovaquia). Ya en 1979, en un contexto bastante cambiante, encontramos la invasión soviética de Afganistán o el derribo de un avión Jumbo surcoreano por los soviéticos en 1983. La confrontación entre ambos sistemas, que incluyó la carrera de armamentos nucleares, fue ciertamente permanente, aunque puntualizada por diálogos, aperturas, acuerdos, entendimientos más o menos cordiales, una inédita carrera por el control del espacio y por trasladar el armamento hasta ese terreno, retos económicos... Se hablaba de distensión en plena guerra de Vietnam, cuando la contención estaba viviendo un gran impulso. Y nos encontramos con momentos de grave tensión, limitados a unos pocos días (crisis de los misiles de 1962), precisamente cuando tanto Kennedy, Kruschev o el papa Juan XXIII abogaban constantemente por la paz. Los tópicos periodísticos e historiográficos inmediatamente posteriores a 1991 solían describir a los dos bloques siempre al borde de la destrucción, cuando en realidad entre ambos se desarrolló una política realista basada en el interés geopolítico mutuo y en alternativas bien distintas a las de la guerra. Por ejemplo, cuando en diciembre de 1979 los mandatarios soviéticos decidieron intervenir en Afganistán, lo hicieron a regañadientes, perfectamente conscientes de las consecuencias derivadas de aquel acto. Pero no vieron otra salida, convencidos de que si abandonaban Afganistán, el país caería bajo la órbita estadounidense.

A la hora de devolver el mundo a sus reales y multiformes diferencias en lo que se refiere al período de estudio, excesivamente sometido a la simplificación, resultaría particularmente útil el examen de cada una de las áreas determinantes desde el punto de vista geoestratégico. Por desgracia, las limitaciones de espacio de este libro no permiten abordar a fondo esta cuestión, aunque hemos procurado señalar el mayor número de componentes del problema. No se puede hablar de Próximo Oriente y, en general, del mundo árabe o islámico, durante un tiempo objeto de interés de los soviéticos, sin conocer el papel específico de Israel. Un país que logró mantener su identidad y una relativa autonomía en el marco de la confrontación entre ambas superpotencias.

Si nos fijamos en el conflicto coreano, podemos sugerir, como lo han hecho ya diversos historiadores de Estados Unidos, que dicha guerra, además de propiciar el renacimiento económico japonés, contribuyó de forma algo menos obvia, aunque igualmente destacable, a evitar un enfrentamiento más destructivo en Europa. De hecho sirvió para aliviar las tensiones existentes en el Viejo Continente y ayudó a su crecimiento económico. Por otro lado, la unión de la Europa occidental frente a la amenaza soviética, al situarse bajo el manto protector estadounidense, benefició el proceso europeísta. Un proceso cada vez más autónomo y progresivamente emancipador, nunca traumático, frente a la dependencia inicial de los estadounidenses. A su vez, la aparición de los países del tercer mundo interfirió en la estrategia bipolar, hizo de esta algo cada vez más imperfecto y a la vez arrinconó a Europa como área clásica de tensión. Tampoco hay que olvidar el clima político que reinó en la URSS tras la Segunda Guerra Mundial, caracterizado por una nueva fase de represión interna, que en Estados Unidos tuvo su paralelismo en la caza de brujas anticomunista propugnada por el senador Joseph McCarthy, ciertamente menos brutal, aunque también contraria a la libertad ideológica. El fenómeno del macartismo, más intelectual que político, evidenció no obstante las debilidades de la democracia americana.

Muchos, pues, fueron los rostros de la Guerra Fría. La idea de estudiar todo el período que va de 1946 a 1991 de forma unitaria, orgánica, muy propia de la última década del siglo XX, ha quedado bastante atenuada ya en el siglo XXI. Los estudios sectoriales han evidenciado diferencias concretas. Definitivamente, para poder entender la esencia de la Guerra Fría (o quizá deberíamos hablar de diversas guerras frías, es decir, de las diferentes formas de contraste y de conflicto entre los dos bloques), no podemos ya limitarnos a una sencilla trayectoria lineal.

2

Desconfianzas previas (1917-1941)

Revolución en Rusia

La Primera Guerra Mundial llevó a la Revolución rusa, que estalló en marzo de 1917 en un país muy perjudicado por el conflicto contra los imperios centrales. Las huelgas y manifestaciones de marzo de aquel año en Petrogrado, la capital, provocaron la abdicación del zar Nicolás II el 16 de aquel mes. El Gobierno provisional surgido del caos, no obstante, decidió continuar con la guerra. En Estados Unidos, el presidente Woodrow Wilson pensó en un primer momento que lo sucedido en Rusia constituía un primer paso hacia el nuevo orden mundial que él mismo preconizaba, basado en la democracia y la lucha contra el militarismo propio de los imperios. De hecho, el 22 de marzo su administración reconoció al nuevo Gobierno ruso, y el 2 de abril, en su mensaje dirigido al

Congreso y destinado a declarar la guerra a Alemania, calificó a Rusia de digno socio. En los meses sucesivos, los Estados Unidos prestaron cuatrocientos cincuenta millones de dólares a los rusos.

Sin embargo, el mantenimiento de la situación de guerra acabó también con el Gobierno provisional de Rusia. La facción bolchevique del partido obrero socialdemócrata ruso aprovechó la ocasión y propuso la salida inmediata del conflicto y el reparto de tierras entre los campesinos. Su líder, Lenin, llegado desde su exilio de Suiza en abril gracias al apoyo de los mismos alemanes, dirigió el golpe de mano que el 8 de noviembre (según el calendario occidental) derribó a la recién nacida república rusa. Su jefe de Gobierno Aleksandr Kérenski tuvo que huir del país y se proclamó el nuevo Gobierno de los comisarios del pueblo con Lenin a la cabeza. Inmediatamente se solicitó un armisticio con Alemania y comenzaron las negociaciones de paz. Esta se firmaría en la ciudad bielorrusa de Brest-Litovsk (entonces bajo dominio alemán) el 3 de marzo de 1918. El representante del Gobierno bolchevique, Lev Trotski, acusó entonces a los antiguos aliados de haberlos llevado al desastre empujando a Rusia, mediante una serie de promesas secretas, a un conflicto devastador.

El inicio de las negociaciones de paz ruso-alemanas trastornó los planes de Wilson, que ya fue advertido el 2 de diciembre de 1917 por su secretario de Estado Robert Lansing de que el nuevo Gobierno bolchevique ruso no debía ser reconocido. Entre sus argumentos se incluía la idea de que los seguidores de Lenin solo pretendían derrocar a todos los gobiernos del mundo e imponer el despotismo del proletariado. Wilson se manifestó plenamente de acuerdo con Lansing. A su entender, una dictadura bolchevique solo significaría la supresión de la democracia y de las libertades civiles.

Lansing no se conformó con negar el reconocimiento del nuevo Gobierno ruso. También sugirió que los Estados Unidos ayudaran al general jefe de los cosacos del Don, Aleksei Maximovich Kaledin, a acabar con los bolcheviques e imponer en Rusia una dictadura militar que continuara combatiendo a los alemanes. Sin embargo, aquí se encontró con la oposición de Wilson, contrario a una participación directa en la guerra civil rusa. Tras reunirse el 11 de diciembre con Lansing, al final acordaron que Kaledin recibiría dinero estadounidense a través de intermediarios franceses y británicos (cuyos países ya negociaban un acuerdo bilateral secreto para intervenir en el sur de Rusia contra los bolcheviques). Mes y medio después, Kaledin se suicidó ante el avance de los revolucionarios, pero el proyecto de intervención francobritánica, al que los estadounidenses parece que no pusieron ninguna objeción, continuó en pie.

Al final, los bolcheviques acabaron firmando la paz separada con las potencias centrales y, además, declararon la nulidad de las deudas contraídas con los aliados por el régimen zarista. Brest-Litovsk representó para Rusia la pérdida de 780 000 km^2 de territorio, aunque los males no acabaron ahí, sino que continuaron en una cruenta guerra civil en la que los antiguos aliados decidieron intervenir para derrocar al temido Gobierno de los comisarios del pueblo.

Intervención aliada en Rusia

En los momentos inmediatos a Brest-Litovsk, Lenin y los bolcheviques temían más a los alemanes, dueños de una parte importante del territorio ruso, que a los aliados. Sin embargo, estos estaban ya dispuestos a intervenir en Rusia para derrocar al Gobierno de los comisarios y reactivar el frente oriental antialemán. Ya desde diciembre de 1917 los estadounidenses venían presionando también a los japoneses para que entrasen en Siberia por el puerto de Vladivostok, donde se almacenaba buena cantidad de pertrechos destinados en su momento a las fuerzas zaristas, y que corrían el riesgo de caer en manos de los bolcheviques. A los imperialistas japoneses, interesados en ampliar su dominio en Asia, no hubo que insistirles demasiado. Estos incluso dieron a entender a los aliados que si había que ocupar Vladivostok, lo harían ellos solos, sin necesidad de ninguna ayuda, circunstancia que provocaría ciertos recelos en el Gobierno de Wilson ante las ambiciones japonesas de intervenir también en China.

También los británicos estaban muy interesados en intervenir en Rusia; argumentaban que grupos finlandeses proalemanes intentaban ocupar el puerto de Murmansk, en la costa norte de la península de Kola. De hecho, fueron los primeros aliados en entrar en territorio ruso después de estallar la revolución bolchevique. El día 6 de marzo de 1918, doscientos infantes de marina británicos desembarcaban en dicha localidad para evitar que cayera en manos de los finlandeses. Luego propusieron un ambicioso plan de colaboración con franceses, japoneses y estadounidenses para entrar en contacto con los ejércitos rusos blancos antibolcheviques. Dicho plan incluía la ocupación conjunta de Vladivostok por nipones, británicos y americanos. Los japoneses se adelantaron con la excusa de la muerte de tres conciudadanos en dicha ciudad, en la cual el 6 de abril desembarcaron quinientos hombres. Poco después llegaron cincuenta soldados británicos. El Gobierno de los comisarios del pueblo consideró tales acciones como el primer paso de un plan destinado a ocupar todo el este de Siberia.

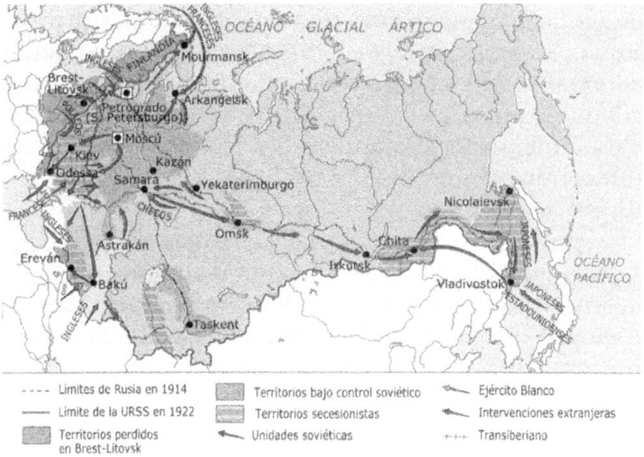

Mapa de la guerra civil rusa, con indicación de los lugares donde intervinieron tropas aliadas

Las crecientes presiones británicas hicieron mella en el receloso Gobierno estadounidense. El ministro de Exteriores del Reino Unido, Arthur Balfour, envió el 28 de mayo a Wilson una nota en la que insistía en la necesidad de la intervención estadounidense en Murmansk. El presidente norteamericano, ante las peligrosas ofensivas alemanes en el oeste, acabó accediendo con la intención de reactivar el frente oriental una vez fueran derrocados los bolcheviques.

En el cambio de opinión de Wilson influyeron también las acciones de la legión checa, una fuerza de unos sesenta mil hombres compuesta por voluntarios checos y eslovacos, que al comienzo de la Primera Guerra Mundial se habían unido al ejército del zar para alcanzar la independencia de su patria, integrada entonces en el Imperio austrohúngaro. Al instaurarse el Gobierno bolchevique, los checoslovacos, temerosos de represalias, se encontraron aislados en el centro de Rusia. Su única opción era salir del país por el puerto de Vladivostok, localidad que conquistaron el 3 de julio, aunque la amenaza del ejército bolchevique persistía. En ese momento, estadounidenses y japoneses decidieron intervenir conjuntamente en la zona, decididamente dispuestos a apoyar cualquier Gobierno ruso blanco que surgiera. Los primeros soldados estadounidenses que llegaron a Rusia lo hicieron por Vladivostok el 16 de agosto, y por Arcángel, frente a la península de Kola, el 4 de septiembre. A mediados de este mes, los japoneses habían desplazado ya sesenta y dos mil hombres entre Siberia y el norte de Manchuria.

Tropas estadounidenses desfilando ante la legión checa en Vladivostok (1918).

La intervención siberiana de 1918-1922 se plasmó en el envío de tropas por parte de las potencias de la Entente a las provincias marítimas de Rusia, como parte de un gran esfuerzo de las potencias occidentales y Japón destinado a ayudar al ejército de los rusos blancos en contra del Ejército Rojo bolchevique durante la guerra civil rusa. Japón continuó ocupando parte de Siberia hasta 1922, incluso después de que el resto de las fuerzas aliadas la abandonaran dos años antes, y permaneció en el norte de la isla de Sajalín hasta 1925. Mientras que Francia, Reino Unido y la legión checoslovaca se concentraron en sostener el frente antisoviético en Siberia, y Estados Unidos en controlar y reparar los ferrocarriles siberianos, Japón, que se negó a enviar tropas más allá del lago Baikal, trató de afianzar su control sobre el este de la región, disputándosela a soviéticos y estadounidenses.

Cuando la guerra con Alemania concluyó el 11 de noviembre, y con ella la excusa de reabrir el frente oriental, las tropas aliadas continuaron en Rusia. El objetivo claro era ahora el de derrocar a los bolcheviques, que de inmediato comprendieron el sentido de la amenaza. Lenin le dijo entonces a su comisario de Asuntos Exteriores Gueorgui Chicherin: «Ahora el capitalismo se echará sobre nosotros». Constatando la gravedad de la situación, Chicherin consideró oportuno dirigir a los aliados una nota donde ofrecía diversas compensaciones económicas y una moderación de su política exterior a cambio de paz. Propuesta que fue acogida con enorme frialdad por británicos y franceses. Además, tampoco los soviéticos parecían muy fiables. A finales de enero de 1919, Lenin propuso la creación de la Tercera Internacional Comunista o Komintern, que se materializó en marzo. Una organización dispuesta a extender el comunismo por todo el mundo. Ese mismo mes, gobiernos soviéticos se imponían en Hungría y Baviera.

Winston Churchill, el hombre que veintisiete años después acuñó el concepto de telón de acero, a la sazón ministro británico de la guerra y ferviente anticomunista, no quería por nada del mundo abandonar la misión militar en Rusia hasta que los bolcheviques no fueran definitivamente derrotados. Sugirió incluso hacer grandes concesiones territoriales a Japón si mantenía su lucha en Siberia. Se encontró con la cada vez mayor oposición de Wilson, apremiado por las tendencias aislacionistas del Congreso de su país, un Congreso que más tarde se mostraría incluso contrario a la integración de los Estados Unidos en la Sociedad de Naciones. De hecho, entre junio y julio las tropas estadounidenses evacuaron el norte de Rusia después de dejar doscientos veintidós muertos. En Siberia aún estarían algún tiempo más, hasta abril de 1920, tras la derrota de los rusos blancos.

Sin embargo, esto no significa que la Administración estadounidense no fuera consciente de lo que representaba el peligro comunista. En agosto de 1919, el periodista John Reed había creado el partido laborista comunista de los Estados Unidos, y el miedo a la agitación soviética en el país derivó en la creación de la División General de Información, el futuro FBI, dedicada a investigar a miles de extranjeros sospechosos de agitación, muchos de ellos luego deportados. Su jefe, John Edgar Hoover, dirigiría aquel organismo hasta 1972, empeñado especialmente en la lucha contra la intromisión comunista en la sociedad americana.

Franceses y británicos, desilusionados, también abandonaron Rusia en 1920. Los japoneses se mantuvieron en Siberia hasta finales de 1922. Una vez retiradas las fuerzas aliadas y aplastados los rusos blancos, los bolcheviques pudieron imponer su dominio a todos los territorios del antiguo Imperio ruso, con excepción de Finlandia, Lituania, Letonia, Estonia, Besarabia (Moldavia) y partes de Polonia. Su victoria, no obstante, les hizo comprender que su régimen estaría siempre en un constante estado de amenaza frente a las potencias capitalistas. Stalin aludiría repetidamente, durante los años treinta y cuarenta, a la intervención aliada en la guerra civil, y con ello daría a entender que aquel suceso le había hecho agudizar sus suspicacias sobre los objetivos últimos de los Estados Unidos. Suspicacias que, tras la Segunda Guerra Mundial, constituirían uno de los elementos esenciales de la Guerra Fría.

ANTICOMUNISMO AMERICANO

Wilson nunca quiso reconocer al Gobierno bolchevique de Rusia, un régimen para él basado en una ideología errónea y disolvente. A pesar de que el 8 de julio levantó el embargo impuesto al comercio de Estados Unidos con la nueva Rusia, se mantuvieron no obstante diversos impedimentos a las libres transacciones, como la restricción de pasaportes y visados, la prohibición de los empréstitos a largo plazo y la prohibición de aceptar oro ruso en pago de las compras. También se utilizaron medios indirectos para evitar conceder créditos comerciales a Rusia. Debido a todo ello, transcurrieron varios años antes de que el comercio soviético-estadounidense comenzara a ser fluido.

En marzo de 1921, la nueva Administración de Estados Unidos, representada por el presidente republicano Warren G. Harding (Wilson era demócrata), exigió a Rusia el pago de la deuda zarista si pretendía su reconocimiento diplomático. El Gobierno bolchevique se negó, y la situación se mantendría hasta noviembre de 1933. Aunque no era esa la única causa de la negativa estadounidense a reconocer a la URSS. Probablemente primaba más el elemento ideológico, tal y como lo podemos concluir de las ideas de Herbert Hoover, tercer presidente republicano de la década de los veinte después de Harding y Coolidge. Para Hoover, reconocer a la URSS daría alas al comunismo, algo de lo que estaba totalmente en contra.

El primer camión Ford montado bajo licencia en la URSS deja la fábrica GAZ (Gorkovsky Avtomobilny Zavod) en 1932. Dicha fábrica fue creada en 1929 en Nizhny Novgorod tras el acuerdo firmado con la empresa Ford, que se comprometía a la asistencia técnica a cambio de la inversión soviética de trece millones de dólares en la adquisición de automóviles y piezas sueltas de maquinaria.

Curiosamente, Josef Stalin, el secretario del PCUS, fue el hombre que a partir de 1928, con el inicio del primer plan quinquenal destinado a planificar la estatalizada economía soviética, inició la política de contratos con los empresarios estadounidenses. Necesitado de ayuda técnica, cerca de mil ingenieros de Estados Unidos participaron en este primer plan en virtud de contratos individuales, y muchos más lo hicieron para compañías estadounidenses, que a su vez habían firmado sus propios contratos de trabajo en el país. Gracias a esa colaboración, se construyeron embalses y plantas eléctricas, se vendieron miles de automóviles, camiones y tractores y se ayudó a crear la propia industria automovilística soviética. También se concedieron créditos a corto plazo al Gobierno bolchevique, que sirvieron para adquirir productos estadounidenses. De hecho, en 1930 el 25 % de las importaciones soviéticas procedían de Estados Unidos, su primer proveedor. Para algunos empresarios estadounidenses como Henry Ford, hacer negocios en la URSS era también una forma de mostrar la superioridad del capitalismo sobre el socialismo. Sin embargo, concluido el primer plan quinquenal y supuestamente alcanzados los objetivos previstos, en 1934 los soviéticos dieron por terminada su relación con la Ford.

De hecho, fue una relación económica breve. Estados Unidos entró en una gran depresión a partir de 1929 y restringió tanto créditos como exportaciones. La llegada de la Administración demócrata a la Casa Blanca en 1933, dirigida por Franklin Delano Roosevelt, fue determinante sin embargo para la normalización de las relaciones entre ambos países. En parte, influyó en el hecho el temor compartido por ambos países ante el avance japonés en China, iniciado con la ocupación militar de Manchuria en 1931.

El relativo acercamiento

Cuando Roosevelt llegó a la presidencia de los Estados Unidos en marzo de 1933, ya era obvio que la política de no reconocimiento de la URSS había fracasado. No solo no había cambiado la estructura interna de este país, sino que tampoco había disuadido a los soviéticos de realizar campañas anticapitalistas en el extranjero. Además, solo Estados Unidos mantenía la negativa frente a muchos otros países como el Reino Unido, que había hecho su reconocimiento de facto ya en 1921.

La expansión de Japón en China y el ascenso de Hitler al poder en Alemania, que amenazaba con romper lo estipulado en el Tratado de Versalles, significaban elementos perturbadores para el equilibrio internacional, percibidos por los Estados Unidos a la hora de aproximarse diplomáticamente a la URSS. Roosevelt entendió que el Gobierno soviético podía constituir un elemento de contención frente al naciente expansionismo alemán, habida cuenta de que ese mismo Gobierno soviético albergaba similares temores respecto, sobre todo, al expansionismo japonés en Asia. De ahí que cuando en octubre de 1933 Roosevelt invitó al Gobierno bolchevique a normalizar relaciones, este acogiera la idea con entusiasmo. Incluso su ministro de Exteriores Maksim Litvinov se comprometió a no realizar propaganda comunista mediante la Komintern en Estados Unidos, y a pagar entre setenta y cinco y ciento cincuenta millones en compensación por la deuda zarista (que según cálculos del tesoro estadounidense ascendía a seiscientos treinta y seis millones). Gracias a ello, el 17 de noviembre se firmó el acuerdo que establecía el reconocimiento entre ambos países.

Sin embargo, este reconocimiento no significó un freno a las tendencias militaristas de Alemania y Japón. Roosevelt, siguiendo la tradicional política aislacionista de su país, no quería ir más allá de un simple apoyo moral a los soviéticos ante un posible conflicto con Japón. Además, los soviéticos no cumplieron con el compromiso de pagar la deuda, y Stalin decidió reactivar a su Komintern para propiciar gobiernos de concentración izquierdista en Europa (los llamados Frentes Populares, que lograron éxito efímero en Francia y en España). Para colmo, los soviéticos permitieron que en dicha organización se presentaran comunistas estadounidenses, lo cual violaba los acuerdos establecidos. Para el Departamento de Estado estadounidense quedó claro que con la URSS nunca se podrían mantener unas relaciones normales. Una idea en buena parte basada en los informes de George Kennan, alto funcionario de la embajada estadounidense en Moscú desde que esta se abrió. Recordemos que para muchos, Kennan, con sus fervientes manifestaciones anticomunistas redactadas entre 1946 y 1947, es considerado como uno de los padres de la Guerra Fría.

George Kennan en sus tiempos de funcionario en la embajada estadounidense en Moscú

Kennan (1904-2005) fue el diplomático estadounidense que enunció la política de contención durante la Guerra Fría. Antes de dedicarse a las tareas diplomáticas había estudiado lengua y cultura rusas. Comenzó su carrera como representante estadounidense primero en Riga (Letonia) y, una vez que los Estados Unidos reconocieron a la

Unión Soviética, trabajó en la embajada de Moscú entre 1933 y 1937. En 1944 regresó a la capital soviética al servicio como consejero del embajador Averell Harriman. Fue dos años después cuando remitió su famoso telegrama largo (unas 5500 palabras), en el que avisaba de la hostilidad política soviética hacia Occidente. Este breve informe sirvió al Gobierno estadounidense para aplicar la conocida como doctrina Truman, destinada a frenar el avance comunista. En 1947, bajo el seudónimo de míster X, publicó en la revista Foreign Affairs un destacado artículo titulado «Las fuentes de la conducta soviética», donde de nuevo incidía en la necesidad de detener de manera firme y vigilante a los soviéticos.

Las purgas iniciadas por Stalin contra el aparato del partido comunista, que afectaron enormemente a sus mandos militares, tampoco ayudaban mucho a confiar en los soviéticos. Su capacidad defensiva parecía haber quedado mermada tras la eliminación, en muchos casos física, de unos treinta y cinco mil oficiales del Ejército Rojo considerados sospechosos de espionaje.

3

La Segunda Guerra Mundial

La Segunda Guerra Mundial

Desde 1935 ya nadie dudaba de las intenciones agresivas de Hitler. En ese mismo año, el Gobierno fascista de Mussolini invadió Etiopía. Al año siguiente estalló la guerra civil española, en la que de inmediato se vieron involucrados tanto las potencias fascistas (del lado de Franco) como los soviéticos (del lado de la república española). Los agresores se envalentonaron, y en octubre de 1936 firmaron el pacto del Eje Roma-Berlín, al que se añadió Japón en noviembre al firmar el pacto Antikomintern. La lucha contra el comunismo mundial estaba garantizada, en un momento en que ni Francia ni Reino Unido, con su política de apaciguamiento frente a Hitler, hicieron nada por calmar las inquietudes soviéticas. Si con ello no fuera suficiente, en 1937 los japoneses lanzaron una guerra genocida contra la república de China.

La respuesta de Roosevelt a esta escalada fue la de intentar acercarse a la Unión Soviética, un proyecto al que se oponían muchos altos cargos de su Gobierno y de sus fuerzas armadas. Uno de los escollos de este acercamiento seguía siendo el de la deuda rusa no saldada desde la época de la Primera Guerra Mundial.

Las potencias fascistas siguieron haciendo de las suyas. En 1938 le tocó el turno a Austria y la región checoslovaca de los Sudetes, anexionadas a Alemania. A ello siguió la invasión alemana del territorio checo en marzo del año siguiente. El siguiente objetivo de Hitler estaba claro que iba a ser Polonia.

Ante la ausencia de aliados en Europa y Estados Unidos, la URSS no tuvo más remedio que acercarse a Alemania, en aquel momento coyunturalmente interesada en no enfrentarse a su enemigo natural comunista hasta que no hubiera arreglado cuentas con los polacos, los franceses y los británicos. De ahí surgió el pacto de no agresión germano-soviético del 20 de agosto de 1939, que incluía un acuerdo comercial y una cláusula secreta para repartirse Polonia. Para el Departamento de Estado estadounidense, este acuerdo reafirmó su idea de que cualquier tratado con la Unión Soviética no era más que papel mojado. Y cuando la URSS atacó Finlandia el 30 de noviembre, Roosevelt lanzó el grito al cielo censurando rotundamente la agresión.

En cuanto comenzó la Segunda Guerra Mundial, los Estados Unidos, aun sin abandonar su política aislacionista, se mostraron cada vez más favorables a ayudar a los aliados, que quedaron reducidos al Reino Unido en cuanto Francia quedó fuera de combate en junio de 1940. La aportación económica y la cesión de material militar estadounidense permitirían a los británicos contener las embestidas alemanas. En marzo de 1941, el Congreso de los Estados Unidos aprobó la ley de Préstamo y Arriendo,

Camiones estadounidenses enviados a la URSS desde territorio iraní. Al menos siete mil doscientos camiones, junto a material de guerra muy diverso, fueron destinados a la URSS como ayuda militar de los Estados Unidos.

por la que se autorizaba al presidente a vender, traspasar, intercambiar, arrendar o prestar envíos de munición, alimentos, armas y otros artículos defensivos a cualquier nación cuya defensa se juzgase esencial para la defensa del país. Tres meses después, Alemania invadió la URSS, después de que esta hubiera sido advertida del ataque por multitud de fuentes, incluida la Administración estadounidense.

A pesar de la doblez de Stalin en el pasado y de su complicidad en la agresión de Hitler contra Polonia, el primer ministro británico Churchill hizo de inmediato un ofrecimiento no solicitado de ayuda a la URSS, ofrecimiento aceptado con entusiasmo. Estados Unidos, con un gobierno asesorado con gente como Kennan, se mantuvo en cambio muy discreto a la hora de ayudar a los soviéticos. Roosevelt, temeroso del derrumbe de la URSS frente a la agresión nazi, tuvo que discutir con sus asesores y altos cargos gubernamentales para poder entregar ayuda económica y material militar, cuya primera remesa fue desembarcada en Vladivostok.

Cuando en diciembre los japoneses atacaron por sorpresa la base estadounidense de Pearl Harbor y los alemanes le declararon, por solidaridad con Japón, la guerra a los Estados Unidos, los recelos de este país desaparecieron por completo. Ante un enemigo común, era necesaria una gran alianza firme y sólida entre Reino Unido, la URSS y los Estados Unidos. Al menos mientras no se derrotara definitivamente a los agresores.

Durante la fase intermedia de la guerra (1941-1944), los soviéticos, a pesar de la apertura entre 1942 y 1943 del frente norteafricano e italomediterráneo, fueron los que llevaron el principal peso de los combates en Europa. Como consecuencia de ello, de inmediato Stalin se dedicó a presionar a sus nuevos aliados para que reconocieran sus conquistas previas al ataque alemán (Lituania, Letonia, Estonia, Besarabia, el este de Polonia y una pequeña parte de Finlandia). Roosevelt no tardó en comprender la naturaleza problemática del asunto de las fronteras de posguerra, e insistió continuamente en relegarlo hasta después de que finalizase el conflicto.

En tan compleja coyuntura pronto surgieron reservas y sospechas. Los rumores sobre intentos de Hitler, cada vez más acosado, de firmar una paz separada con quien fuera, hicieron temer a unos y a otros un cambio en los frentes de guerra, tal y como había sucedido ya en la Primera Guerra Mundial con la Rusia bolchevique. ¿Acaso no habían sido los franceses y los británicos los que, en 1938, habían permitido a Hitler avanzar hacia el este de Europa dejando solos a los soviéticos y obligándolos a pactar con el diablo? ¿Y no habían sido durante veinte meses aliados Hitler y Stalin, lo que le permitió a este ocupar parte de Polonia y las repúblicas bálticas, atacar a Finlandia y anexionarse Besarabia? Para evitar la escalada de sospechas, en enero de 1943 Roosevelt y Churchill se encontraron en Casablanca y determinaron que el conflicto solo se resolvería con una completa rendición incondicional de las fuerzas del Eje, aunque el retraso en la apertura del anhelado segundo frente europeo siempre hizo temer a los soviéticos lo peor. Su obsesión derivada de la guerra civil, en la que los aliados habían unido esfuerzos para derrocarlos, se mantenía todavía muy presente. Y ello a pesar de que conocían el extraordinario esfuerzo que los estadounidenses estaban llevando a cabo en el Pacífico.

Los estadounidenses, conviene recordarlo, habían excluido a los soviéticos a la hora de firmar el armisticio de septiembre de 1943, por el que Italia dejaba de ser enemiga de los aliados y se comprometía poco después a luchar a su lado contra los alemanes. De la misma manera, los soviéticos, de acuerdo con la lógica de establecer áreas de influencia propias, se sintieron autorizados posteriormente a actuar de forma parecida en los Balcanes. La cuestión polaca, antes ya que la alemana, se convirtió a continuación en un asunto provocador de fuertes fricciones. La guerra había comenzado por defender a los polacos de la agresión nazi, y ahora aquellos, divididos políticamente entre un gobierno lejano exiliado en Londres (totalmente contrario a la URSS, sobre todo tras descubrirse la matanza del bosque de Katyn) y un comité comunista creado en el verano de 1944 en la ciudad de Lublin y apadrinado por la URSS, corrían el riesgo de acabar en manos de aquellos mismos que en 1939 habían colaborado con Alemania en trocear su país.

La masacre de Katyn y el cinismo de Churchill

El 13 de abril de 1943, la Oficina Alemana de Noticias anunció, en Radio Berlín, el descubrimiento de varias fosas comunes en el bosque Katyn, próximo a Smolensk (Rusia). En ellas aparecieron numerosos cadáveres de oficiales polacos asesinados por agentes soviéticos del NKVD. El día 26, Radio Moscú informó a su vez de que la Unión Soviética dejaba de mantener relaciones con el Gobierno polaco exiliado en Londres, y le acusó de haberse puesto al lado de los nazis aceptando su versión alemana de los hechos, toda vez, y siempre según Radio Moscú, la matanza había sido llevada a cabo por los propios alemanes.

En los meses siguientes, la propaganda germánica continuó acusando a los soviéticos, y ofrecía además por radio una relación detallada de los nuevos descubrimientos habidos en Katyn. En el bosque, forenses de diversos países se dedicaron a exhumar los cadáveres y practicar sus correspondientes autopsias. Se habló del hallazgo de más de 10 000 cadáveres de militares polacos, incluidos almirantes y generales. El ministro de Propaganda alemán, Joseph Goebbels, llegó a afirmar que se trataba de 12 000 cuerpos, una cantidad a todas luces exagerada. El número de cadáveres descubiertos en Katyn fue de 4143, aunque se echaron en falta otros 10 000 prisioneros, cuyo paradero era desconocido. El ministerio de Goebbels no dudó en señalar al Departamento de Asuntos Internos soviético (conocido entonces con las siglas NKVD), como el autor de la matanza, actuando, eso sí, bajo órdenes directas del propio Stalin.

Lo que hoy sabemos es que cuando la URSS invadió la parte oriental de Polonia en septiembre de 1939, unos 14 500 oficiales polacos, convertidos en prisioneros, fueron internados en tres campos de concentración situados en la Unión Soviética (Starobielsk, Kozelsk y Ostashkow). Entre los meses de abril y mayo de 1940, el NKVD transportó a parte de estos detenidos hacia un punto situado junto a la carretera Smolensk-Vitebsk, bajo la orden directa de acabar con sus vidas. Allí fueron asesinados esos 4143 oficiales polacos a un ritmo de aproximadamente un centenar diario. A continuación fueron sepultados en fosas comunes, a razón de unos quinientos cuerpos por fosa. Sin embargo, y seguramente debido a la premura con que se llevaron a cabo las muertes y los enterramientos, quedaron numerosas evidencias de lo sucedido, como los propios objetos personales de los muertos, que acabaron sepultados junto a los cuerpos.

El embajador polaco en la Unión Soviética, Jan Jot, pudo entrevistarse con Stalin el 14 de noviembre de 1941, solicitando información sobre los cuarenta mil polacos que a comienzos del año anterior habían sido trasladados desde los campos de concentración de Starobielsk y Kozelsk a otros lugares desconocidos, de los que desde entonces se ignora su paradero. Ya en 1942, unas brigadas de la Organización Todt (institución alemana colaboradora con sus fuerzas armadas en tareas de infraestructuras) que trabajaban en la zona de Katyn fueron informadas por un campesino de la existencia de diversas fosas. Excavadas estas, se hallaron numerosos restos humanos, que volvieron a cubrirse hasta que a comienzos del año siguiente un oficial alemán volvió a encontrar, en el mismo lugar, evidencias de la masacre. Sus hombres comenzaron a excavar de nuevo, y en esta ocasión se tomó el asunto más en serio. Incluso se formó un pequeño grupo de investigación dirigido por la Cruz Roja polaca, integrado por forenses de varias nacionalidades. Junto a los cadáveres se encontraron restos de uniformes con sus insignias, aunque no anillos ni relojes. El número total de cuerpos contabilizados fue el ya mencionado de 4143, considerados todos ellos pertenecientes a militares polacos procedentes de campos de prisioneros soviéticos. Para las autoridades polacas, quedó claro desde un primer momento que habían muerto a manos de agentes de la URSS.

Escena de la película polaca *Katyń*. Fue dirigida en 2007 por Andrzej Wajda, hijo de uno de los oficiales polacos asesinados por los soviéticos en las matanzas de la primavera de 1940. Narra la historia de un oficial polaco asesinado por los soviéticos en el bosque del mismo nombre, y la búsqueda de su cadáver por parte de su esposa.

Comenzó así una etapa de informaciones y desinformaciones. El general Władysław Sikorski, primer ministro del Gobierno polaco exiliado en Gran Bretaña, habló del asunto con Winston Churchill y señaló a los rusos como culpables de la masacre. Sin embargo, el primer ministro británico, buscando no irritar a sus aliados soviéticos, instó a Sikorski a olvidar el asunto. A su vez, el ministro de Asuntos Exteriores británico Anthony Eden informó a su gabinete el 19 de abril de que pretendía culpar a los alemanes acusándolos de la matanza y de orquestar un montaje para enemistar a los aliados. No engañaría a nadie, pero el asunto quedó de esta forma relegado, a pesar de la disconformidad de las autoridades polacas. Casualmente, el 4 de julio el primer ministro

Sikorski murió en un accidente de aviación acaecido en Gibraltar, y desapareció así el hombre que incansablemente se había esforzado por conseguir que se abriera una investigación y se castigara a los culpables.

Cuando en el otoño de 1943 la Unión Soviética reconquistó la zona de Smolensk, los cuerpos fueron otra vez desenterrados y se emitieron informes que demostraban la autoría alemana de la masacre. Nadie de entre los aliados se creyó aquellas nuevas pruebas, aunque públicamente los políticos británicos siguieran afirmando que la culpa de todo la tenía Alemania.

No fue hasta 1989, cuando comenzó el colapso de la URSS, cuando su jefe de Estado Gorbachov admitió la culpabilidad directa de la NKVD en las ejecuciones siguiendo órdenes de Stalin. Además, se confirmó la existencia de otros dos lugares más donde en marzo de 1940 fueron asesinados hasta 25 700 polacos, incluidos los de Katyn. El 13 de abril de 1990, Boris Yeltsin, presidente de la república de Rusia, reconoció oficialmente la responsabilidad de la Unión Soviética en la matanza, y el 14 de octubre de 1992 remitió al presidente polaco Lech Walesa la documentación secreta del suceso.

Las consecuencias

A partir de la gran epopeya que fue la batalla de Stalingrado, concluida el 2 de febrero de 1943 y que extendió el prestigio soviético y la fascinación por el comunismo en el mundo democrático, muchos creyeron que la guerra, extendida ya por diversos frentes, conduciría a la victoria a los aliados. Se produjeron intentos de aproximación sincera divulgando la Carta del Atlántico, un documento firmado en agosto de 1941 por Churchill y Roosevelt para crear un mundo de posguerra basado en principios de justicia y democracia. Stalin disolvió la temida Komintern en mayo de 1943. Pocos meses después, en Teherán, los tres grandes (Stalin, Churchill y Roosevelt) se vieron por primera vez juntos y se reafirmaron en no concluir la guerra por separado hasta la derrota completa nazi. También se fueron sentando las bases para una futura Organización de las Naciones Unidas. Pero nada de esto sirvió para acabar con la aplastante lógica de los hechos consumados. Faltaron decisiones formalmente operativas, así como la formación de un equipo diplomático y militar destinado específicamente a la aplicación de las eventuales decisiones. En la conferencia de Teherán (noviembre-diciembre de 1943) se concretó el desembarco aliado en el norte de Francia y se establecieron las futuras fronteras de Polonia, aunque no la organización política de dicho estado. Se daba por hecho que la URSS, en compensación por sus esfuerzos y sufrimientos, tendría el derecho a ampliar sus límites territoriales anteriores a 1939. En la conferencia de Dumbarton Oaks, que se celebró entre el 21 de agosto y el 7 de octubre de 1944 en la mansión homónima (ubicada en Washington D. C.), se formuló y negoció el inicio de las Naciones Unidas. Las conversaciones para la creación de la ONU incluyeron la lista de los Estados que serían invitados para integrarla. A la conferencia asistieron representantes de los Estados Unidos, la Unión Soviética, el Reino Unido y de la república de China. Las conversaciones también incluyeron la formación del Consejo de Seguridad y el derecho a veto de los miembros permanentes. Sin embargo, pronto surgieron nubarrones respecto al futuro de Alemania. En la conferencia anglosoviética de Moscú, celebrada inmediatamente después de la de Dumbarton Oaks con participación directa de Churchill y Stalin, se produjo el famoso asunto de los porcentajes. Uno de los temas tratados y en cierta manera acordado fue el futuro de los

Balcanes, considerados un área de interés estratégico por los británicos desde su intervención en la guerra de independencia griega en 1827. En este arreglo, caracterizado por el marcado cinismo del proceso, se trató de prefigurar e incluso sistematizar de antemano la partición posbélica. Churchill, a diferencia de los estadounidenses, tuvo desde el principio el convencimiento de que la naturaleza de la URSS no se podía cambiar mediante negociaciones. Incluso, por origen y tradición cultural, parecía capaz de entender el nacimiento de una lógica imperialista en la URSS, como en su tiempo habían mantenido los propios británicos. Fue en esta ocasión y en este marco cuando, después de una larga discusión con Stalin, redactó en un pedazo de papel los porcentajes de influencia comunista en una serie de países del este europeo: Rumanía para la URSS en un 90 % (10 % para Reino Unido); Grecia para Reino Unido en un 90 %, en acuerdo con Estados Unidos (10 % para la URSS); Yugoslavia y Hungría, 50/50; Bulgaria para la URSS en un 75 % (25 % para Reino Unido). Una vez escrito esto, el primer ministro británico entregó el papel a Stalin, quien lo tomó sin duda asombrado. Para el dictador soviético muchas cosas se hacían sin necesidad de ser escritas, a diferencia de lo que parecía suceder en Occidente. Con su lápiz azul, Stalin trazó una línea en el escrito, dando con ello el aprobado. Luego se produjo un largo silencio. La hoja de papel, con la marca azul del georgiano, quedó sobre la mesa para indicar a los presentes, de forma bastante torpe, que un nuevo sistema de relaciones internacionales acababa de nacer. Un sistema que, naturalmente, conocería con posterioridad manifestaciones más formales, importantes y decisivas a modo de contrapeso (sobre todo en los acuerdos de la ONU), así como las buenas maneras propias de la diplomacia oficial. Tras el largo silencio que dejaba en evidencia estos principios, Churchill susurró a su anfitrión si no sería conveniente quemar el papel, al considerar que acaso en el futuro no se viera con buenos ojos esta forma de decidir asuntos que afectaban a millones de personas. Entonces, el mandatario soviético respondió: «No, consérvelo usted». Una frase que señalaba la naturalidad con que Stalin había llevado a cabo la negociación. Quedaba claro que, como vencedor militar en el Este, esta era su manera de afrontar la discusión sobre el área balcánica, e incluso sobre cualquier otra zona del mundo. La conferencia continuó al día siguiente con la discusión entre los dos ministros de Exteriores, el británico Anthony Eden y el soviético Viacheslav Molotov. Este consiguió una revisión favorable de los porcentajes: alcanzó para la URSS un 80 % de influencia en Bulgaria y Hungría y un 60 % en Yugoslavia. Terminado el encuentro, Churchill envió a Roosevelt una nota informativa en la que daba cuenta del acuerdo como si fuera una simple guía de actuación en la región. El presidente estadounidense ofreció entonces la impresión de sentirse algo desplazado por el modo de llevar a cabo este tipo de negociaciones, temía que las demás cuestiones en juego pudieran verse en el futuro afectadas por aquella inercia.

La siguiente conferencia celebrada en Yalta (Crimea, del 4 al 11 de febrero de 1945) constituyó el más célebre de los encuentros de esta etapa anterior al fin de la guerra europea, tanto por el simbólico lugar escogido (sur de Rusia, una zona dominada por los alemanes hasta mayo del año anterior) como por su significado. En ella quedó manifiesta la incertidumbre occidental ante la política que se iba a seguir, que bien podía ser la derivada de la Carta del Atlántico o, sencillamente, la de aplicar los hechos consumados. Con el fin de resolver los problemas relativos a la estructura de la Europa liberada, se quiso tener noblemente en cuenta una serie de principios (autodeterminación de los pueblos, elecciones libres, renuncia a las conquistas territoriales y al uso de la fuerza, cooperación internacional, participación de todos en el comercio mundial) que deberían compatibilizarse, porque no podía hacerse de otra forma, con los hechos consumados (la ocupación soviética del este y la gestión de aquellos principios por parte de los mismos soviéticos). El empeño de llevar a cabo elecciones libres en los territorios liberados, por otro lado, se prestaba a interpretaciones diversas, al igual que la referencia a gobiernos representativos y a la democracia. De esta forma, Yalta acabó considerándose, de forma completamente impropia, sinónimo de la división del mundo. La cual realmente se produjo, aunque sobre la base de procesos político-militares que se estaban desarrollando en lugares como Polonia, Alemania, Yugoslavia y otros países de la Europa centroriental. Por otro lado, en aquel momento y para cada uno de los participantes, lo más importante era conseguir la victoria en las mejores condiciones posibles. Respecto a la cuestión alemana, se trataba de un problema que cambiaba a cada día que pasaba. Todos estaban de acuerdo en convertir a Alemania en una entidad incapaz de provocar nuevos daños en el futuro. Pero ¿de qué forma? ¿Desmembrándola en pequeños Estados? ¿Dividiéndola por completo entre todos los vencedores? ¿Entregando todos sus recursos industriales a la URSS, el país más perjudicado por el ataque alemán, y dejando el resto para los demás afectados? ¿Convirtiéndola, como en algún momento se sugirió, en un Estado exclusivamente agrario? Sobre estos puntos las opiniones se iban diversificando velozmente, pues los hechos consumados iban prevaleciendo sobre los principios y acuerdos a medida que los soviéticos avanzaban por el este y los angloestadounidenses penetraban por la Alemania Occidental. Los occidentales fueron rechazando poco a poco, en contra de su proyecto inicial, la idea de proceder a un desmembramiento radical. Solo Francia, que se estaba preparando para entrar en el grupo de los grandes, parecía dispuesta a garantizarse la seguridad futura mediante medidas draconianas que acabaran con la unidad alemana. En una visita que el general Charles de Gaulle, presidente del Gobierno provisional francés, realizó a Moscú en diciembre de 1944, propuso a Stalin la división de Alemania e incluso la integración de algunos de sus territorios a Francia, idea en la que el mandatario soviético estuvo ciertamente de acuerdo, aunque en aquel momento, con la guerra todavía muy activa, le hizo ver a De Gaulle que se debía contar con la opinión del resto de los aliados. El general francés fue luego con sus ideas a los angloestadounidenses, en un intento por convertirse en uno más de entre los grandes vencedores y de superar la humillación derivada de una Francia colaboracionista entre los años 1940 y 1944.

Los tres grandes en la conferencia de Yalta. A la izquierda, Churchill, Roosevelt (ya bastante enfermo) en el centro y Stalin a la derecha. Tras ellos, sus respectivos ministros de Exteriores: Anthony Eden (británico), Edward Stettinius Jr. (secretario de Estado estadounidense) y Viacheslav Molotov (soviético).

La conferencia de Yalta, celebrada en febrero de 1945, constituye para muchos historiadores el inicio de la Guerra Fría. Con ella continuaba la serie de encuentros que comenzaron con la conferencia de Casablanca (enero de 1943), y se desarrolló en el antiguo Palacio imperial de Livadia (Yalta, península de Crimea). Los acuerdos logrados provocaron polémica de inmediato, antes incluso que la siguiente conferencia de Potsdam (julio-agosto de 1945). Tras la muerte de Roosevelt (12 de abril), Churchill y Stalin fueron acusados de no haber permitido el control internacional sobre los países liberados por los soviéticos, y se les recriminó además el que ningún otro gobierno hubiera sido informado de lo que se decidió en Yalta.

Quedaba claro que, en el momento en que se produjo la conferencia de Yalta, el bando de los occidentales no estaba claramente unido. Los Estados Unidos no se habían colocado todavía con toda su energía a la cabeza del grupo. Mientras, el Ejército Rojo, a unos tres meses de finalizar el conflicto, y después de una onerosísima guerra para su país, ocupaba ya Rumanía, Bulgaria, casi la totalidad de Polonia, los países bálticos, la Prusia oriental, dos tercios de Hungría y de Yugoslavia (que en buena manera se había liberado sola), la parte oriental de Checoslovaquia y gran parte de Silesia (antes dividida entre Alemania y Polonia) y de Pomerania (alemana). El retraso en la apertura del segundo frente, que no llegó hasta el desembarco de Normandía el 6 de junio de 1944, y el hecho de que los propios americanos llevaran a cabo una difícil guerra en el Pacífico surasiático, constituían elementos de complicación para la URSS. Sin embargo, una vez cambiada la suerte del conflicto a favor de los soviéticos frente a la cada

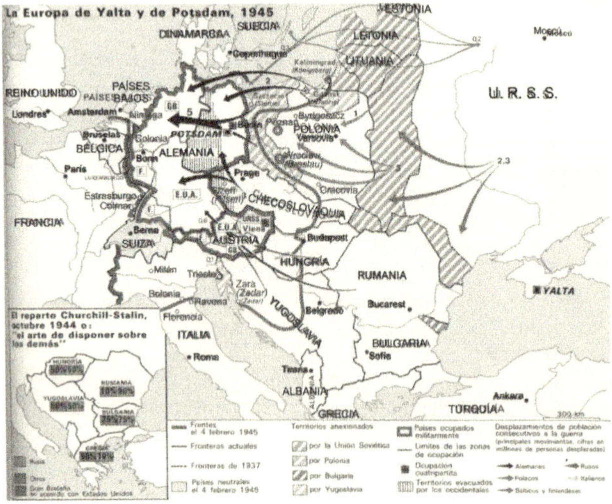

Mapa de la Europa de Yalta y Potsdam

vez más presionada Alemania, aquellos pudieron disponer de tiempo suficiente para lanzar sus ofensivas hacia el oeste, ofensivas que les permitieron ocupar el vacío central creado por la marcha de los alemanes y el desmantelamiento de los Gobiernos colaboracionistas.

¿Qué es lo que estaba sucediendo, y qué iba a suceder en el terreno geopolítico? Responder a esta pregunta, más allá de las explicaciones que se centran en el capital agresivo del imperialismo o en el empuje de la ideología totalitaria comunista, precisa antes comprender que el curso de la historia depende, a menudo, de la aplicación de políticas basadas en la potencia militar. Mientras se procedía al abatimiento conjunto del poder nazi tanto en el este como en el oeste, a la liberación de los territorios ocupados por el Reich, el área que en el pasado se consideraba la Europa central se estaba transformando en la Europa oriental.

De acuerdo con la severa ley del talión, y obedeciendo a una secuencia trágica, los Estados tapón creados tras la paz de Versalles, luego reducidos a satélites del Eje, iban convirtiéndose en cordones sanitarios establecidos por la militarmente poderosa URSS frente a los aliados (pronto convertidos en exaliados y enemigos). Esta labor implicó la aplicación casi completa del modelo soviético en esas zonas, lo que dio origen a las llamadas democracias populares. Todo ello como consecuencia radical del empeño de un Estado, la URSS, que se estaba convirtiendo a marchas forzadas en una gran potencia y que supo aprovechar el caos bélico para imponer una política exterior de fuerza de la que antes había carecido. Oriente y Occidente, poco a poco, fueron transformándose radicalmente en Europa: de ser simples términos geográficos pasaron a convertirse en expresiones con fuertes connotaciones ideológicas. Para los soviéticos, Occidente, la tierra literalmente donde se pone el sol, iba a ser el espacio donde el capitalismo acabaría siendo destruido por sus propias contradicciones económicas. Para los estadounidenses, y para los europeos bajo protección (o control) estadounidense, Oriente pasó a ser sinónimo de despotismo, de colectivismo autoritario, de una histórica marcha atrás por culpa del comunismo, de la quiebra y de la imposibilidad de modernización. La Europa central, en los decenios precedentes enérgicamente dominada por los imperios o potencias precisamente centrales y luego por el Tercer Reich, por lo que se llegó a acuñar el término clásico de Mitteleuropa, perdería de manera imprevista después de la conferencia de Yalta todo ese significado geopolítico. En nombre del espacio vital necesario, la Europa central en expansión había desarrollado políticas infames. Sin tener en cuenta esto, es decir, la agresiva política hitleriana, no podríamos entender la inesperada respuesta posbélica soviética. A menudo se ha venido diciendo, por parte de historiadores como Ernst

Cambios territoriales en Europa tras el fin de la Segunda Guerra Mundial

Nolte, que el nacionalsocialismo reafirmado en 1933 tras diez años de república de Weimar fue consecuencia del bolchevismo impuesto en Rusia en 1917. Los alemanes habrían seguido entonces, con cierto retraso, una deriva nazi-totalitaria provocada por el miedo al comunismo, aunque con la curiosa voluntad de imitarlo en lo que a la aplicación de la violencia y del terror se refiere. Sin embargo, al final sucedió lo contrario: después de la crisis de los años treinta, el bolchevismo estalinista acabó internacionalizándose precisamente tras la Segunda Guerra Mundial, como consecuencia de su conversión en gran potencia militar, de su respuesta, no ideológica, sino militar y material, ante la agresión alemana de 1941, una agresión por otro lado precedida de una alianza anterior con ese mismo enemigo.

El proceso de desaparición de la Europa central, evidentemente, no resultó indoloro, sino que estuvo marcado por deportaciones en masa y un éxodo de proporciones más que bíblicas. El proceso aconteció cuando la URSS, como ya sucedió con la Rusia zarista en los siglos pasados, se lanzó hacia Occidente con todo el peso de su territorio imperial y multinacional a lo largo de una extendida línea, no cuestionada por los aliados, que incluía el área de Besarabia-Bucovina, la Rutenia subcarpática, la ex Polonia Oriental, la Prusia Oriental, los Estados bálticos, Carelia y una zona fronteriza de Finlandia. República esta, junto a Polonia, que logró sustraerse a la reincorporación tras las antiguas fronteras zaristas, aunque como compensación se adquirieran áreas antes austro-húngaras y germánicas. Todo ello sin tener en cuenta los Estados satélites que se crearon en torno a la URSS, las llamadas democracias populares. A título de indemnización, en clave antialemana, la URSS y los aliados hicieron que las fronteras de Polonia se movieran por el oeste hacia la línea de los ríos Oder-Neisse.

No fueron por tanto los problemas de frontera los causantes directos de la gran división acaecida en la Gran Alianza y, por ende, de la Guerra Fría. Influyeron mucho más, junto con las diferentes interpretaciones de los acuerdos, además de la aplicación de lo establecido en Yalta, los ajustes internos de tipo sovietizante que la URSS impuso a los Estados convertidos en sus satélites, que eliminaron cualquier disensión y aprovecharon en su beneficio su dominio en el área. Alemania quedó dividida. Pomerania y Silesia pasaron a ser polacas. La parte oriental de Prusia, con su ciudad de Königsberg (la cuna de Immanuel Kant, llamada ahora Kaliningrado en honor a Mijaíl Kalinin, presidente de la república soviética), se integró en la URSS. Asistimos así a una de las paradojas más grandes del siglo xx. En el largo período de la paz armada soviético-estadounidense de 1945 a 1989, la desaparecida Europa central se convirtió en un espacio

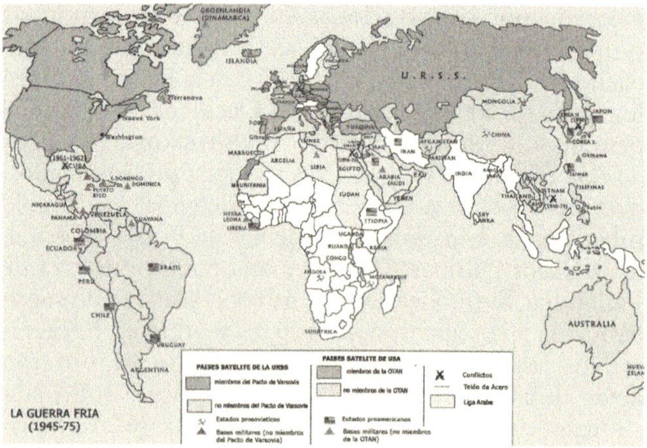

Mapa de la Guerra Fría donde se destacan los países comunistas en Asia

de contención a la hora de organizar el territorio (que no fue exactamente el mismo; debemos recordar la inclusión ahora de Yugoslavia, Rumanía o Albania), cuando en el pasado solo había vivido tensiones, enfrentamientos, disputas y turbulencias. Hubo, eso sí, momentos complicados (Berlín en 1953, Polonia y Hungría en 1956, Checoslovaquia en 1968 y de nuevo Polonia en 1970 y 1980). El único imperio del área central que no desapareció (como sí lo hicieron el alemán y el austrohúngaro) fue el zarista, convertido en el Imperio de los bolcheviques. Stalin, después de 1945 pudo así controlar, con el inédito auxilio de la ideología marxista-leninista, zonas que en el pasado habían pertenecido a los zares, al rey de Prusia, al emperador Habsburgo de Austria e incluso al sultán otomano. Las mismas potencias que en su momento formaron la Santa Alianza nacida en 1815, más el Imperio de la Sublime Puerta.

El control soviético se extendió también, entre 1945 y 1975, por Asia, sobre un área que en parte antes pertenecía a los Imperios chino y japonés y al Imperio colonial francés. De forma, eso sí, bastante imperfecta, que con el tiempo dio origen a ásperos desacuerdos y rechazos.

Después de Yalta, un año antes de que se sancionara oficialmente la gran división, se produjeron algunos acontecimientos de interés. El 12 de abril falleció el presidente Roosevelt. El ministro nazi de Propaganda Joseph Goebbels, pocas semanas antes de su suicidio, se permitió celebrar el fallecimiento abriendo una de las últimas botellas de vino francés que quedan en la cancillería de Berlín. Roosevelt, entonces recién elegido por cuarta vez presidente de los Estados Unidos, fue sucedido por su vicepresidente Harry Truman. Este, desde un primer momento, se mostró mucho más inflexible que Roosevelt frente a los soviéticos. Entretanto, la URSS, mientras británicos y estadounidenses después de la última ofensiva nazi en las Ardenas quebraban el frente occidental, continuaron a enorme velocidad su marcha por la Europa central. De esta forma, el 29 de marzo el Ejército Rojo entraba en Austria, y el 13 de abril, un día después de la defunción de Roosevelt, ocupaba Viena. Budapest ya había sido conquistada el 13 de febrero. Después de haber roto el frente por el Báltico, ya en marzo, los soviéticos cruzaron el 16 de abril los ríos Oder y Neisse y conquistaron rápidamente la Alemania Oriental. El 24 de abril se puso cerco a Berlín y se inició el ataque final. Al día siguiente, avanzadillas soviéticas y estadounidenses se encontraron cerca de la ciudad de Torgau, a ciento noventa kilómetros al sur de Berlín, cerca del Elba, un río considerado tradicionalmente frontera entre las EuropasOriental y Occidental, y más específicamente entre el mundo germánico y el eslavo.

Tanques Sherman soviéticos de fabricación estadounidense en las calles de Viena.

Al finalizar la guerra, la capital austríaca se convirtió en uno de los objetivos más destacados de la URSS. En primer lugar porque Austria se encuentra, geográficamente hablando, en el centro de Europa. En segundo, por una razón moral: se trataba de la primera nación anexionada por el austríaco (aunque nacionalizado alemán) Adolf Hitler (marzo de 1938). Y en tercero, porque constituía una de las ciudades históricamente más relevantes del viejo continente, sobre todo por haber ejercido como capital del Imperio de los Habsburgo. La ciudad sería ocupada definitivamente por el Ejército Rojo el 13 de abril.

Reconstrucción para las cámaras del encuentro entre soviéticos y estadounidenses cerca de Torgau, junto al río Elba, el 25 de abril de 1945

Ese día, cuatro infantes estadounidenses al mando de un teniente, encuadrados en la 69 división, atravesaron el Elba en un bote cerca del poblado de Strehla. En la otra orilla se toparon con guardias soviéticos de la 58 división, mandados por el comandante Alexandr Gardiev. Horas más tarde, el teniente estadounidense William Robertson alcanzó con sus infantes el puente de la localidad de Torgau, sobre el Elba, a veinte kilómetros al norte de Strehla. Allí encontraron a otra unidad del Ejército Rojo mandada por el teniente Aleksandr Silvashko. De todo ello fueron informados los mandos de ambos ejércitos, y se decidió realizar una celebración del encuentro de cara a la prensa. El acto tendría lugar en Torgau, una localidad libre de tropas alemanas, escenificándose el famoso apretón de manos entre soldados de ambos países. A su vez, el presidente Harry Truman y Josef Stalin se cruzaron los pertinentes mensajes oficiales de felicitación. El encuentro junto al Elba, junto con los pronunciamientos oficiales en Moscú, Washington y Londres, dejó patente la voluntad de los tres aliados de luchar hasta la total rendición de los alemanes.

El hundimiento de Alemania, del cual era solo responsable el régimen nacionalsocialista, hizo retroceder varios siglos la geografía política y humana del continente. Por otro lado, llevó al completo cumplimiento de la tendencia iniciada ya en el siglo XVI con el enfrentamiento entre el rey francés Francisco I (el oeste) y el emperador Carlos V (el Imperio y el este), seguida por el cardenal francés Richelieu (hábil reforzador del oeste) en el XVII; después con Napoleón en el XIX y, por fin, en el curso de la Primera Guerra Mundial. Una tendencia basada en convertir el equilibrio-conflicto entre Oriente y Occidente en la base geopolítica de las relaciones internacionales. Los estadounidenses, abandonada su tradicional política aislacionista, junto a sus aliados eurooccidentales, pasaron a ser, en un plano alejado de la ideología, los herederos de Francisco I, de Richelieu, de Napoleón, de Georges Clemenceau y de Lloyd George. Los soviéticos, en condiciones muy cambiantes, resultaron ser los continuadores de Carlos V y el Imperio de los Habsburgo, y acaso de Federico II de Prusia y de Catalina la Grande de Rusia, de esa misma Rusia que más tarde se opuso a Napoleón. En definitiva, después del colapso zarista, también llegaron a ser los herederos de los imperios centrales y de la posterior concordia germano-soviética de 1939-1941. Y entre 1940 y 1941 solo el Reino Unido se ocupó militarmente de la defensa del Occidente democrático.

La fáctica división militar y política de Europa comportaba profundos elementos, bárbaros y arcaicos, entonces resucitados a causa de la perversión racista aria, contraria a los valores hasta entonces aplicados en el Centro por la civilización germánica. El implacable avance soviético iniciado tras la victoria de Stalingrado en febrero de 1943 se detuvo en la primavera de 1945. Y con ella alcanzó el límite extremo del espacio europeo, en el sentido físico y territorial, de todo aquello de que pudieron disponer los soviéticos de acuerdo con la política de hechos consumados. Una política bastante más improvisada de lo que siempre se ha creído.

4

Comienza la tensión (1945-1947)

Nace la ONU

El 8 de mayo de 1945, Stalin, Truman y Churchill anunciaron al mundo el fin de la Segunda Guerra Mundial. La cohesión de la Gran Alianza se encontraba entonces todavía operativa, aunque el primer ministro británico ya albergaba serias dudas sobre las intenciones soviéticas. De hecho, al concluir la guerra contra Alemania, solicitó a sus asesores militares un plan para combatir a los soviéticos y evitar así su expansión por el este de Europa. Es lo que se llamaría la Operación Impensable.

Curchill y la Operación iImpensable

En 1998, la Public Record Office (Oficina de Registros Públicos, antigua guardiana de los archivos nacionales del Reino Unido hasta 2003), publicó un expediente secreto de gran interés relacionado con el origen de la Guerra Fría. Dicho documento contenía los planes de guerra ideados en 1945 por el Reino Unido contra Rusia, su aliado en ese momento. Justo después de la rendición alemana (8 de mayo), Winston Churchill, entonces primer ministro británico, instruyó al personal de planificación conjunta (expresado con las siglas JPS, una suerte de Estado Mayor de las fuerzas británicas) para que elaborara planes de guerra contra Rusia. Un proyecto que aparentemente contradecía la política británica en relación con sus supuestos aliados en la guerra contra Alemania.

Churchill se había convertido en primer ministro británico en mayo de 1940, justo después del avance alemán sobre los Países Bajos. En todo momento, y a pesar de los avances alemanes en Europa, se mantuvo firme a la hora de continuar la guerra. Eso sí, tuvo que hacerlo con el apoyo económico de los Estados Unidos, hasta que estos entraron directamente en conflicto en diciembre de 1941. A partir de entonces, la mente de Churchill, fervientemente anticomunista desde que estallara la revolución bolchevique en 1917, pensó que cuando Alemania y Japón fueran derrotadas se impondría un nuevo orden mundial bajo la tutela angloestadounidense, en la que el Reino Unido podría preservar su Imperio colonial. Sin embargo, esa visión se vio obstruida por la inesperada victoria de la URSS sobre Alemania a partir de 1943. Una URSS considerada por Churchill como una seria amenaza para el Imperio británico y la civilización occidental.

El primer ministro británico observó con preocupación los avances del Ejército Rojo por el este de Europa entre 1944 y 1945. Tampoco le hizo ninguna gracia que fueran los soviéticos quienes ocuparan Berlín, de ahí que en la primavera de 1945 ordenara a sus planificadores militares que investigaran la posibilidad de un ataque aliado sobre las fuerzas soviéticas en Europa central, posiblemente utilizando tropas polacas o incluso alemanas. El resultado fue el plan denominado Operación Impensable (Operation Unthinkable).

En realidad fueron dos planes. Para salvar su mundo civilizado, Churchill instruyó al personal de planificación conjunta para que elaborara dos proyectos de guerra contra Rusia, justo después de la rendición alemana. El primer plan, el propiamente llamado Operación Impensable, tenía un carácter ofensivo. Su objetivo era «imponer a Rusia la voluntad de los Estados Unidos y del Imperio británico». La fecha prevista para la apertura de las hostilidades era el 1 de julio de 1945. Las potencias aliadas debían contar con el uso de las fuerzas alemanas capturadas. Sin embargo, el JPS concluyó que la inferioridad numérica entre el Reino Unido y los Estados Unidos en tierra haría dudoso un éxito limitado y rápido, y demostraría así que el plan de ataque sorpresa de Churchill era en última instancia impensable. Las tropas del Ejército Rojo en la Europa central triplicaban como mínimo a las británicas. El propio Churchill anotó en un margen del borrador que un ataque al Ejército Rojo era «sumamente improbable», si bien algunos elementos de la Operación Impensable formarían parte más tarde de la planificación de un posible ataque soviético sobre Reino Unido.

El segundo plan, manteniendo la palabra clave «impensable», era defensivo. Defraudado por el pesimismo del primer informe, Churchill solicitó al JPS que

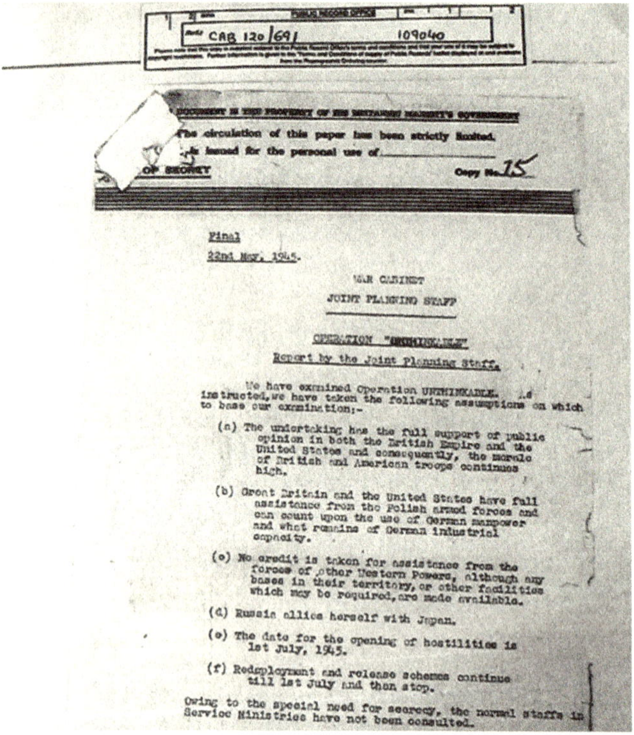

CAB 120/691 109040

The circulation of this paper has been strictly limited.

It is issued for the personal use of ____________

Copy No. 15

Final

22nd May, 1945.

WAR CABINET

JOINT PLANNING STAFF

OPERATION "UNTHINKABLE"

Report by the Joint Planning Staff.

We have examined Operation UNTHINKABLE. As instructed, we have taken the following assumptions on which to base our examination:-

(a) The undertaking has the full support of public opinion in both the British Empire and the United States and consequently, the morale of British and American troops continues high.

(b) Great Britain and the United States have full assistance from the Polish armed forces and can count upon the use of German manpower and what remains of German industrial capacity.

(c) No credit is taken for assistance from the forces of other Western Powers, although any bases in their territory, or other facilities which may be required, are made available.

(d) Russia allies herself with Japan.

(e) The date for the opening of hostilities is 1st July, 1945.

(f) Redeployment and release schemes continue till 1st July and then stop.

Owing to the special need for secrecy, the normal staffs in Service Ministries have not been consulted.

Uno de los documentos de la Operación Impensable

estudiara cómo el Reino Unido podría defender sus islas contra un posible avance ruso en Francia y los Países Bajos. Esta vez concluyeron que Rusia (nunca se hablaba en el informe de la Unión Soviética), sin cohetes y otras nuevas armas, no se convertiría en una seria amenaza para la seguridad británica.

Al final, los temores de Churchill se cumplieron en parte. La Unión Soviética dominó buena parte de la Europa central y oriental y se convirtió en una seria amenaza para el resto del continente y para el propio Imperio británico, tal y como el propio ex primer ministro anunció en la Universidad de Fulton el 5 de marzo de 1946. La Guerra Fría, una guerra imperial angloestadounidense, se hizo, pues, inevitable. Al invitar a los estadounidenses a su Imperio, y también a la descolonización de su Imperio, los británicos acabaron luchando contra el comunismo.

El 26 de junio, como una suerte de legado ideal del ya fallecido presidente Roosevelt, a su vez heredero en este ámbito de su antecesor Wilson, se funda en San Francisco la Organización de las Naciones Unidas, que venía a sustituir, con mejores expectativas, a la nada llorada (aunque también hubiera nacido con los mejores auspicios) Sociedad de Naciones. Estuvieron representados cuarenta y seis Estados, todos los que habían declarado la guerra a Alemania y a Japón. Solo Polonia no concurrió a la firma de la constitución del nuevo organismo, debido a que la formación de su nuevo Gobierno se retrasó. Por tanto, se dejó un espacio en blanco para la firma de dicho país, que se contaba entre los signatarios originales de la declaración. Cuando se reunió la conferencia no existía todavía un Gobierno polaco universalmente reconocido, aunque, con su formación el 26 de junio de 1945, se allanó este obstáculo, y el 15 de octubre del mismo año dicho país firmó la carta fundacional y se convirtió en uno de los miembros originarios. Bielorrusia y Ucrania, a pesar de ser repúblicas soviéticas no soberanas, y la recién liberada Dinamarca, junto con las todavía colonias británicas India y Sudáfrica, también asistieron, pero hubo muchos vacíos europeos, asiáticos y africanos. En la reunión dominaron los países americanos, veintidós en total.

Edward R. Stettinius Jr., secretario de Estado y presidente de la delegación de Estados Unidos, inaugura la sesión con la que se firmará, el 26 de junio de 1945, la Carta fundacional de las Naciones Unidas. A su izquierda, el presidente Harry S. Truman.

El acto se celebró en la sede de la ópera de San Francisco, y a él asistieron representantes de Arabia Saudita, Argentina, Australia, Bélgica, Bolivia, Brasil, Canadá, Checoslovaquia, Chile, China, Colombia, Costa Rica, Cuba, Dinamarca, Ecuador, Egipto, El Salvador, Estados Unidos, Etiopía, Filipinas, Francia, Grecia, Guatemala, Haití, Honduras, India, Irak, Irán, Líbano, Liberia, Luxemburgo, México, Nicaragua, Noruega, Nueva Zelanda, Países Bajos, Panamá, Paraguay, Perú, Reino Unido, República Dominicana, Siria, Sudáfrica, Turquía, Unión Soviética, República Socialista Soviética de Bielorrusia, República Socialista Soviética de Ucrania, Uruguay, Venezuela y Yugoslavia. Polonia se añadió más tarde, y España no fue invitada por haber sido aliada, aunque no beligerante, de la Alemania hitleriana.

La Carta fundacional de las Naciones Unidas se componía de ciento once artículos, y tenía por objetivos esenciales, entre otras muchas cosas, el mantenimiento de la paz y la seguridad internacional, la tutela de los derechos humanos sin distinción de raza, sexo, lengua o religión, el desarrollo de la cooperación entre Estados sobre la base de la igualdad de derechos y de la autodeterminación de los pueblos, y la mejora del nivel de vida en todo el mundo. Los órganos y los mecanismos de la ONU reflejaban al mismo tiempo el internacionalismo igualitario (con la Asamblea General de todos los Estados integrantes a la cabeza) y el mantenimiento de la Gran Alianza (con un Consejo de Seguridad formado por cinco miembros permanentes —las potencias victoriosas de Estados Unidos, la URSS, Francia, Reino Unido y China— y seis cambiantes), pero anunciaban asimismo la incipiente gran división al concederse a los miembros permanentes del Consejo el derecho a veto, un mecanismo propuesto por la ONU para contrarrestar en futuros conflictos las iniciativas de los países occidentales, más representados que los orientales.

En el período que va de 1946 a 1964, el derecho a veto fue utilizado en ciento tres ocasiones por la URSS, cuatro por el Reino Unido, tres por Francia, una por China y ninguna por los Estados Unidos. El propio Roosevelt, antes de que Francia ingresara en el grupo de los grandes, había considerado la necesidad de que el idealismo se blindara de realismo configurando cuatro estados con poderes policiales, dotados de un carácter ejecutivo —y coercitivo si fuera necesario— para aplicar las decisiones de la nueva organización. Se presuponía de momento un entendimiento duradero entre los vencedores, consideración sin duda más idealista que realista sostenida por la Administración Roosevelt. Sin embargo, ya en las primeras reuniones, celebradas en Londres en enero de 1946, la Asamblea General y el Consejo de Seguridad, más que eficaces instrumentos de resolución operativa y de distensión frente a los múltiples conflictos surgidos, se revelaron sobre todo como caja de resonancia, como un lugar de discusión y de racionalización discursiva, e incluso de argumento, para esos mismos conflictos. Aunque en un principio los resultados no fueron demasiado relevantes en el plano práctico, este hecho acabó adquiriendo un carácter bastante positivo. La diplomacia secreta anterior fue poco a poco desapareciendo, y discutir con animosidad y en público los conflictos ante el resto del mundo sirvió para que la transparencia alcanzara a la opinión mundial. Esta última, sobre todo en los países democráticos, comenzó a manifestarse como una potencia entre las potencias, es decir, un factor que aunque no era determinante adquiría cada vez más importancia en las distintas opciones de la política internacional. Las decisiones invisibles, que obviamente continuaron existiendo, pasaron a ser consideradas universalmente como sospechosas y objeto de desconfianza, incluso en ocasiones malignas o afectadas por elementos clásicos de la paranoia conspirativa. Elementos entre los que se incluían Wall Street, los comunistas, los masones, los hebreos y el puñado de doscientas familias que dominaban la economía mundial.

En sus inicios, la ONU puso, no obstante, en evidencia que de momento no era posible un verdadero internacionalismo de naturaleza sólida y dialogante, como tampoco lo era un nacionalismo que permitiera elecciones autónomas o completamente independientes. La cada vez más manifiesta división del mundo en dos bloques hizo de hecho impracticables tales opciones. De esta forma, el internacionalismo —entendido como la suma aritmética de Estados, más que de pueblos o naciones— se convirtió en una utopía subyacente dentro del seno de la ONU. En cuanto a los nacionalismos, que después de sus extremas manifestaciones fascistas y de la anarquía internacional anterior a la Segunda Guerra Mundial disfrutaban de mala prensa, no obstante, intentaron revitalizarse mediante los conceptos del derecho de autodeterminación y de la soberanía nacional plena, y se convirtieron casi de inmediato en elementos esenciales del nuevo organismo.

Potsdam y la bomba atómica

La conferencia de Potsdam (del 17 de julio al 2 de agosto de 1945), con la que se completó el tríptico iniciado en Teherán en 1943 y continuado en Yalta, se desarrolló entre las ruinas de la guerra y contó con la presencia de Churchill (sustituido a los pocos días por el nuevo primer ministro laborista británico Clement Atlee). Fue el último encuentro de estas características entre los tres grandes, y fue el primero sin Roosevelt. Las nuevas fronteras fueron confirmadas, y se decretó el desarme y la desmilitarización de Alemania. Se tomó nota del incumplimiento de los acuerdos previos que establecían la creación de Gobiernos libremente elegidos en Rumanía y Bulgaria, un hecho que, según los diplomáticos occidentales, no se había producido. En la sesión del día 19 de julio, Stalin propuso eliminar el gobierno dictatorial de Franco en España, pero tanto Truman como Churchill se negaron a intervenir en dicho país para evitar, argumentaron, una segunda guerra civil.

No fue, pues, en Yalta donde se determinó la división y el sometimiento de Europa, como a menudo se ha venido repitiendo. Fue más bien el hecho de que lo decidido en Yalta no se cumpliera por parte de los soviéticos lo que sancionó dicha división. Y eso se evidenció en Potsdam. En un momento no oficial de la conferencia, a Stalin se le escapó el comentario de que cualquier Gobierno elegido libremente sería sin duda antisoviético, algo que la URSS no podía permitirse.

El día anterior, al comienzo de la conferencia se había producido además un suceso determinante: el estallido de la primera bomba atómica experimental en el desierto (una bomba de plutonio de veinte kilotones), cerca de la base de Álamo Gordo (Nuevo México). Los ojos estaban puestos en el Pacífico, donde la guerra continuaba con toda su virulencia, y esto, junto al inicio de la era nuclear, hizo de Potsdam, desde el punto de vista de los ánimos de aquellas jornadas, un foro repleto de inquietudes y suspicacias. A los estadounidenses, a fin de aliviar la presión sobre sus tropas, les interesaba que la URSS declarara la guerra a Japón, y esto sucedió dos días después de que estallara la primera bomba atómica de uranio sobre una ciudad, en este caso la japonesa Hiroshima, el 6 de agosto. ¿Fue una bomba lanzada únicamente contra los japoneses, con la intención de acabar rápidamente con la guerra y centrarse en la nueva dirección que estaba adoptando la política mundial? ¿O fue además, como percibieron los soviéticos, una demostración de fuerza, de despiadada resolución para emplear cualquier medida disuasoria, al igual que se hizo ya en los terribles bombardeos convencionales sobre Dresde o Tokio? El debate, que no comenzó inmediatamente, dio lugar en los años sucesivos a diversas interpretaciones. Inmediatamente siguió la bomba de plutonio de Nagasaki (9 de agosto).

Estallido de la bomba de Álamo Gordo.

El 16 de julio de 1945 los estadounidenses hicieron estallar su primera bomba atómica, detonación que denominaron prueba Trinidad (*Trinity test*). Se produjo a las 5:29 a.m. como parte del Proyecto Manhattan, conjunto de investigaciones destinadas a obtener ese tipo de arma. La prueba se llevó a cabo en la Jornada del Muerto, un desierto situado a cincuenta y seis kilómetros al sureste de Socorro, Nuevo México, en lo que era entonces la base artillera estadounidense de Álamo Gordo. Las únicas estructuras que originalmente se encontraban en las proximidades eran el rancho llamado McDonald y sus edificios auxiliares, que los científicos utilizaron como un laboratorio para probar componentes de la bomba.

Un nuevo y temible instrumento bélico —con diversas e inquietantes posibilidades, si recordamos que en los años noventa del siglo XX se empleó el uranio empobrecido para fabricar bombas convencionales— acababa de utilizarse en dos ocasiones contra la población civil. Un acontecimiento que contribuyó a definir y a condicionar durante decenios —o acaso ya para siempre— la fisonomía de todo el escenario mundial. A las bombas anteriormente mencionadas les siguieron, sobre todo por parte estadounidense y soviética (a partir de 1949), otras siempre experimentales de diversas características que, según los expertos, causaron una cantidad imposible de determinar de víctimas, afectadas por enfermedades derivadas de la radiación. En el curso de la Segunda Guerra Mundial, por otro lado, las armas convencionales, los bombardeos estratégicos, la implicación a gran escala de la población civil, los campos de concentración y de exterminio, la política racial del Tercer Reich, la extrema brutalidad de la ocupación nazi en la Europa oriental y de los japoneses en Asia, la transformación en diversas áreas del conflicto bélico en guerra civil (Italia, por ejemplo) etc. habían ya adquirido la condición de hecatombe hasta entonces nunca imaginada. Desde este punto de vista, Hiroshima y Nagasaki no hicieron más que cerrar un terrible período de exterminio. Pero también abrieron, desde el punto de vista de la política internacional y de la misma política científico-militar, una etapa completamente nueva tampoco hasta entonces imaginada. En la era nuclear, ante la imponente exhibición de armas extremadamente destructivas, ante una coexistencia (cuando esta comenzó a ser teorizada) nunca desarmada, sino más bien muy armada, el conflicto entre las dos superpotencias acabó derivando en una imposible paz duradera bajo la amenaza de una guerra total extremadamente improbable.

Inicios de la contención estadounidense

La participación en el último momento en la guerra de Asia, aunque breve, permitió a los soviéticos reclamar una zona de ocupación en Japón. Los americanos rechazaron la propuesta. La política de hechos consumados estaba alcanzando una escala planetaria, y la teoría de la contención, que no tardaría en pregonarse oficialmente, a efectos prácticos acababa de ponerse en marcha. Solo en algunos problemas singulares, como fue el caso del territorio libre de Trieste (controlado por fuerzas estadounidenses, británicas y yugoslavas hasta 1954) o de las colonias italianas (entregadas a los aliados por el Tratado de París de 1947), se alcanzaron acuerdos —o mejor dicho, compromisos— entre la URSS y los aliados.

A finales de 1945, los estadounidenses, como acto de buena voluntad, consideraron la necesidad de reconocer al nuevo Gobierno búlgaro. No tardaron en arrepentirse de ello. Las democracias populares, término con el que fueron definidos los regímenes del este, constituyeron esencialmente, como pronto se hizo notorio, una imitación del modelo soviético. En 1946, las cosas cambiaron de forma progresiva. La gran división —recordemos el telón de acero anunciado por Churchill en Fulton— comenzó a ser presentada como un hecho manifiesto. Truman se mostró muy descontento por cómo habían evolucionado los eventos posbélicos. Stalin volvió a hablar de la incompatibilidad absoluta entre el capitalismo y el socialismo, un tema que durante la guerra había sido convenientemente silenciado. El diplomático estadounidense George Kennan, el hombre destinado a ser uno de los arquitectos de la política de contención antisoviética, envió el 22 de febrero de ese año, desde la embajada de Moscú, un largo telegrama en el que denunciaba la quiebra del espíritu de Yalta y la peligrosa política expansionista soviética. La URSS, según Kennan, nunca había aceptado el derecho de autodeterminación de los pueblos. Fue entonces cuando los estadounidenses decidieron, con toda la firmeza posible, controlar y limitar ese expansionismo aplicado por la URSS.

Partisanos comunistas búlgaros patrullan la ciudad de Plovdiv tras ocuparla en septiembre de 1944.

El 9 de septiembre de ese año tuvo lugar en Bulgaria un levantamiento popular de tendencia socialista. El Gobierno del primer ministro Konstantin Muraviev fue derrocado y sustituido por un frente patriótico dirigido por Kimon Georgiev. Aunque la Unión Soviética apoyó el golpe, sus fuerzas (el tercer frente ucraniano) no estuvieron directamente involucradas en él, ya que en ese momento solo habían ocupado el noreste de Bulgaria. Tras el golpe, se produjeron importantes cambios políticos en el país, que salió de la órbita del Eje para entrar en la influencia soviética.

Un primer ejemplo de esa política de contención estadounidense lo encontramos en Irán, donde la Administración estadounidense se empeñó en acabar con la cada vez mayor influencia soviética apelando a la mediación de la ONU. El país, neutral en la guerra, había sido ocupado argumentando razones estratégicas por soviéticos, británicos y estadounidenses. Al concluir la guerra, los aliados se retiraron, aunque no así los agentes de Moscú, que promovieron una pequeña guerra separatista en el norte del país. Al final, y a propuesta de Estados Unidos, el Consejo de Seguridad de la ONU aprobó la resolución n.º 2 que obligaba a los soviéticos a abandonar el país. Estos se comprometieron a hacerlo a finales de marzo.

Otra prueba de fuerza se produjo cuando el 8 de agosto de 1946 la URSS denunció el control de los estrechos del Bósforo y Dardanelos que ejercía, desde la convención de Montreux de 1936, la república de Turquía. Los soviéticos presionaron para que se modificara dicha convención en su favor, y en consecuencia el Gobierno turco solicitó apoyo a los Estados Unidos. Truman envío al Mediterráneo un portaviones y un acorazado como un acto demostrativo de fuerza, aliviando así la tensión en la zona.

En cambio, en Grecia, donde se vivía una guerra civil entre comunistas y monárquicos conservadores desde 1946, Stalin, según lo acordado con Churchill respecto a dicho país, decidió no intervenir. Solo Yugoslavia apoyó a los partisanos griegos, lo que significaría el inicio de la ruptura entre dicho país y la URSS, oficializada en 1948. Al final, los conservadores griegos, apoyados primero por el Reino Unido y luego por Estados Unidos (que aportó abundante material civil y militar), lograron en 1949 que los comunistas, con sus mandos exiliados en Albania por seguir las consignas de la URSS, declararan el fin de las hostilidades.

De la misma manera que en los países del Este no pudo llevarse a cabo la conquista del poder por parte de demócratas o socialdemócratas y empleando medios legales, debido a la intromisión soviética, lo sucedido en Grecia evidenció, como ya observó Palmiro Togliatti, secretario del Partido Comunista Italiano, la imposibilidad en los países occidentales de que los partidos de izquierdas antifascistas (es decir, los comunistas) se

Soldados monárquicos griegos en campaña. Foto tomada el 22 de mayo de 1948. Usan boinas británicas y chaquetas estadounidenses.

hicieran con el control mediante el empleo de la fuerza y de la insurrección.

La propia Alemania se vio abocada a una división de hecho. Los aliados se empeñaron en impedir que los soviéticos extendieran su influencia por la zona industrializada del Rin, la más rica del país. Clark Clifford, abogado y consejero del presidente Truman, tras constatar que el mundo soviético, incluidos los territorios satélites, tendía a presentarse como un mundo cerrado, consideró llegada la hora de que los occidentales se aprestaran a llegar a un acuerdo para establecer su propio mundo político autónomo y autosuficiente. Se puede sostener con ello que la denominada política de contención del comunismo, simplificada como doctrina Truman, fue más efecto que causa de esa consideración. Es decir, que su oficialización llegó posteriormente a su puesta en práctica.

La doctrina Truman quedó expuesta por el presidente estadounidense el 12 de marzo de 1947 en forma de mensaje dirigido al Congreso, y en esencia consistió en el empeño del Gobierno de Estados Unidos por llevar a cabo una política activa de apoyo militar y económico a los países amenazados por el comunismo, en particular a Grecia y a Turquía. Los estadounidenses temían especialmente el atraso y la debilidad de Europa, sobre todo su zona continental. De ahí que su intención fuera la de que todo el espacio formado por la URSS y sus satélites quedara contenido, más para impedir su desbordamiento que para buscar un enfrentamiento armado como el que Churchill había planeado en la Operación Impensable. También se pretendía acabar para siempre con la política de hechos consumados. A pesar del griterío ideológico que se produjo en ese momento, la doctrina Truman no tuvo un carácter agresivo frente a la URSS, como posteriormente se dijo. Incluso podría hablarse de cierto retroceso, o incluso de renuncia, al permitir que la Unión Soviética se convirtiera en dueña de su propio bloque. De esta forma, quedó confirmada la división bipolar del mundo y se reconoció oficialmente a los soviéticos como señores de una superpotencia rival. Además, ya en 1947 comenzó a circular el rumor, basado en acreditadas voces como la del propio ministro de Exteriores Viacheslav Molotov, de que su país disponía ya del secreto de la bomba nuclear, y que estaba dispuesto a fabricarla. Esta detonaría el 29 de agosto de 1949 en la base de pruebas de Semipalátinsk (Kazajistán).

La misma fisonomía de la política exterior estadounidense estaba cambiando radicalmente. Y, con ella, la imposibilidad de seguir manteniendo el aislamiento anterior a la Segunda Guerra Mundial. El destino de los Estados Unidos no era otro, en aquel momento,

Estallido de la primera bomba atómica soviética. La RDS-1 (denominación rusa de significado no aclarado), también conocida como Izdeliye 501 (Dispositivo 501) y Primer Relámpago fue la bomba nuclear utilizada en este tipo de pruebas por la Unión Soviética. Los Estados Unidos le asignaron el nombre clave de Joe-1, en referencia a Josef Stalin. Fue detonada el 29 de agosto de 1949 a las 7:00 a. m. en Semipalátinsk, república de Kazajistán. Su potencia era similar a la explosionada en Álamo Gordo.

que el de adquirir el papel de superpotencia planetaria, de forma que la doctrina Monroe de «América para los americanos», dictada en 1823, se estaba revelando como completamente agotada. La doctrina Truman, no obstante, tomó algo de la idea decimonónica al establecer el principio de Occidente para los occidentales. Un Occidente en cuyo centro dominaban sin discusión alguna los Estados Unidos.

Algunas consecuencias iniciales de la contención

En la misma Europa, las consecuencias políticas de la nueva situación no se hicieron esperar. En Italia, el 30 de abril de 1947, un día antes de la matanza de Portella della Ginestra (catorce muertos en el curso de una manifestación celebrada el 1 de mayo en dicha localidad siciliana, perpetrada por los seguidores del bandolero anticomunista Salvatore Giuliano), en un clima de gran tensión, el primer ministro democristiano Alcide de Gasperi declaraba que su partido, formando alianza con los socialistas y los comunistas, ya no estaba en disposición de gobernar el país. El 13 de mayo, su tercer Gobierno presentó la dimisión, y el cuarto que se formó, presidido por él mismo, se hizo con una coalición de demócratas cristianos, liberales y republicanos burgueses y comenzó a gobernar el día 31. Socialistas y comunistas quedaban ahora fuera, cuando antes habían formado parte de la coalición gubernamental. En Francia, donde la situación era más complicada por la insurrección de Madagascar y la guerra colonial indochina, el 2 de mayo, en plena contemporaneidad con lo sucedido en Italia, el primer ministro de un gobierno que incluía a cuatro ministros comunistas, el socialista Paul Ramadier, al frente desde el 22 de enero, planteó una moción de confianza. Siete días después, tras el viraje al centro de la SFIO (Sección Francesa de la Internacional Obrera, el entonces partido político de los socialistas franceses), los ministros comunistas fueron reemplazados y apartados. De esta forma, el proceso de división fue paralelo al de estabilización y clarificación. Y si por un lado la URSS se sentía confirmada en su papel de superpotencia, autorizada a la vez a llevar a cabo un giro vital en su parte del planeta, por otro en Occidente, convencido en 1947 de estar inmerso en una guerra fría, desencadenó el alejamiento de los comunistas de países como Francia o Italia y entró en una deriva conservadora que se hizo cada vez más evidente a medida que pasaron los años.

Después del aperturismo observado en 1945, comenzaron a darse manifestaciones de regresión en los terrenos político y cultural. La URSS, la potencia que se había hecho grande en Stalingrado, considerada erróneamente por algunos intelectuales occidentales como un Estado progresista, se había convertido en un firme, poderoso y temible adversario. De ahí que en Occidente, a pesar de mantenerse las garantías democráticas y constitucionales, se hiciera necesario apartar a aquellas fuerzas consideradas progresistas que mantuvieran lazos explícitos con la URSS. Estas fuerzas eran esencialmente los partidos comunistas, los cuales, tanto en Francia como en Italia, y en el marco de la lucha en la resistencia antinazi, habían propugnado una política socialdemócrata y reformista, aunque manteniendo su código genético marxista-leninista y la fidelidad sin fisuras hacia la URSS y Stalin. Debido a esa evolución occidental, estos partidos, sin cambiar su doble lealtad (a la URSS y a las constituciones de sus países), se vieron obligados a convertirse en elementos destinados a la oposición y nunca más al gobierno.

La presencia del poderoso bloque soviético-comunista que tantas histerias y temores provocaba llevó a la unión de todos aquellos que se reconocían anticomunistas. Un ejemplo claro fue España, que a pesar de mantener una dictadura que había apoyado a Hitler, fue cada vez más aceptada en Europa occidental e incluso suscribió pactos bilaterales de alianza militar con Estados Unidos (1953), gracias a su perfil claramente antibolchevique. Portugal, otra dictadura que se había mantenido más neutral, pudo entrar en la OTAN cuando fue creada en 1949. En otros lugares como América Latina, la coartada de la Guerra Fría llevaría a la formación de regímenes en absoluto liberales o democráticos, que mantuvieron buenas relaciones con los Estados Unidos. Este país suscribió en septiembre de 1947, junto con diecinueve Estados latinoamericanos, el Tratado Interamericano de Ayuda Mutua en Río de Janeiro, una alianza de duración indefinida que tenía por finalidad protegerse de la agresión procedente de cualquier parte, incluso de los países que lo firmaron. Estados Unidos tenía intereses muy particulares a la hora de cumplimentar este tratado, y uno de los principales era el de alinear a los países de América Latina detrás de su liderazgo. En la Europa occidental, en cambio, se procuró combatir la ideología comunista desarrollando una política encaminada a crear Estados del bienestar, donde la garantía de una buena protección estatal en materias como educación o sanidad, junto al mantenimiento de las libertades, impidieran el desarrollo de la considerada nociva y antidemocrática ideología marxista-leninista.

Un discurso distinto se aplicó al asunto del imperialismo y la descolonización. En las potencias democráticas occidentales, defender la independencia era visto como traición, como cosa de comunistas o filosoviéticos. Incluso en Estados Unidos, defender los derechos civiles de los negros o mejoras en las condiciones laborales también resultaba algo sospechoso, dentro de la obsesiva idea de que todo lo que iba contra los intereses de la nación estaba orquestado por agentes comunistas. En los mismos Estados Unidos, la lucha contra la ideología enemiga se trasladó también al mundo de la cultura, en especial al del cine, con la llamada caza de brujas propugnada por el senador Joseph McCarthy entre 1950 y 1956.

5

La fase más dura de la Guerra Fría (1947-1953)

Plan Marshall e inicios de la descolonización

El 5 de junio de 1947 se celebró en la Universidad de Harvard la ceremonia de entrega de diplomas. Se encontraba presente en el acto el secretario de Estado, el general George Marshall. En su discurso, este, para sorpresa general, dio a conocer la más exitosa iniciativa estadounidense de posguerra de todas las que adoptó dicho país. Se trataba de un programa de reconstrucción europea (*European Recovery Program*), que pronto pasó a ser conocido universalmente como plan Marshall. Con él, los Estados Unidos sancionaban, dejando de lado la cuestión del consenso, su reconocido liderazgo mundial tras comprobar el estado de postración económica en que se encontraba Europa, inactiva además en el marco de la política internacional. Una situación que podía ser aprovechada por la subversión comunista —en aquella época a menudo denunciada, aunque solo temida moderadamente— o por las propias acciones de la URSS. Esta última, por otro lado, muy afectada por la invasión nazi y las terribles consecuencias que ello comportó, había renunciado de hecho a mejorar el nivel de vida de sus ciudadanos, habituados desde tiempo inmemorial a una existencia severa, para invertir sus limitados recursos a la consolidación política y militar de su Imperio. De hecho, ni el antifascismo, como habrían esperado demócratas y socialistas en Europa, había transformado su política represiva. El arresto y deportación tras el fin de la guerra de numerosos prisioneros de los alemanes, incluso de partisanos y combatientes antinazis por la libertad soviética y europea (como el oficial artillero Aleksandr Solzhenitsyn, futuro premio Nobel de literatura en 1970), demostró que tanto Stalin como el aparato dirigente habían comprendido perfectamente el peligro que el propio antifascismo, cuando se alejaba del mero carácter propagandístico, representaba para el poder soviético. Sobre todo porque el antifascismo era, de por sí, portador de una carga democrática y de cooperación entre pueblos con sistemas políticos distintos y entre fuerzas políticas diversas. La URSS supo por un lado utilizarlo cuando se presentaba como un arma reivindicativa de la propia actitud posbélica —los grandes sacrificios realizados y la destrucción padecida entre 1941 y 1945—, y por otro también supo combatirlo, en las mismas personas que lo habían practicado, cuando se corría el riesgo de convertirse, en las áreas dominadas por la URSS, en una promesa de cambio democrático.

El secretario George Marshall entrando en la Universidad de Harvard el 5 de junio de 1947, dispuesto a presentar su plan de reconstrucción económica de Europa.

El plan Marshall —oficialmente llamado European Recovery Program— representó una iniciativa estadounidense destinada a ayudar a Europa occidental, aportando hasta trece mil millones de dólares en ayuda económica. Su destino era la reconstrucción de los países europeos devastados por la guerra. El plan funcionó durante cuatro años desde abril de 1948. Los Estados Unidos procuraron asimismo, además de reconstruir las áreas dañadas por la guerra, suprimir barreras de comercio, revitalizar la industria europea, devolver la prosperidad al continente y, sobre todo, dentro de la política de contención, impedir la expansión comunista. Los países receptores fueron Alemania occidental, Austria, Luxemburgo, Dinamarca, Francia, Grecia, Irlanda, Islandia, Noruega, Países Bajos, Portugal, Reino Unido, Suecia, Suiza, el Territorio Libre de Trieste y Turquía. Stalin prohibió que cualquier país satélite de la URSS solicitara dichas ayudas, y cuando Checoslovaquia se dispuso a aceptarlas, sus dirigentes fueron seriamente advertidos por el Kremlin y tuvieron que renunciar a su propósito. La Yugoslavia comunista del mariscal Tito, que había roto relaciones con la URSS, recibió ayuda económica de los Estados Unidos, aunque no enmarcada en el plan Marshall.

Berlanga y el plan Marshall

En 1953, Luis García Berlanga dirigió, para muchos expertos, la mejor película rodada en España. Una película que, como muchas otras de su director (recordemos *Los jueves, milagro*; *Plácido* o *El verdugo*), parece una sencilla narración costumbrista desarrollada en una localidad cualquiera del país, llamada en esta ocasión Villar del Río. Sin embargo, el potente simbolismo oculto que incluye la cinta acabará convirtiéndola en una sátira de enorme trascendencia universal.

Nos referimos a *Bienvenido, Mister Marshall*, con guion del propio Berlanga, Juan Antonio Bardem y un genial Miguel Mihura. Rodada en Guadalix de la Sierra (Madrid), la cinta arranca describiéndonos una tranquila y humilde población de la vieja Castilla, típica de la España atrasada de los años cincuenta, todavía sumida en la miseria de la posguerra. En el reloj de su ayuntamiento siempre se ve la misma hora: las tres y diez, y en su escuela cuelga un mapa de Europa en el que aún se observan las fronteras del Imperio austrohúngaro (dos palabras que Berlanga siempre incluía en sus películas).

Los protagonistas de la comedia, las fuerzas vivas del lugar, son las propias del momento histórico que se representa: el párroco don Cosme, el médico don Emiliano (un entusiasta de los avances científicos, aunque interpretados de forma muy particular), el aristócrata venido a menos llamado don Luis, el boticario (que además es el presidente del club de fútbol local) y el grupo de damas que se dedican a eviscerar las intimidades del pueblo. Y por encima de todos ellos encontramos al alcalde don Pablo, un terrateniente algo duro de oído que, por su forma de hablar y gesticular en los discursos, a muchos les recordó al mismísimo Caudillo de España.

La tranquilidad del lugar se vio de repente truncada por la aparición de un alto funcionario que, viajando de localidad en localidad, se dedica a anunciar la llegada de una comitiva estadounidense. Nada menos que los delegados en España del plan Marshall, dispuestos a dejar en los pueblos por donde pasen una gran cantidad de dólares. Aunque ello exija un recibimiento acorde con tan adinerados visitantes.

Después de mucho reflexionar, don Pablo, a instancias de un representante musical, decide engalanar su pueblo como si se tratara de una localidad andaluza, y ofrecer además la actuación de la «máxima estrella de la canción andaluza». Una artista poseedora de «unas piernas que no parecen de un ser humano», según proclamaba su representante. Después de destinar una elevada cantidad de dinero para llevar a cabo tan disparatada idea, aparecen los delegados americanos, que ni siquiera efectúan parada alguna en la localidad. Todas las esperanzas, deseos e ilusiones manifestados por cada uno de los habitantes, quedan de esta forma completamente truncados.

Por encima de todo, *Bienvenido, Mister Marshall*, constituye una gran comedia repleta de humor. Buena parte de su encanto se debe a su protagonista, Pepe Isbert, un actor enorme (recordémoslo en *El verdugo*, del mismo Berlanga), capaz de provocar la risa en cuanto abre la boca para hablar. Otra parte del mérito sin duda se debe al coguionista, Miguel Mihura, gran escritor y dramaturgo, que intervino en la redacción de los diálogos y de la misma letra de la canción más famosa de la cinta. Sí, la que comienza diciendo: «Americanos, os recibimos con alegría...».

¿En qué contexto debemos encuadrar la película? Sin duda en el de la Guerra Fría y en el acuerdo bilateral entre la España franquista y los Estados Unidos (pacto de Madrid de septiembre de 1953). Y también en el del plan Marshall, del que se beneficiaron varios países europeos, aunque no España. Así que cuando a Berlanga y a Juan Antonio Bardem les encomendaron la realización de una película destinada a promocionar a la cantante Lolita Sevilla, vieron de inmediato que el tema del plan y de la presencia norteamericana en España podían dar mucho juego, aunque en un principio pensaron en vincular el guion con la expansión por nuestro país de la Coca-Cola.

El resultado fue una cinta de gran éxito tanto dentro como fuera de España. En el festival de Cannes la premiaron como la mejor película de humor, a pesar de que un miembro del jurado, el estadounidense Edward G. Robinson, se sintiera molesto al ver en la escena final de la cinta la bandera de su país desapareciendo por una alcantarilla , por lo que no se llevó la Palma de Oro. Curiosamente, en esa misma escena también aparecía una banderita española, algo que no pareció molestar a las mucho más estrictas autoridades censoras de España. Recibió dos premios hispanos (el del Círculo de Escritores Cinematográficos y el del Sindicato Nacional de Espectáculo), y su guion fue especialmente mencionado por la Federación Internacional de Críticos de Cine.

Muy distinta fue, en aquellos años, la actitud de otro antiguo Imperio, el británico. Con un nuevo Gobierno laborista al frente —dirigido por Clement Attlee, sucesor de Churchill en el cargo—, después de diversas incertidumbres, y sin dejar de ser ahora un socio menor de los Estados Unidos, el Reino Unido se estaba alejando a marchas forzadas de cualquier posible liderazgo global como el mantenido en el pasado. En la posguerra se dedicó a concentrarse en la política social y económica internas, a costa de irse desprendiendo, a

Cartel propagandístico de la película *Bienvenido, Mister Marshall*

diferencia de una más reacia Francia, de importantes piezas coloniales. Los británicos, herederos de su propia cultura empirista, tendían a considerar sus colonias (dejando aparte el diseño de la Commonwealth, destinada a estrechar vínculos con los países con los que compartía lazos históricos) como una realidad propiamente colonial. Podían ser sometidas, aunque, llegado el caso, también podían alcanzar la independencia. A su vez, Francia, heredera de su propia cultura universalista, tendió con el paso del tiempo a considerar sus colonias como parte del territorio metropolitano, a las que incluso podía concederse derecho al voto o escaños en la Asamblea Nacional. El empirismo británico, unido a la voluntad reformista del primer ministro Attlee y de su gobierno laborista, se reveló en la mayoría de los casos bastante más eficaz que el universalismo francés.

En el año del inicio formal de la Guerra Fría, es decir, en 1947, un año de grandes eventos, seguramente se produjo uno de los hechos más destacados de la historia contemporánea. Fue el 15 de agosto, cuando tuvo lugar la independencia de la India y Pakistán, que provocó una reacción en cadena destinada a acabar con el colonialismo. En aquel año, se llevaba también un tiempo combatiendo en Indochina, donde grupos comunistas encabezaban la lucha por la independencia de Vietnam, Laos y Camboya (los territorios componentes de lo que los franceses denominaban Indochina, el área entre la India y China).

Seguramente fue el proceso de la descolonización uno de los hechos históricos que más interfirió en la Guerra Fría, pues hizo que un fenómeno como la bipolarización, tendencialmente absoluto, acabara configurándose como algo imperfecto. La Unión Soviética, por razones que más tarde comentaremos, supo sacar durante unos treinta años un enorme rédito político del proceso. Viviendo las enormes dificultades económicas, en una posición de inferioridad ante una eventual guerra fría de posiciones (es decir, en la mera yuxtaposición de los dos bloques), se encontró realmente en mejores condiciones frente a una guerra fría de movimientos, una guerra en la que los movimientos los hacían otros, es decir, las colonias. Los Estados Unidos, a su vez, que cargaban con el peso principal de la contención, complicada por los procesos anticolonialistas, se aprovecharon del debilitamiento de las dos grandes potencias coloniales (Reino Unido y Francia), circunstancia que les permitió reafirmarse de forma absoluta e indiscutible en el liderazgo del bando occidental.

El plan Marshall entró en funcionamiento oficialmente en 1948, y sirvió para potenciar en Europa la Guerra Fría de posiciones. Permitió sobrevivir a Alemania, colapsada por la llegada desordenada de poblaciones del este, expulsadas de sus países (Polonia, Checoslovaquia, Hungría, etc.) con la excusa de ser de origen germánico, y muy afectada por el desmantelamiento industrial llevado a cabo por los soviéticos a modo de reparaciones de guerra. El plan se insertó de forma muy efectiva también en el proceso de reactivación y reconstrucción europea, y ofreció como valor añadido el reconocimiento y la gratitud mostrada hacia los estadounidenses, sus nuevos líderes. De hecho, constituyó la fuerza motriz, en una coyuntura económica que comenzaba a ser favorable, aunque todavía escasamente visible para la población afectada por la guerra, para la recuperación de Europa occidental. En estos años, esa parte del continente pudo reencontrar e incluso multiplicar sus propias capacidades productivas, ya de por sí extraordinarias, instaurando un sistema de bienestar logrado gracias también a las luchas sindicales y obreras, defensoras de una política redistributiva.

El plan Marshall, obviamente consistente en esencia en ayudas económicas, fue ofrecido también como reclamo a los países de la Europa oriental, aunque ya en la conferencia de París de 1947 se produjo el rechazo. Celebrado entre el 27 de junio al 2 de julio por los ministros de Asuntos Exteriores de la URSS, Reino Unido y Francia para tratar sobre el plan Marshall, el representante soviético (Molotov), aleccionado desde el Kremlin, se negó a dicho plan, decisión a la que se sumó toda la Europa oriental. En un primer momento, Polonia y Checoslovaquia (esta última aún no sovietizada) mostraron interés, pero las presiones soviéticas impidieron concretar la petición. Aplicado en el este, el plan habría significado una crisis de consecuencias imprevisibles para el absoluto predominio soviético. Los estadounidenses ya esperaban una reacción negativa y contaban con ella, aunque para la Europa oriental el rechazo representó, sin duda, una ocasión perdida para su reconstrucción económica. La exigencia del rechazo también hizo más perceptible la visión de que la URSS, en aquellos momentos, era incapaz de ganar la Guerra Fría en el frente europeo.

Endurecimiento político e ideológico de la Guerra Fría

El endurecimiento político e ideológico, en un breve plazo de tiempo, junto a la tentativa fallida de forzar la contención constituyeron las respuestas de la URSS a la hora de hacer frente a la pacífica gran ofensiva económico-social de los Estados Unidos y de la Europa occidental. Fue entonces, entre 1947 y 1949, cuando se produjo el momento culminante, la considerada fase clásica, de la Guerra Fría.

En las democracias populares del este se habían formado partidos unificados que controlaban los respectivos gobiernos. En estos, gracias al auxilio del Ministerio del Interior y de la policía, dominaban los comunistas, particularmente dirigentes llegados de la URSS después de años de exilio (Bolesław Bierut en Polonia, Walter Ulbricht en Alemania oriental, Georgi Dimitrov en Bulgaria o Matyas Rakosi en Hungría). Hubo entonces, una vez anuladas las demás fuerzas políticas, un verdadero proceso de purga que duró en algunos casos hasta 1953, y golpeó especialmente a los propios comunistas, al menos a los sospechosos (con razones o sin ellas) de no ser fieles a Moscú.

Entre finales de septiembre y comienzos de octubre de 1947 tuvo lugar en Szklarska Poręba (ciudad polaca junto a la frontera checoslovaca) una reunión secreta de dirigentes de partidos comunistas, que dio paso a un nuevo organismo internacional, la Cominform (acrónimo en ruso de Oficina de Información de los Partidos Comunistas y Obreros), oficialmente creada el 5 de octubre. El impulsor de la creación de dicho organismo fue el representante soviético Andréi Zhdanov, tercer secretario del Politburó del PCUS (quien estuvo acompañado en Polonia por su colega Georgui Malenkov). Zhdanov, en respuesta al plan Marshall, pronunció un discurso en el que sentó las bases de la nueva política internacional de la Unión Soviética, conocida como Doctrina Zhdanov. El plan estadounidense pasó a ser considerado, desde una perspectiva ideológica, como un intento de esclavización de Europa por parte del capitalismo, según ellos en claro proceso de crisis, así como la manifestación de la teoría de los dos campos establecida por los americanos a través también de su política de contención. Participaron también en la conferencia polaca representantes yugoslavos, rumanos, búlgaros, polacos, checoslovacos, húngaros y de los partidos comunistas francés e italiano. Estos últimos fueron llamados al orden por haber colaborado en los gobiernos de concentración de sus países e invitados a desarrollar una política de oposición más dura y radical.

Imagen de Andréi Zhdanov en la revista estadounidense *Time*

Zhdanov había presentado un informe, durante la reunión inicial de la Cominforn del 22 de septiembre de 1947, en el que se exponía la división del mundo en dos bandos: el imperialista estadounidense, y el antiimperialista soviético. Según expuso en lo que más tarde se denominaría Doctrina Zhdanov, los comunistas debían promover la solidaridad y la asociación en los países allí donde dominaban. Dicha doctrina fue recogida el 5 de octubre en el rotativo comunista francés *L'Humanité*, donde se destacaba que su objetivo principal fue el de definir la respuesta de los soviéticos ante la política de contención de Truman.

En la reunión de Polonia se proclamó, pues, la existencia de dos bandos enfrentados. Por un lado, el bando imperialista y antidemocrático, cuyo fin esencial era la imposición del dominio estadounidense y la aniquilación de la democracia. Por otro, el bando antimperialista y democrático, cuyo principal objetivo era desactivar el imperialismo, reforzar la democracia y eliminar lo que quedaba de fascismo. No debe ignorarse el gran prestigio que la palabra democracia, utilizada instrumentalmente, tenía en el campo estalinista. Cada uno de los dos bandos, por supuesto también el soviético, acusaba al otro de querer destruir la democracia, identificada en el este con las democracias populares, maquilladas de cara al exterior con fantasmales y torpes afeites de pluralismo. Los partidos presentes en Polonia también condenaron con dureza a los partidos socialistas occidentales «de derechas», en especial a los laboristas británicos de Attlee y del sindicalista Ernest Bevin, acusados de ser subalternos del imperialismo. La SFIO francesa de Leon Blum, los socialdemócratas alemanes de Kurt Schumacher, los austriacos de Karl Renner y los italianos de Giuseppe Saragat entraban claramente en esa lista de enemigos.

La teoría de los bandos enemigos parecía presentarse como la versión agresiva de una impostación en realidad defensiva. El mundo se encontraba dividido, este era el punto de partida. Había que impedir que el imperialismo penetrara en el autárquico mundo democrático y socialista. Una labor que se estaba llevando a cabo por todos los medios posibles, incluso en los dos partidos comunistas de masas existentes en Occidente (el francés y el italiano), por otro lado escasamente adaptados a las necesidades y netamente nacionalizados en sus respectivos países.

Foto trucada sobre el golpe de Praga. Fue tomada el 21 de febrero de 1948, día en que el comunista Klement Gottwald orquestó el golpe que daría a su partido todo el poder en Checoslovaquia. En la imagen original aparece su colega eslovaco Vladimir Clementis, nombrado ministro de Exteriores en sustitución del suicidado Jan Masaryk. Sin embargo, en 1950 Clementis fue purgado, acusado de traición y ahorcado dos años después. Por ello, la foto tuvo que ser retocada dejando solo a Gottwald, aunque se aprecie una parte de la figura del ejecutado. Así se manipulaba la historia en el bando comunista.

La redefinición totalitaria del bando sometido a la URSS se estaba perfeccionando. No obstante, desde el punto de vista estalinista, algo había ido bien, pero también algo había ido mal. Convenía reparar esos males. En febrero de 1948, en Checoslovaquia, país donde los socialistas habían rechazado fundirse con los comunistas, fue impuesta al presidente Edvard Beneš la nominación de un Gobierno presidido por el comunista Klement Gottwald y enteramente controlado por su partido. Fue el llamado golpe de Praga. El país, frontera extrema entre el este y el oeste, perdió por completo su autonomía. Todos los medios de comunicación pasaron a ser controlados por comunistas filosoviéticos. El 25 de febrero comenzaron los procesos depurativos. El ministro de Exteriores Jan Masaryk, hijo del fundador de la primera república checoslovaca, murió el 10 de marzo en extrañas circunstancias (aunque siempre se habló de suicidio). La agricultura se colectivizó con gran rapidez. La industria pesada adquirió un notable desarrollo. Junto con la República Democrática Alemana (la RDA), creada en 1949 en la zona de ocupación de la URSS, Checoslovaquia se convirtió en la marca occidental del Imperio soviético. El golpe de Praga produjo una gran impresión en Occidente, y sin duda influyó emotiva y políticamente en el desarrollo de las elecciones italianas del 18 de abril. En estas, la democracia cristiana derrotó ampliamente al Frente Democrático Popular comunista-socialista. La Agencia Central de Inteligencia estadounidense (la CIA), recién creada el 18 de septiembre del año anterior, orquestó una campaña de inversión dineraria en los medios de comunicación italianos que convirtió a los comunistas en verdaderos monstruos. La Iglesia católica hizo lo propio, y los italianos se decantaron por la derecha.

Domingo, 18 de abril de 1948. Elecciones generales en Italia.

Muy influenciados por el comienzo de la Guerra Fría entre la Unión Soviética y los Estados Unidos, los comicios estuvieron marcados por la dureza y la incertidumbre, dadas las ideologías totalmente contrarias de las dos fuerzas favoritas: la Democracia Cristiana (DC) y el Frente Democrático Popular (FDP), este último fruto de la coalición entre el Partido Socialista y el Partido Comunista. Tras el golpe de Praga que aupó al poder en Checoslovaquia a los comunistas en febrero de 1948, Estados Unidos temía que una coalición de izquierdas ganara las elecciones en Italia, y que así el país pasara a la esfera de influencia de la URSS, por lo que tuvo una decidida intervención durante la campaña electoral previa. Al comenzar el último mes de campaña, la revista Time declaró que una posible victoria de la izquierda «pondría al país al borde de la catástrofe».

Después del golpe de Praga, los soviéticos ya pudieron disponer por completo de Checoslovaquia como ya contaban con Yugoslavia, considerada en la reunión polaca de la Cominform como la primera de la clase. Sin embargo, ese mismo año de 1948 el aplicado discípulo se perdió. Acusada de desviación ideológica y hostilidad a la URSS, Yugoslavia, que asimismo había tratado de defenderse de la intromisión soviética, que había visto fracasar su ambicioso proyecto de federación balcánica (integrado por ella misma, Albania y Bulgaria) por rechazo del mismo Stalin, fue expulsada de la Cominform el 28 de junio. A partir de entonces, su presidente, el mariscal Josip Broz, Tito, asumió una posición equidistante entre los dos bloques. Incluso en los primeros años de ruptura alentó duras críticas al régimen soviético, al que en algunos documentos ni siquiera se le reconocían características socialistas. A la muerte de Stalin, no obstante, las extremadamente tensas relaciones se suavizaron. A su vez, la réplica ideológica de Moscú fue también durísima, e incluso se le acuñó el peyorativo término de titofascismo.

El mariscal Tito en una revista italiana, poco después de que su país rompiera relaciones con la URSS.

La actitud independiente del mariscal yugoslavo le llevó al enfrentamiento con Stalin. La expulsión de Yugoslavia de la Cominform en junio de 1948 hizo que dicha república no pudiese asistir a asociaciones internacionales de los países socialistas. En varias ocasiones, estos países sometieron a purgas a los presuntos titoístas. Stalin intentó tomar el tema personalmente y mandó varias veces, sin éxito, sicarios para asesinar a Tito. En una carta, el mariscal le desafió abiertamente: «Deje de enviar personas a matarme, ya hemos capturado a cinco, uno de ellos con una bomba, y otro con un rifle [...]. Si no deja de enviarme asesinos, enviaré uno a Moscú y no tendré que enviar un segundo».

La enemistad con Yugoslavia constituyó un alto precio pagado por la URSS a causa de su política de consolidación y uniformización absoluta. En 1954, la misma Yugoslavia suscribió incluso un pacto balcánico con Turquía y Grecia, dos países integrados en la OTAN dos años antes. A partir de 1956, con el importante encuentro celebrado en la isla de Brijuni, se inauguró una política neutralista de vasto alcance en la que participaron el presidente egipcio Nasser y el primer ministro indio Nehru. Sus premisas ideológicas eran el pacifismo y la equidistancia entre los dos bloques. En el curso del conflicto chino-soviético iniciado en 1959, no obstante, la Yugoslavia de Tito, acusada por la China de Mao de antirrevisionista, acabó alineándose con Moscú.

Alemania, Berlín y la OTAN

El conflicto directo entre bloques no se hizo esperar demasiado. En la tarde del 24 de junio de 1948, mientras la cuestión yugoslava estaba en su momento más caliente, la oficina de transportes y la administración militar soviética en Alemania, tomando como pretexto un incidente técnico acaecido en la red ferroviaria, suspendieron el tráfico de personas y mercancías en ambos sentidos. La medida afectaba también a las comunicaciones por carretera a lo largo de la ruta Berlín-Helmstedt (localidad fronteriza de la Alemania Occidental, ubicada en la zona de ocupación británica).

En la conferencia de Potsdam, siguiendo lo ya previsto en Yalta, se había establecido la división de Alemania y Austria en cuatro zonas de ocupación, con una división similar de Berlín y Viena. Las tropas soviéticas ocupaban ya las regiones de de Mecklemburgo-Pomerania Occidental, Brandeburgo y partes de Sajonia y de Sajonia-Anhalt, en el este del Reich. Berlín, capital enclavada en medio del actual Estado (*land*) de Brandeburgo, se encontraba, pues, en zona soviética. Sin embargo, la ciudad también estaba controlada por tropas de los otros tres ejércitos aliados, que se habían establecido en ella en función de los pactos acordados en Yalta. Stalin buscó por diversos medios expulsarlas, pero la estratégica posición de esa ciudad era demasiado apreciada para las otras potencias, que decidieron mantenerse en ella. Finalmente, los soviéticos reconocieron de forma oficial, a finales de 1945, la existencia de zonas de ocupación francesa, inglesa y estadounidense, a cambio de apropiarse ellos del territorio de Turingia y parte del *land* de Sajonia, hasta entonces en manos estadounidenses. A pesar de estar ubicada Berlín en el espacio soviético y de precisar, en consecuencia, de rutas de tránsito a través de dicha zona para comunicarse con las otras demarcaciones del oeste, los aliados no comunistas siempre consideraron que el paso sería libre. Una cuestión que nunca se planteó durante las negociaciones con los soviéticos. Únicamente el 5 de junio de 1945, en la llamada declaración de Berlín, se estableció un Consejo de Control Aliado integrado por las cuatro potencias, que el 30 de noviembre estableció tres corredores aéreos entre Berlín y Fráncfort del Main, Hamburgo y Bückeburg, en principio meramente simbólicos, pero pocos años después, como veremos de inmediato, resultarían determinantes.

El 16 de junio de 1948, las administraciones angloestadounidenses de ocupación, que formaban la llamada Bizona, junto con la administración francesa, anunciaron que el día 21 de junio se produciría una reforma monetaria. Esta consistiría en cambiar el devaluado *reichsmark* por el *deutsche mark*, buscando con ello estabilizar la economía de la Alemania ocupada. Gracias al plan Marshall y sus inversiones, su situación económica debía permitir desligarse de la menos desarrollada parte oriental, a su vez obligada a sufragar buena parte de la reconstrucción en Europa oriental. El cambio de moneda impediría de esta forma el intercambio comercial entre los territorios alemanes de ambas zonas, que hasta el momento habían venido desarrollando un comercio bastante informal, aunque muy importante para la zona oriental. La Unión Soviética se negó a admitir la nueva moneda, pues consideraba que ello favorecería la situación económica de las zonas occidentales, económicamente mucho más activas. Además, estas se encontraban asimismo libres de las indemnizaciones de guerra que gravaban toda la economía de la zona oriental.

Como contramedida, el 18 de junio las autoridades soviéticas comenzaron a detener el tráfico por carretera y ferrocarril que llegaba hasta el Berlín Occidental, buscando con ello evitar la fuga de *reichsmark*s hacia el oeste. El día 23, la autoridad soviética anunció la introducción del *ostmark*, la nueva moneda destinada a la zona que ellos ocupaban, y que pretendían extender a todo Berlín. Las autoridades occidentales protestaron ante lo que consideraban un abuso soviético y extendieron su *deutsche mark* a sus áreas occidentales, aun reconociendo la circulación de los marcos orientales. La tarde del día 24 los soviéticos aplicaron el bloqueo total por carreteras, ferrocarriles y ríos, cortando asimismo el flujo de energía. Aunque oficialmente, como hemos dicho, la clausura de esas rutas se atribuyó a razones técnicas, el propósito final era conseguir que las potencias occidentales abandonaran su zona de ocupación en Berlín. Los soviéticos solicitaron también ocuparse de todo el abastecimiento de la zona occidental, pretensión rechazada por las tropas de ocupación occidentales. La población de Berlín oeste, integrada por unos dos millones de habitantes, difícilmente iba a poder subsistir mucho tiempo sin comestibles, carbón y

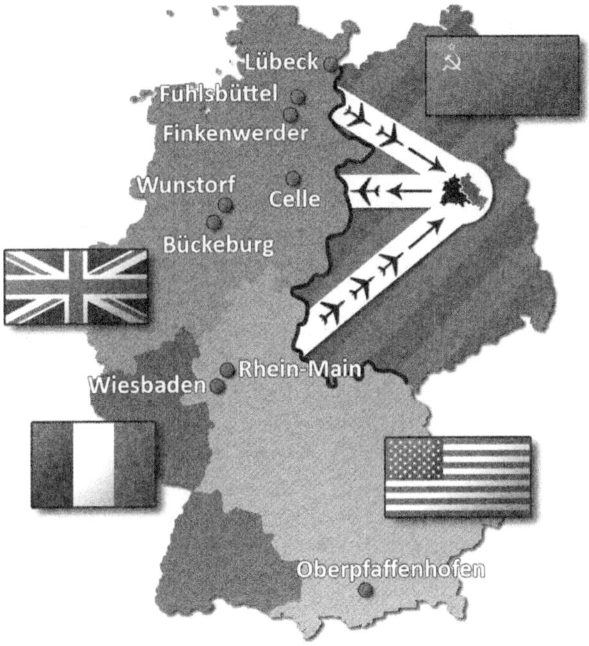

La Alemania dividida y el puente aéreo de Berlín. Interrumpiendo las comunicaciones terrestres entre las zonas de ocupación occidentales y el Berlín Este, Stalin confiaba en que la parte aliada de la capital germana caería en sus manos como una fruta madura. Sin embargo, la reacción de las autoridades occidentales no fue la que el dictador esperaba. Los estadounidenses, reforzados con una pequeña ayuda británica, organizaron un impresionante puente aéreo que durante once meses consiguió abastecer a la población sitiada. En total, se produjeron más de 275 000 vuelos de transporte de mercancías. Al mismo tiempo, los estadounidenses advirtieron a los soviéticos que no dudarían en emplear la fuerza si se les impedía transitar por los corredores aéreos que les permitían llegar hasta Berlín. Stalin, constando la eficacia del transporte aéreo y la resolución occidental a hacerle frente, se vio obligado a levantar el bloqueo de Berlín el 12 de mayo de 1949.

otros bienes de primera necesidad que debían importarse. Parecían destinados a rendirse y a aceptar su ingreso en la administración de racionamiento de Berlín Oriental, lo que vendría a significar su implícito consentimiento para formar parte de la zona soviética de Alemania.

El bloqueo de Berlín se mantuvo durante casi once meses, hasta mayo de 1949. Estadounidenses y británicos hicieron uso de la vía aérea para abastecer a la ciudad, y la URSS no se atrevió a boicotear los vuelos. Contaba con las propias dificultades de la operación y con las posibles discrepancias entre los aliados occidentales. Así, sabía por ejemplo que en Francia había quien pensaba que, para debilitar más a Alemania, convenía abandonar al Berlín occidental a su suerte. Sin embargo, el largo puente aéreo, improvisado en sus inicios, fue un éxito. Constituyó toda una prueba de fuerza de resultado incierto, un desafío que provocó cierto nerviosismo y que los ingleses interpretaron, de acuerdo con su idiosincrasia, como una empresa a la vez política y deportiva. A pesar de la actitud de algunos militares, entre ellos el impaciente e impulsivo general estadounidense Lucius D. Clay, el gobernador militar de la zona de ocupación estadounidense, no se intentó desbloquear la situación por tierra. La URSS, muy a su pesar, tuvo que consentir el puente aéreo. En la Cámara de los Comunes, el ministro de Exteriores británico, el laborista Ernest Bevin, viejo líder obrero y sindical, pronunció, ante el entusiasmo de los presentes, una frase que haría fortuna: «We must stay» ('debemos quedarnos'), es decir, el Berlín Occidental no se podía abandonar. Una frase que, por otro lado, había sido ya enunciada de forma parecida por Truman.

Los aislados berlineses demostraron enorme coraje y capacidad de adaptación. El alcalde de la zona aliada, el socialdemócrata Ernst Reuter, no reconocido por los soviéticos, alcanzó enorme popularidad entre los suyos.

El 5 % de los berlineses occidentales atendieron la llamada propagandística de los soviéticos y acudieron a comprar mercancías al Berlín oriental. Los aviones pudieron transportar, mediante un número creciente de vuelos, hasta 6393 toneladas de mercancías al día. El coste de la operación, doscientos millones de dólares, resultó muy elevado. Desde el punto de vista del coste humano, se contabilizaron, entre los aviadores, setenta y seis víctimas mortales (cuarenta británicos, treinta y un estadounidenses y cinco alemanes), fallecidas en diversos incidentes. El puente aéreo, más allá de su condición eminentemente civil, constituyó no obstante una operación cargada de enseñanzas técnicas y militares, en lo que se refiere al uso masivo y continuado del arma aérea.

En 1949, entre los soviéticos, que se estaban percatando de la nefasta propaganda que significaba para ellos el bloqueo, se extendió una sensación de cansancio y fracaso. Los occidentales, en cambio, y a pesar del elevado costo de la operación, se mantenían en su postura de continuar el puente aéreo y de aplicar una política de dureza. Desde septiembre de 1948 funcionaba un consejo parlamentario alemán en Bonn, cuyo presidente era el exalcalde de Colonia Konrad Adenauer. De esta forma, se estaba oficializando el proceso de división alemana. El 4 de abril de 1949, mientras continuaba el bloqueo de Berlín, se firmaba en Washington el Pacto Atlántico, alianza defensiva en principio para veinte años (su artículo 13 decía textualmente: «Pasados veinte años de vigencia del tratado, cualquier parte podrá, en lo que a ella concierna, poner fin al tratado, un año después de haber notificado su denuncia al Gobierno de Estados Unidos de América, el cual informará a los Gobiernos de las demás partes del depósito de cada notificación de denuncia»), que adquirió la denominación de Organización del Tratado del Atlántico Norte (OTAN). Los primeros países firmantes, a los que se añadirían posteriormente otros, fueron Estados Unidos, Canadá, Bélgica, Dinamarca, Francia, Islandia, Italia, Luxemburgo, Noruega, Países Bajos, Portugal y Reino Unido. Existía ya desde marzo de 1948, como efecto del plan Marshall, y por presión anglofrancesa en clave antialemana, un Tratado de la Unión Occidental, firmado por Reino Unido, Francia, Países Bajos, Bélgica y Luxemburgo. La OTAN, resultado de un largo proceso de negociaciones secretas, constituyó una estructura de relieve variable. En Alemania, como paso significativo hacia la normalidad, el gobierno militar aliado fue sustituido por el de altos comisarios. El 8 de mayo de 1949, cuatro años exactos después de la capitulación nazi, se votó en Bonn la Ley Fundamental, es decir, la nueva constitución alemana, emancipada de aquel polémico artículo de la constitución de Weimar de 1919 en la que se concedía al presidente de la República la capacidad de suspender la normal dialéctica política. Una facultad que había permitido a Hindenburg convertirse en un dictador legal y anticipar, de alguna manera, la toma del poder por Hitler. De esta forma, la nueva Alemania con capital en Bonn retomaba la senda democrática, brutalmente interrumpida en 1933 con el ascenso del partido nacionalsocialista.

La medianoche del 12 de mayo de 1949, los soviéticos reabrieron las rutas terrestres y fluviales que enlazaban Berlín con Occidente. Los habitantes de la ciudad percibieron el hecho como una verdadera liberación. Sin embargo, por precaución, el puente aéreo que tanto prestigio había concedido a sus promotores se mantuvo hasta el 30 de septiembre.

Con la Ley Fundamental de Bonn nació la República Federal de Alemania. En agosto tuvieron lugar las primeras elecciones al Bundestag (31 % de votos para los democratacristianos y 29 % para los socialdemócratas).

Primera sesión del Consejo de la OTAN, celebrada en Washington el 17 de septiembre de 1949. En esta sesión, a la que asistieron los ministros de Exteriores de los partidos firmantes del tratado, acordaron crear un Comité de Defensa, un Comité Militar y el Grupo Permanente militar, así como cinco grupos de planificación regional. Posteriormente, el Consejo se trasladó a Londres, y actualmente su sede se ubica en Bruselas.

El liberal Theodor Heuss se convirtió en el primer presidente, con poderes muy limitados. El democristiano Adenauer fue nombrado canciller (jefe del gobierno). El 7 de octubre se proclamó la República Democrática Alemana, con Wilhelm Pieck como presidente y Otto Grotewohl como primer ministro.

Balance del dominio soviético en Europa

La contención y la teoría de los dos campos habían encontrado en Alemania su espejo y su punto de encuentro, y se alcanzó así una conflictiva y a la vez bloqueada composición definitiva de Europa. Un continente que en los años sucesivos viviría nuevos momentos de tensión, pero la fisonomía del continente surgida tras la guerra, perfeccionada y formalizada institucionalmente en 1949, se mantuvo hasta 1989. Permaneció pues, inmóvil durante exactamente cuarenta años. Durante el breve período que transcurrió entre 1947 y 1949, la URSS, a pesar de su debilidad económica pero temible en cuanto a fuerza militar, había logrado consolidar en Europa su propia estructura imperial, aunque sufriendo algunas pérdidas manifiestas. Como contrapartida, había tenido que empeñar su propia imagen, fortalecida en los terribles y triunfales años que van entre 1943 y 1945. Había fundado la Cominform, tomando nota de que dicho organismo, mero instrumento de control por parte de la URSS de los demás partidos comunistas, ya no podía gozar del alcance internacionalista y de la fascinación militante de su predecesora Komintern, desaparecida en 1943. También había visto alejarse del Gobierno a sus partidos aliados de las repúblicas francesa e italiana, y había comprendido acaso que ambos se habían convertido ya en partidos institucionales y nacionales que habían perdido su carácter ofensivo y revolucionario, tal y como se demostró tras el atentado sufrido por Togliatti el 14 de julio de 1948. Ese día, el secretario del Partido Comunista Italiano recibió tres disparos de un joven radical anticomunista. Aunque se salvó, se sucedieron las manifestaciones en diversas ciudades de Italia que costaron la vida a dieciséis personas, además de dejar unos seiscientos heridos. Togliatti hizo un llamamiento a la calma para evitar la revolución, y pronto la situación se normalizó.

La URSS, por otro lado, había demostrado sobradamente poder concebir el avance o la consolidación de su Imperio sobre la base militar y territorial sin necesitar ya de insurrecciones comunistas en otros países, insurrecciones que podían alcanzar un excesivo grado de autonomía y en las que podían participar militantes no demasiado fiables. Así la URSS, que era ya una gran potencia terrestre, con un desmesurado Imperio territorial con capacidad para ejercitar un control total sobre el pobre paisaje político de sus propios satélites, ya no necesitaba de aventuras revolucionarias. Había conquistado completamente para su causa a Checoslovaquia en 1948. Y precisamente a causa de las maniobras orquestadas para conseguirlo, había visto reducido su propio prestigio, contribuyendo además al crecimiento del antisovietismo y del anticomunismo, en ese momento algo difusos, aunque cada vez más marcados e inevitables. Yugoslavia también se había alejado de ella, lo que representaba una grave pérdida en un área geopolítica clave para los intereses soviéticos como era el Adriático balcánico. Por fin, había llevado a cabo el fracasado intento de forzar la contención mediante el bloqueo de Berlín. Una acción que se desarrolló con cierta prudencia limitando las acciones a las vías terrestres de acceso, con intención de dañar solamente a la población civil. A pesar de todo, resultó una maniobra sumamente impopular que tuvo como resultado, en la psicología de la opinión pública de la Europa occidental, la parcial recuperación de la simpatía hacia los alemanes, ya no identificados de forma sumaria con el nacionalismo. Lo que permitió la aceptación, e incluso el auspicio, de la formación e integración de una república alemana libre en el bloque occidental. Tras la renuncia soviética al bloqueo, el sector occidental de la antigua capital alemana se convirtió en una vitrina del Occidente capitalista, una suerte de caballo de Troya de las bondades de dicho sistema en pleno mundo comunista. De ahí que se impusiera la necesidad de cerrarlo mediante un muro para nada simbólico en agosto de 1961, aunque se convirtiera durante muchos años precisamente en uno de los mayores símbolos de la Guerra Fría. No debemos extrañarnos por ello de que su apertura, en noviembre de 1989, fuera acogida por la opinión pública mundial —aunque no siempre se convierta esta en la base de la periodización historiográfica— como el fin del mayor período de posguerra de la historia.

También la URSS procuró, durante los once meses que duró el bloqueo de Berlín, compactar su frente interno. El 25 de enero de 1949 se creó el COMECON (Consejo de Ayuda Mutua Económica), órgano de recíproca asistencia económica entre aquel país y sus democracias populares satélites. De él formaron parte desde su inicio Bulgaria, Checoslovaquia, Hungría, Polonia, Rumanía, la Unión Soviética y Albania (aunque abandonaría la organización en 1961), a los que se adhirieron la República Popular de Alemania (1950), Mongolia (1962), Cuba (1972) y Vietnam (1978). El COMECON fue en realidad un instrumento de integración, de entre los más eficaces establecidos, entre el Imperio interno y el Imperio externo, de forma que en Occidente fue percibido, de manera un tanto imprecisa, como una suerte de Cominform económica que completaba la política. Tuvo, no obstante, una duración mayor (la Cominform se disolvió en abril de 1956, mientras que el COMECON aguantó hasta junio de 1991) y funciones bien diversas. Teóricamente abierto a todos los países que se mostraran interesados, solo involucró a aquellos que se autodenominaban socialistas.

Resulta un hecho evidente que lo que provocó la división de la Europa continental fue la Segunda Guerra Mundial. Y también podríamos preguntarnos si la Guerra Fría no constituyó en realidad, hablando siempre de Europa, una forma muy animada de estabilización política y equilibrio militar. En el marco de esta estabilización, cada uno procuró, obviamente, obtener la posición más ventajosa posible. La URSS resultó en principio favorita, ya que pudo imponer unas reglas del juego consistentes, a pesar de lo acordado en Yalta, en aplicar la política de hechos consumados. Sin embargo, y debido a la firmeza del bloque occidental, el resultado de esta política fue que de hecho la URSS ya no pudo avanzar más por el viejo continente. Aunque tampoco los occidentales lograron sustraerle nada a la URSS —Yugoslavia y Albania aparte, que decidieron actuar autónomamente por su cuenta—, la cual no obstante acabó perdiendo su Imperio externo precisamente en el momento en que se encontraba ella misma en un proceso de implosión que la condujo a la autodestrucción. La mayor parte de la acción política europea de la URSS, durante el período de 1949 a 1989, no tuvo una dinámica ofensiva, ni siquiera subversiva. Se limitó esencialmente a un control a menudo complicado de la nunca totalmente pacificada Europa oriental, el área conquistada a los ejércitos del Tercer Reich.

Asia: China y la descolonización del continente

Reino Unido y Francia, las principales protagonistas del proceso de colonización desarrollado sobre todo a partir de la segunda mitad del siglo XIX, a pesar de resultar vencedoras en la Segunda Guerra Mundial, habían salido muy redimensionadas del conflicto. El fin de la hegemonía europea, ya evidente tras concluir la Primera Guerra Mundial y después definitivamente confirmado, representó también el fin progresivo del colonialismo. El detonante de este proceso lo encontramos en la vasta área asiática, el mismo espacio donde se había desarrollado la iniciativa imperialista propugnada por el militarismo japonés. Sus acciones llevadas a cabo entre 1931 y 1945 le habían permitido acabar con el control, directo o indirecto, de grandes zonas sometidas al dominio colonial europeo. La pérdida de ese dominio, unida a la resistencia antijaponesa y a las promesas de independencia o autonomía formuladas por los aliados, produjo en diversos países la cimentación del sentimiento nacional, especialmente en China, donde la dominación japonesa había resultado extremadamente feroz y brutal. Un sentimiento que estuvo inmediatamente ligado a la paralela redención del mundo rural, que se difundió también por las Filipinas y el Asia meridional.

El continente asiático, a diferencia del área subsahariana del continente africano, donde prevalecían todavía estructuras microtribales, había conocido en el pasado la existencia de Estados con una extraordinaria complejidad y estrategias políticas de gran alcance. Lo que permitió, llegado el siglo xx, aprovechar ese elevado bagaje de tradiciones culturales, religiosas y científicas profundamente arraigadas para crear un sentimiento nacionalista destinado a acabar con la dominación extranjera. El viento de la descolonización sopló primero con fuerza en Asia, y en el curso de un decenio, por imitación, acabó golpeando también a la misma África. Aunque el proceso pronto se complicó. La independencia nacional, más eficaz si se combinaba con la promesa de mejoras sociales, fue animada en muchas ocasiones, sobre todo en Asia, por los movimientos comunistas, e interfirió de este modo en la evolución de un mundo en proceso de división. El proceso se desarrolló paralelamente a la creación del telón de acero europeo y recalentó en consecuencia la Guerra Fría. Tanto la URSS como los Estados Unidos, concentrados en lugares como Budapest, Praga, Belgrado o Varsovia, estaban dispuestos también a hacer frente, de forma adecuada, a la confusa globalización de su condominio mundial y a la consiguiente extensión del conflicto fuera de Europa, donde todo parecía menos controlable y, sobre todo, menos predecible.

En el período de entreguerras, el bolchevismo, aun teniendo de su lado la Internacional Comunista (Komintern), no había logrado sobrepasar los límites ruso-soviéticos, excepción hecha de Mongolia, un pobre país que se había independizado de China en 1921 con ayuda del Ejército Rojo y se había convertido en el primer satélite soviético. De hecho, el grupo dirigente estalinista, tras la muerte de Lenin en 1924, se había visto en la necesidad de teorizar sobre la doctrina del socialismo en un solo país, cuando el marxismo-leninismo siempre había tenido un carácter claramente internacionalista. Luego, gracias a la victoria sobre los nazis, el sistema soviético fue mecánicamente exportado por el Ejército Rojo a la Europa centro-oriental, aunque siempre de forma autoritaria y sin mediar revolución alguna. En la posguerra, en cambio, la hipótesis socialista clásica, que había delineado la llegada del nuevo socialismo proletario a la industrial Europa, se encontró en Asia con la paradoja de la revitalización de la lucha revolucionaria, claramente agresiva y con componentes nacionalistas. Su comunismo adquirió variantes diversas respecto al de la URSS, pues afectó a países agrarios, colonizados y dependientes de otros.

Como se ha dicho ya, el primer gran país asiático que alcanzó la independencia fue la India, que lo logró por la vía pacífica en 1947 (con el precedente un año antes de Filipinas, caso particular en el que los Estados Unidos cedieron en materia política pero mantuvieron una fuerte presencia económica y militar en las islas), aunque padeciera una traumática separación de Pakistán. La república indostánica acabaría convirtiéndose en la democracia más poblada del mundo. La chispa había hecho estallar la pólvora de la soberanía, a la vez que en China, tras haber sido derrotado el enemigo común japonés, se reanudó la guerra civil iniciada en 1927 entre el Gobierno nacionalista y los comunistas. Estos últimos habían logrado ya asegurarse el apoyo de la mayoría de los campesinos, mientras que los nacionalistas se apoyaban en los estadounidenses, aunque se presentaban como los responsables de un régimen corrupto, incapaz de mantener el orden público, claramente impopular en el campo y considerado defensor de los intereses de los grandes propietarios y de los extranjeros. Además, también se había producido una radical metamorfosis: los comunistas habían logrado convertirse cara a la opinión pública en los verdaderos nacionalistas —eso sí, bolchevizados—, capaces de elevar y catalizar el orgullo nacional apelando al rescate campesino. En 1947, mientras en Europa la Guerra Fría se mostraba ya como una realidad claramente perceptible para todos, en China se reactivaba la guerra civil. Dos años después se produjo la gran ofensiva comunista contra la zona meridional del país donde fue conquistada Nankín, capital de los nacionalistas, y el 1 de octubre el dirigente comunista Mao Zedong proclamaba la República Popular China en Pekín, de la que él sería su primer presidente. Con enorme pragmatismo, el Reino Unido la reconoció el 6 de enero del año siguiente, aunque en la ONU no fue admitida hasta 1971. En ese tiempo, el puesto en el Consejo de Seguridad siguió en manos del Gobierno nacionalista retirado a la isla de Taiwán (la Formosa de los portugueses). El apoyo estadounidense a los nacionalistas, junto con el rechazo a la pretensión de la nueva república de ingresar en la ONU, provocó las protestas de los soviéticos, un hecho que tendría enormes repercusiones a corto plazo.

Había surgido en Asia una nueva potencia comunista, la más poblada del planeta, con casi 542 millones de habitantes. El 14 de febrero de 1950, China se ligó a la URSS por un pacto de treinta años, aunque en el curso de poco más de una década decidiría llevar a cabo

Mao y Stalin en Moscú el 18 de diciembre de 1949, celebrando el setenta cumpleaños del segundo.

Mao había llegado a la capital de la URSS en tren dos días antes, donde fue recibido, según un periodista de Estados Unidos, como si fuera un dirigente comunista búlgaro. Durante su estancia en la Unión Soviética, sufrió algunos desplantes por parte del mandatario soviético, que consiguió hacer firmar a Mao un pacto de dependencia económica y militar de treinta años de duración. Entre Mao (izquierda de la foto) y Stalin se sitúa el mariscal Nikolai Bulganin. A la derecha de Stalin encontramos al comunista alemán Walter Ulbricht, futuro presidente de su país, y a la derecha de este, el primer ministro de Mongolia Yumjaagiyn Tsedenbal.

una política completamente autónoma —e incluso enemiga— de su madre ideológica.

A pesar de la férrea guía comunista, la revolución nacional y unitaria china, iniciada en 1911 con la proclamación de la república, había sido sostenida con escaso entusiasmo por la URSS, temerosa de la intervención estadounidense y de la presencia de un comunismo distinto en un espacio fronterizo con Siberia. De hecho, la Revolución china demostró que la división posbélica del mundo no era del todo perfecta y abrió además el camino a una descolonización radical bajo la casi exclusiva dirección del movimiento comunista. No es el caso de que China hubiera sido un país colonizado, aunque debemos recordar que sí había sido humillada durante más de un siglo por las potencias europeas y Japón y había vivido derrotas como las de las guerras del opio frente a los británicos, había perdido el control de su economía y había visto a los extranjeros convertirse en dueños de puertos como Hong Kong, para concluir con la sangrienta invasión japonesa iniciada en 1937. La revolución comunista permitió la recuperación de la unidad nacional y territorial (Taiwán, Hong Kong y la portuguesa Macao aparte) por tanto tiempo perdida, lo que concedió al proceso descolonizador un matiz más radical.

Toda el Asia colonial o semicolonial se encontraba entonces agitada por los vientos antiimperialistas. Filipinas, como ya hemos dicho, abrió el camino al obtener una independencia oficial —que no real— de los Estados Unidos. Birmania se independizó en 1948, Indonesia en 1949 y Malasia en 1957, aunque en ninguno de estos países los comunistas influyeran en el proceso. De hecho, los comunistas malayos fueron derrotados por los británicos en la guerra que se produjo entre 1948 y 1960, aprovechando el conflicto para ceder la soberanía a las fuerzas anticomunistas locales. En 1965, en Indonesia un golpe de Estado auspiciado por la CIA estableció una dictadura militar que acabó con la vida de al menos medio millón de comunistas, durante mucho tiempo legales. El duopolio soviético-estadounidense, matizado por la influencia del comunismo maoísta, fue abriéndose paso de forma cada vez más notable en amplias zonas de Asia.

Quema de un símbolo comunista en Indonesia.

Tras la declaración de independencia de Indonesia en 1945, reconocida por Holanda en 1949, asumió el poder del país Ahmed Sukarno, un nacionalista que en 1959 suprimió todos los partidos políticos. A pesar de ello, el Partido Comunista Indonesio, PKI, tuvo un enorme crecimiento, pasó de siete mil miembros en 1952 a casi tres millones en 1965 y se convirtió así en el partido comunista más grande aparte de los de la URSS y China. El crecimiento e influencia de los comunistas en la sociedad indonesia comenzó a incomodar a los Estados Unidos, quienes azuzaron a las fuerzas militares derechistas dentro del ejército indonesio para hacerse con el control del país. Como consecuencia, el 30 de septiembre, un movimiento organizado por oficiales de rango medio del ejército secuestró y asesinó a seis generales alegando impedir un golpe militar del ala derechista de las fuerzas armadas. Tras el hecho, el PKI fue acusado de instigar el asesinato de dichos generales, acusación que se convirtió en un pretexto para que el general Mohammad

Sujarto se hiciera con el poder. Así, a partir del 5 de octubre, la limpieza de comunistas comenzó en la capital, Yakarta, y se extendió rápidamente por las tres mil islas del archipiélago que compone Indonesia. Durante este período, más de medio millón de comunistas, simpatizantes e intelectuales fueron asesinados, y cerca de un millón fueron detenidos, aunque la dimensión del genocidio aún no está hoy día aclarada en sus cifras.

Corea

En Corea, donde vamos a encontrar una fase caliente de la Guerra Fría, la ocupación soviética (en el norte) y la estadounidense (en el sur) de 1945 había sustituido a la japonesa, que duraba desde 1910. Las dos potencias habían establecido la línea divisoria de las dos zonas en el paralelo 38. En 1948 se había llegado a la constitución de dos estados: al sur, la república de Corea, proclamada en agosto, filoestadounidense y con un gobierno dictatorial presidido por Syngman Rhee; al norte, la República Popular de Corea, oficializada en septiembre, filosoviética, y con Kim Il-sung como presidente, un hombre destinado a ser el más longevo de los mandatarios comunistas del siglo xx, hasta encarnar junto con el rumano Ceausescu y el albanés Enver Hoxha lo mejor —o lo peor— del totalitarismo soviético-estalinista en su versión de satrapía arcaica, de despotismo oriental con un carácter claramente dinástico.

El 25 de junio de 1950, las tropas norcoreanas traspasaron el paralelo 38, tomaron en tres días la capital del sur, Seúl, y lograron arrinconar al régimen de Rhee al extremo sur de la península. Kim Il-sung argumentó provocaciones de su rival meridional, pero está claro que el ataque se había preparado con mucha antelación y en secreto, con el permiso del propio Stalin y la participación de muchos soldados norcoreanos que ya habían combatido en la guerra civil china. El hecho de que Corea del Norte tuviera intención de unificar el país bajo el control de su régimen no constituía ningún misterio, pero la audacia del ataque cogió a todos, especialmente a los estadounidenses, por sorpresa, a pesar de que la creación de la República Popular China el año anterior representaba un firme bastión de retaguardia para una acción de ese tipo. Lo que probablemente se desconocía eran las visitas secretas de Kim Il-sung a Moscú para obtener el plácet a su plan de ataque.

Corea del Sur, lógicamente, solicitó inmediata ayuda a sus aliados, y también apeló a la ONU. En ese momento, el representante soviético se encontraba ausente como protesta por la negativa a aceptar el reconocimiento del nuevo régimen comunista chino y permitir que el representante de la China de Taiwán continuara en su puesto. Por ello, al no haber posibilidad de veto de Moscú, el 27 de junio la ONU declaró a Corea del Norte como estado agresor. A partir de entonces, se organizó una fuerza armada multinacional para obligar a los norcoreanos a abandonar sus conquistas, puesta bajo el mando del general estadounidense Douglas MacArthur, entonces encargado de la administración del Japón sometido.

Como se esperaba, los estadounidenses hicieron una contribución determinante para el resultado de la guerra. Además, el hecho de poder moverse bajo la égida de la ONU significó un enorme beneficio, ya que a los ojos del mundo lo que se produjo no fue un choque

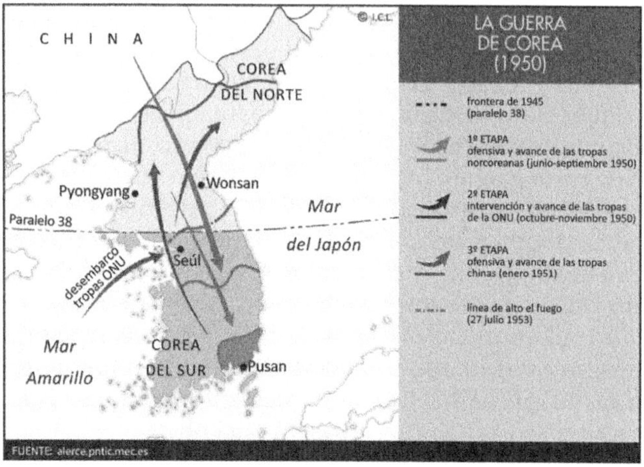

Mapa de la guerra de Corea

entre ambos bloques, sino una acción de policía internacional contra un estado agresor, acción comparable a la que sucedería en 1991 cuando Irak invadió Kuwait y la ONU decidió intervenir de nuevo militarmente con Estados Unidos a la cabeza. Truman supo politizar su intervención y declaró que, por encima de toda duda, el ataque indicaba un hecho muy preciso: los comunistas habían superado la etapa de la subversión para conquistar naciones independientes, empleando para ello herramientas mucho más cruentas como eran las armas y la guerra. El presidente americano temía también, y posiblemente debió de recibir alguna información al respecto, que junto a la invasión de Corea del Sur iba a producirse la de la isla de Taiwán por parte de las tropas de la China comunista. Por ello dio entonces orden a la séptima flota americana del Pacífico de impedir que eso sucediera, reforzó y aceleró además la asistencia militar a las Filipinas e incrementó la ayuda material a las tropas francesas que combatían contra los rebeldes en Indochina.

El mecanismo de contención se puso así en marcha de forma imponente. La ausencia del representante soviético en el Consejo de Seguridad de la ONU fue percibida por Truman como un complejo y peligroso juego cuyo verdadero objetivo podía ser el propio Taiwán, miembro con derecho a veto en dicho organismo, o incluso la misma legitimidad de las Naciones Unidas. El epicentro de la guerra, y de hecho su único escenario, fue sin embargo Corea. Más allá de las protestas oficiales, la ausencia de Moscú podía también considerarse como una señal de prudente distanciamiento respecto a la precipitada política norcoreana y china.

A partir de septiembre, las tropas norcoreanas, que habían conquistado casi todo el país salvo un enclave sudoriental, comenzaron a ser rechazadas. El 20 de noviembre, los estadounidenses habían llegado ya al extremo norte de Corea y a la frontera con China, lo que provocó una intervención masiva de «voluntarios» enviados por Pekín. El general MacArthur solicitó entonces plenos poderes para bombardear China, en particular Manchuria. Truman, temiendo la internacionalización y la nuclearización (propuesta por el propio MacArthur) del conflicto y, manteniendo la coherencia de la política de contención, sustituyó al envalentonado general en jefe por un más moderado general Matthew Bunker Ridgway. En mensaje radiado el 11 de abril de 1951 manifestó que la actitud de MacArthur podía llegar a ser peligrosa para los propios aliados europeos, situados en primera línea frente a los soviéticos, e incluso para el Japón y las Filipinas. La existencia del arma nuclear imponía prudencia y sentido de la responsabilidad, obligando a los americanos a tener en cuenta a la ONU y a sus aliados. La contraofensiva chino-norcoreana, por tanto, pudo desarrollarse sin demasiados problemas. Las tropas de la ONU se retiraron y el frente se estabilizó sobre el mismo paralelo 38 hasta el 27 de julio de 1953, fecha en la que a las diez de la mañana se firmó en la localidad de Panmunjom el armisticio que sancionaba definitivamente la división de las dos Coreas. Para entonces, Stalin llevaba casi cinco meses muerto y en la Casa Blanca gobernaba el nuevo presidente republicano, Dwight David Eisenhower. La guerra se había demostrado, en el terreno práctico, completamente inútil, y se había llevado por delante a los halcones más belicosos como MacCarthur. Los defensores de la contención habían vencido: en primer lugar, la propia ONU, la Administración Truman y su heredera republicana y acaso la propia URSS, que, manteniendo una actitud ciertamente ambigua e incierta respecto a dicha contención, había conseguido de ella más ventajas que perjuicios.

Aunque indirectamente, también podemos contar entre los vencedores al mismo Japón. En su posición de retaguardia ante la guerra de Corea, y a pesar de la hostilidad soviética, dicho país estableció el 8 de septiembre de 1951 la Paz de San Francisco, con lo que ganó impulso para su reingreso en el ámbito internacional y para efectuar su espectacular desarrollo industrial y financiero. Un desarrollo que la convertiría en una gran potencia económica aliada, aunque en cierto modo también peligrosa en los terrenos industrial y comercial, de los Estados Unidos.

Los estadounidenses no podían permitirse, después de perder China, un posterior avance del comunismo en Asia. Tenía por tanto necesidad en esta área de poseer bases militares y aliados. El desarrollo económico japonés, como el de la Europa occidental fomentado por el plan Marshall, permitió que en los años ochenta se

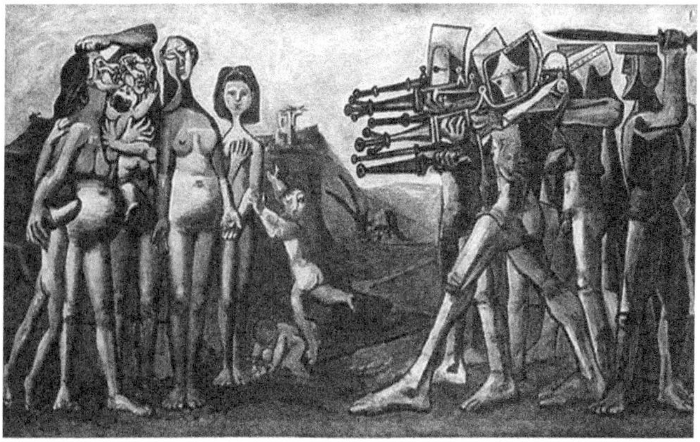

Masacre en Corea, obra de Pablo Ruiz Picasso (Museo Picasso de París). Este cuadro, pintado en 1951, está inspirado en *Los fusilamientos del 3 de mayo* de Francisco de Goya. Ofrece un cuadro de desolación general, expresado mediante las ruinas que recuerdan a Hiroshima. La intención de evidenciar la idea de que los Estados Unidos son los únicos responsables de la guerra en Corea queda, de esta forma, perfectamente manifiesta. Aunque simpatizaba con el comunismo, Picasso nunca apreció demasiado la figura de Stalin. Asumió dicha ideología por la influencia de amigos como el poeta Louis Aragon, que lo reclutaron para la causa como un caro trofeo.

formara en el Pacífico un nuevo espacio industrial y financiero, que comprendía como puntos dinámicos y neurálgicos por supuesto a Japón, pero también a Corea del Sur, Hong Kong (que pasaría a China en 1997) y Singapur. Apurando un tanto el argumento, podemos incluso afirmar que dicho espacio vería, ya en los años noventa, la incorporación de diversas áreas de la propia China comunista. En definitiva, Japón perdió la Segunda Guerra Mundial y dejó con ello de ser una potencia militar agresiva, pero ganó la posguerra económica.

Terror nuclear

A continuación, se imponen una serie de consideraciones destinadas a demostrar que, con el fin de la guerra de Corea, concluyó lo que para algunos fue el momento clásico de la Guerra Fría. Incluso algún historiador ha apuntado que en esa fecha realmente terminó la Guerra Fría en el sentido más restringido. Hipótesis en absoluto descabellada, e incluso ciertamente fiable, que no obstante fue ignorada a comienzos de los ochenta cuando se produjo el crepúsculo de la era Breznev en la URSS y el inicio de la presidencia de Ronald Reagan en Estados Unidos.

Puede afirmarse que en 1953 se llegó a una estabilización que confirmaba, tanto para americanos como para soviéticos, la situación europea alcanzada en 1949. La guerra de Corea, aunque inauguró tanto en el este como en el oeste una fase histérica de la Guerra Fría, sirvió de contrapeso a los eventos europeos y permitió, al otro lado del bicontinente euroasiático, imponer un modelo de contención-equilibrio que de hecho consolidaba la situación europea. Los estadounidenses ya no aparecían como una segunda línea militar, tal y como sucedía en el frente europeo, sino que se habían convertido en una superpotencia mundial capaz de intervenir en diversas partes del planeta para exhibir su liderazgo. El alejamiento de MacArthur, por otro lado, demostró que los Estados Unidos, en principio, y en la medida de lo posible, querían presentarse como una superpotencia legal, capaz de conseguir el siempre complicado consenso entre sus aliados respecto a los dos continentes. De hecho, se llegó, en una situación extrema de guerra caliente, a tener conciencia de haber alcanzado una suerte de equilibrio. Un equilibrio basado en el terror nuclear, incrementado cuando a partir de enero de 1950 el presidente Truman dio el visto bueno a la fabricación de la bomba de hidrógeno (bomba H, mil veces más potente que la lanzada sobre Hiroshima), la superbomba, mucho más destructiva que las bombas nucleares anteriores. De esta nueva arma, así como del espectacular paso del kilotón como unidad destructiva al famoso megatón, se habló durante años. La primera bomba de hidrógeno de los estadounidenses, que todavía padecían el síndrome de Pearl Harbor y no tenían ninguna intención de dejarse sorprender, estalló el 31 de octubre de 1952 en el atolón de Eniwetok (islas Marshall). La primera de los soviéticos, que en un Imperio sin límites padecían el síndrome del cerco, explosionó el 12 de agosto de 1953 en el polígono de pruebas de Semipalátinsk (estepa del Kazajistán). Con ello, la URSS aparecía como una antagonista realmente peligrosa. Realmente, en lo que se refiere a la potencial capacidad de destrucción de su arsenal atómico, estaba por detrás de Estados Unidos, pero disponía ya de armas con una devastadora capacidad que de ninguna manera convenía subestimar. Circunstancia que sin duda reforzaba el equilibrio.

La bomba del Zar

La bomba del Zar (Царь-бомба, 'Tsar Bomba' en ruso), también llamada RDS-220 y RDS-202, fue una bomba de hidrógeno desarrollada por los soviéticos, responsable de la mayor explosión provocada hasta ahora por el ser humano. Si la comparamos con otras, tenía una capacidad de destrucción 3125 veces mayor que la empleada contra Hiroshima (la llamada Little Boy), 2381 veces mayor que la de Nagasaki (Fat Man), 3,3 veces mayor que la Castle Bravo (una bomba de hidrógeno estadounidense explosionada el 28 de febrero de 1954) y 4,8 veces mayor que la Ivy Mike (la primera bomba de hidrógeno estadounidense, hecha estallar el 31 de octubre de 1952). Sin embargo, si la comparamos con los meteoritos que originaron los cráteres de Chicxulub (península del Yucatán, México) y de Wilkes Land (Antártida), estos tenían una potencia casi cuatro millones de veces superior. La energía total liberada por la Tsar Bomba fue aproximadamente una cuarta parte de la desarrollada durante la erupción del volcán Krakatoa (1883).

El nombre de Tsar Bomba está inspirado en otros dos hitos rusos. Por un lado la la Tsar Kólokol, la campana más grande del mundo, con doscientas toneladas de peso, conservada en Moscú. Por otro, el Tsar Pushka, un cañón imperial de grandes proporciones. Ambas piezas fueron fundidas con la intención de demostrar las enormes posibilidades tecnológicas de los rusos, a pesar de que la campana nunca pudo elevarse sobre ninguna torre. Durante su desarrollo, la bomba adoptaría el nombre clave, como no podía ser de otra manera, de Iván (Иван).

A causa de su gran tamaño, este ingenio, no demasiado práctico para usos militares, fue desarrollado por los mismos motivos que los dos anteriormente citados, es decir, como elemento propagandístico (no fue fortuita la fecha de la detonación, que coincide con el vigésimo segundo congreso del PCUS), aunque también con fines de investigación científica. Es decir, como un elemento más de la intensa lucha entre rivales propia de la Guerra Fría.

La bomba del Zar era una bomba de fusión de hidrógeno capaz de liberar unos 50 megatones de potencia (los estadounidenses estimaron en 57 megatones su capacidad, equivalentes a 57 millones de toneladas de TNT. El diseño inicial hacía factible una explosión de 100 megatones, aunque se optó por reducir dicha potencia por motivos ambientales.

Para desarrollar los dispositivos nucleares característicos de esta bomba se contó con un potente grupo de físicos liderado por Igor Kurchatov: Andréi Sájarov (importante disidente soviético al que en 1975 concedieron el Nobel de la Paz), Viktor Adamski, Yuri Babayev, Yuri Smirnov y Yuri Trutnev.

Excepto el dispositivo nuclear, la bomba del Zar fue desarrollada durante las catorce semanas siguientes al inicio del proyecto por parte de Kruschev, el 10 de julio de 1961. La bomba en sí misma pesaba veintisiete toneladas, con unas dimensiones de ocho metros de largo por dos de ancho. Su energía provenía en un 97 % de la fusión de átomos radiactivos, menos contaminante que la fisión. Consecuencia de tales precauciones fue la ausencia de lluvia radiactiva, tal y como ocurre con las bombas clásicas explosionadas mediante fisión.

La bomba del Zar fue detonada el 30 de octubre de 1961 sobre la zona de pruebas militares del archipiélago de Nueva Zembla, en el océano Glacial Ártico. Transportada en un bombardero ruso Tupolev Tu-95, modificado para evitar que la onda expansiva le afectase, su piloto fue el mayor Andréi Durnovtsev. El ingenio fue soltado a las 11:30 a. m. desde una altitud de 10 500 metros y explotó tres minutos más tarde a 4000 metros de altitud. En ese momento, el bombardero, volando a 864 km/h, se encontraba ya a 79 kilómetros de la explosión. Las investigaciones posteriores demostraron que una bomba de esa potencia no solo era capaz de destruir una gran ciudad, sino que también podía acabar con enormes megalópolis como Nueva York o Tokio. En cuanto detonó la bomba, la temperatura del lugar se elevó millones de grados. La energía luminosa pudo ser apreciada a una distancia de 1000 kilómetros, aun con cielo nublado. La onda de choque fue lo bastante potente como para romper vidrios a más de 900 kilómetros de la explosión. La nube de

La bomba del Zar. Réplica expuesta en el museo de armas nucleares de Sarov (Rusia). Sarov es una ciudad cerrada en el *oblast* ('provincia') de Nizhni Nóvgorod. Fue conocida como Arzamas-16 (Арзамас-16) de 1946 a 1991 y como Kremlyov hasta 1995. En ella se llevan a cabo trabajos de investigación nuclear.

Estallido de la bomba del Zar

hongo producida se elevó 64 000 metros antes de nivelarse. La energía térmica fue tan grande que podría haber causado quemaduras de tercer grado a una persona que se encontrara a 100 kilómetros del lugar.

La bomba del Zar fue el resultado de una serie de ingenios termonucleares de gran potencia, diseñados por la URSS y los Estados Unidos durante la década de los cincuenta, para lograr una mayor eficacia destructiva con un arma destinada a ser lanzada desde un avión. De hecho, los soviéticos planearon a su vez una versión sucia de la bomba (detonada por uranio), con una potencia de cien megatones, que no llegaron a fabricar. Sin embargo, el advenimiento de los misiles balísticos intercontinentales, mucho más precisos, y especialmente la aparición de sistemas de navegación por satélite, motivaron que este tipo de diseños cayeran en desuso. Los desarrollos de los años sesenta y setenta buscaron sobre todo armas más precisas, más seguras y más pequeñas. Actualmente, los diseños más utilizados se centran en emplear múltiples cabezas nucleares de poca potencia para barrer un área entera.

Guerra Fría y descolonización

Quedaba claro que la URSS podía moverse a la vez con prudencia, agresividad y determinación. Si en Europa se había mostrado ciertamente agresiva bloqueando Berlín, en Corea, y en general en Asia, a diferencia de los estadounidenses, procuró evitar el encuentro directo y se limitó a enviar a asesores y técnicos, para ver así la guerra con una prudencial distancia.

La China popular, débil desde el punto de vista militar, salida de un largo y terrible período que iba de 1911 a 1949, con estructuras económicas arcaicas, era sin embargo difícil de ocupar debido a sus dimensiones y a su elevado potencial demográfico, y se encontraba en una fase que permitía suponer cierta amenaza para las dos superpotencias. Su primera experiencia nuclear no llegó hasta el 16 de octubre de 1964, realizada tras el abandono de la cooperación soviética en este campo en 1959. En lo que se refiere a su capacidad propagandística, el modelo chino sirvió, durante el proceso de descolonización, para la potenciación de grupos comunistas que se convirtieron en un terrible dolor de cabeza para los estadounidenses. Estos, asumiendo su papel de líderes mundiales, tuvieron que empeñarse directamente en costosas empresas, aflojando de alguna manera la presión sobre la URSS, para quien la ayuda indirecta de la descolonización resultó un gran beneficio en el marco de la Guerra Fría de movimientos. Un conflicto que, en su versión de guerra de posiciones (en realidad la verdadera Guerra Fría), acabó globalizándose. Hasta la invasión de Afganistán acaecida en diciembre de 1979, los soviéticos siempre encontraron elementos que, por la naturaleza misma de la batalla, esencialmente nacionalista y anticolonialista, combatieron en masa por ellos. Los Estados Unidos, en cambio, para contrarrestar el indirecto avance de la URSS en diversas zonas del planeta, se tuvieron que exponer de manera visible y directa. La carga del hombre blanco, encarnada en el colonialismo, fue uno de los pecados originales de Occidente que en su larga y agotadora fase terminal ayudó a fortalecer a la URSS, una potencia que formalmente en 1949 había llegado al límite extremo de sus posibilidades expansivas. En definitiva, fueron las agonías primero del fascismo y luego del colonialismo las que permitieron potenciar el comunismo. Incluso puede llegar a afirmarse que, aunque la URSS y el comunismo llegaran a declinar de forma extraordinariamente rápida por diversas causas, una de ellas fue, en la segunda mitad de los años setenta, el agotamiento territorial y mecánico del proceso de descolonización.

Los Estados Unidos, como potencia defensora del liberalismo y del libre comercio, no habían tenido hasta el momento necesidad de llevar a cabo una ocupación militar directa. No tuvieron que intervenir como gendarme en defensa del colonialismo moribundo, pero sí se vieron obligados a hacerlo para evitar que, de la descomposición del colonialismo, se viera beneficiada la URSS al crearse nuevos regímenes comunistas. Una estrategia que les hizo perder mucha popularidad, durante los años sesenta y setenta, tanto en Europa como en áreas extraeuropeas, pero que les permitió ganar en expansión y control. El mencionado ejemplo indonesio es claro. Cuando en 1965 se propició el golpe del general Sujarto, los comunistas del país, potencialmente peligrosos debido a su elevado número, fueron borrados del mapa.

La incapacidad francesa para entender los cambios que el mundo vivía constituye el ejemplo más clamoroso de lo que venimos diciendo. Su empeño en Indochina llevó a una larga guerra iniciada en 1946 contra la autoproclamada República Democrática de Vietnam (1945), y que concluyó con la capitulación de la base francesa de Dien Bien Phu en 1954 y el abandono de la colonia. El reconocimiento soviético del Viet-Minh (movimiento de liberación fundado en 1941 por Ho Chi Minh), la ayuda militar estadounidense a los franceses y el apoyo de la China comunista a los vietnamitas provocaron el alargamiento y la exacerbación del conflicto. Los acuerdos de Ginebra determinaron la retirada francesa —menos previsible que la de los británicos en otros lugares— de la gran península del sudeste asiático, dividida ahora en cuatro países (Laos, Camboya, Vietnam del Norte y Vietnam del Sur), dos de ellos (ambos Vietnam) situados uno en cada bando. El norte, de orientación comunista, y el sur, prooccidental. El conflicto retomó vigor en 1957, para concluir definitivamente en 1975 después de haberse internacionalizado y recrudecido extremadamente a partir de 1964. Desde esa fecha, aumentaron las acciones guerrilleras del Vietcong (los comunistas del sur) y se hizo progresiva la infeliz intervención estadounidense, caracterizada por la cruel contraguerrilla, los destructivos bombardeos de Vietnam del Norte y la extensión del conflicto a Laos y Camboya.

La descolonización, animada por genuinas e irresistibles intenciones independentistas, dejaba, por tanto, amplios espacios abiertos que las superpotencias no podían abandonar. La lógica de un mundo partido en dos, por otro lado, había debilitado la arcaica máquina colonial e incluso había dado impulso, junto a otros factores, a la misma descolonización. Una situación que tuvo como consecuencia, curiosamente, el debilitamiento de esa misma lógica divisoria. De esta forma, el círculo en torno al que durante cincuenta años había rodado la política internacional acabó cerrándose. La recíproca contención soviético-estadounidense, causa y a la vez efecto de la Guerra Fría, habría podido llegar a modelar, de forma autosuficiente a partir de 1949, el curso del mundo. Y en parte fue así. Pero a partir de 1947, con la independencia de la India, el proceso se desestabilizó un tanto y se tornó dinámico. La época clásica de la Guerra Fría concluyó con la interposición de la descolonización, que añadió guerras locales y deseos de expansión al inestable equilibrio derivado de la paz armada, de la carrera de armamentos y del terror nuclear. Conflictos regionales, guerrillas, el fin de los imperios coloniales, el inicio de la nueva lógica colonialista y el surgimiento del tercer mundo incluso en lugares que ya habían dejado hacía mucho tiempo de ser colonias (América Latina) alimentaron la Guerra Fría de movimientos y dieron paso a despotismos autoritarios derivados del maoísmo, o feroces dictaduras anticomunistas. En este ámbito, las Naciones Unidas no fueron capaces de resolver todos estos conflictos en su totalidad, al estar en juego los intereses de unas superpotencias capaces de vetar cualquier decisión.

En esta situación, el mundo libre (que no era tan libre) puso en movimiento durante unos veinticinco años (1948-1973), casi sin interrupción, y luego durante los ochenta, un extraordinario desarrollo económico combinando recursos del Estado y del mercado que tuvo importantes repercusiones en el este. Un momento que el historiador Eric Hobsbwam ha llegado a calificar como la edad de oro de la humanidad. El crecimiento del bienestar alcanzado a partir del plan Marshall, con la consecuente secularización, aumento de la instrucción y demás cambios sociales, tuvieron ciertos efectos en la desactivación de potencial destructividad de la Guerra Fría, de alguna manera influyendo en la consecución de una suerte de paz soviético-estadounidense durante cuarenta y cinco años.

Histerias internas

Mientras tanto, en una situación de recíproca contención puesta a prueba durante la guerra de Corea, frente a la doctrina Truman se situó una suerte de sorprendente y a la vez significativa doctrina Stalin. Una doctrina expuesta en noviembre de 1951 en el curso de una conferencia de economistas y recogida al año siguiente en el escrito titulado *Problemas económicos de la URSS*. Fue la última obra del mandatario soviético, y en ella explicó la idea de que la contradicción principal entre los dos bloques derivaba de que ambos representaban a dos modelos económicos bien distintos, el capitalista y el socialista. Este último, integrado por la URSS, China y las democracias populares (los satélites europeos), miraba esencialmente a la paz y disponía de un superior modo de producción que había dejado de lado la guerra como factor indispensable en el plano económico. En definitiva, se daba a entender que la URSS no había tenido nunca la necesidad de llevar a cabo una guerra contra el campo adversario. Eran los países capitalistas, llegados a la madurez de la fase imperialista, los que no podían evitar el conflicto ante un socialismo que les había sustraído una parte destacable del planeta. Las contradicciones, por tanto, estaban entre los propios países del bando capitalista, necesitados de actuar con ferocidad para mantener su hegemonía en el mundo. De aquí que Stalin previera, tras la guerra de Corea, una probable guerra futura entre los Estados Unidos, a los que no consideraba líderes absolutos del mundo occidental, y la unión de Francia y Reino Unido. Alemania y Japón, los derrotados en la Segunda Guerra Mundial, estarían dispuestos, en función de sus intereses, a unirse a un bando u otro. Con estas ideas, Stalin salvaguardaba la tesis leninista de la inevitabilidad de una guerra entre países capitalistas, a la vez que introducía una paradójica tesis de agresiva apariencia, basada en la posible coexistencia entre capitalismo y socialismo. Mantenía así una política de contención y evitaba una confrontación suicida con los Estados Unidos, gracias al apoyo de los pueblos en lucha por su independencia el propio capitalismo acabaría por perecer.

Truman, realmente ajeno a las variaciones doctrinales de la doctrina leninista respecto a un inverosímil conflicto intercapitalista, recordó el 7 de enero de 1953, en plena guerra de Corea, que en caso de conflicto mundial siempre se podía contemplar el arma atómica.

Sin ironía, aunque al corriente de las profecías leninistas, recordó que Lenin era un hombre preatómico. Si los soviéticos realmente querían la paz y la salvación de la humanidad, tenían que tener presente el nuevo elemento nuclear.

La consolidación de la contención, la alarma provocada por la guerra de Corea, unida al peligro atómico, produjeron un clima que, aun teniendo en cuenta las diferencias entre ambos sistemas —totalitario uno y democrático el otro— condujo a una deriva paranoica. En el ámbito soviético, la autarquía mutó en una ofuscación claustrofóbica. A su vez, los Estados Unidos, país aislacionista por tradición, se vieron dominados por una obsesión claramente histérica, y todo ello a pesar de su prosperidad y de no haber sido afectado nunca en su propio hogar por una guerra llegada del exterior. Los fantasmas de una quinta columna comunista y del terror nuclear, cada vez más patente gracias al perfeccionamiento de la aeronáutica soviética, pusieron en entredicho la inviolabilidad geopolítica del país. De hecho, cuando los estadounidenses supieron del estallido de la primera bomba atómica soviética en agosto de 1949, al comprobar que dicha bomba era una copia casi exacta de sus propios diseños, llegaron a la conclusión de que se había producido una fuga de información clasificada. Hasta entonces, la CIA le había estado asegurando al presidente Truman que la URSS tardaría diez o quince años en crear su propia bomba atómica. Al director del FBI, Hoover, se le encomendó una tarea urgente: descubrir a los responsables de la fuga de los secretos nucleares de Estados Unidos. Como consecuencia, ya en el verano de 1950 fueron arrestados y acusados de espionaje los esposos Ethel y Julius Rosenberg, judíos militantes del Partido Comunista de Estados Unidos que acabarían en la silla eléctrica.

JUICIO A LOS ROSENBERG

Cuando el 22 de agosto de 1949 los soviéticos hicieron estallar su primera bomba atómica, el hecho produjo una gran conmoción en Occidente. «Ha habido una explosión atómica en Rusia», anunció el presidente estadounidense Harry Truman el 23 de septiembre. La noticia evidenció la vuelta al equilibrio armamentístico entre los dos bloques surgidos de la última contienda mundial. Fue el remate de la Guerra Fría.

Estadounidenses y británicos quedaron muy sorprendidos ante la celeridad con la que sus oponentes los soviéticos habían llevado a cabo su primer ensayo nuclear. Incluso los más pesimistas no los creían capaces de lograrlo antes de 1952 o 1953. Lo primero que hicieron los servicios secretos occidentales fue echar mano del oficial de inteligencia Igor Gouzenko, un criptógrafo de la embajada de la URSS en Canadá, que el 5 de septiembre de 1945 había desertado a Occidente. Una vez a salvo, afirmó disponer de pruebas de la existencia de una red de espionaje soviética extendida por Canadá, Reino Unido y Estados Unidos. Gouzenko aportó documentación que llevó a la detención de veintidós agentes locales y quince espías soviéticos en Canadá. Entre ellos, el primer detenido destacable en el mundo del espionaje atómico, Allan Nunn May, un físico nuclear británico que trabajaba en el laboratorio de Chalk River, no lejos de la capital canadiense. May confesó que desde comienzos de 1945 llevaba enviando a Moscú, a través de un intermediario, información nuclear. Incluso había entregado pequeñísimas cantidades de uranio. Trasladado a Reino Unido, fue condenado en mayo de 1946 a diez años de prisión.

En estos papeles también se menciona al físico teórico Klaus Fuchs, de origen alemán, que trabajó en el Proyecto Manhattan, el proyecto estadounidense de la bomba atómica ideado en Los Álamos (Nuevo México). Tras su arresto en enero de 1950, en Gran Bretaña, confesó su colaboración con la URSS pasándole información. Finalmente, el 1 de marzo fue condenado por el Tribunal Penal Central de Londres a catorce años de prisión, la máxima pena establecida por espionaje a favor de una nación aliada (hasta 1945 la URSS y Reino Unido eran aún aliados). Tras cumplir nueve años y medio de condena fue liberado y se fue a vivir a la República Democrática Alemana, donde fue considerado un héroe.

El FBI pudo descubrir al contacto de Fuchs, un químico de Filadelfia llamado Harry Gold. El 22 de mayo de 1950, Gold admitió su actividad de espionaje e identificó a David Greenglass, un exmaquinista del ejército destinado en Los Álamos entre 1944 y 1945, como otra de las fuentes de Fuchs. El interrogatorio de Greenglass y de Ruth, su esposa, provocó la detención de Julius y Ethel Rosenberg —cuñado y hermana, respectivamente, de David Greenglasso— y de Morton Sobell, ingeniero de radar y excompañero de Julius en una universidad neoyorquina.

David Greenglass acabó convirtiéndose en un destacado colaborador del FBI. En compensación, logró una condena de quince años, mientras que Ruth fue puesta en libertad. Greenglass acusó a Julius de haberle instado a obtener información sobre la bomba atómica. Julius Rosenberg, ingeniero eléctrico, fue detenido en su casa de Knickerbocker Village en Nueva York el 17 de julio de 1950. Su esposa Ethel, secretaria de una empresa de transporte, lo fue el 11 de agosto. Los Rosenberg, un matrimonio de origen judío, eran convencidos comunistas. De hecho, se habían conocido militando en la Unión de Jóvenes Comunistas y llegaron a ingresar en el partido en 1942, aunque lo abandonaron un año más tarde. El hecho fue interpretado como una forma de ocultar sus tareas de espionaje.

El juicio contra los Rosenberg y Sobell dio inicio el 6 de marzo de 1951 en el tribunal del distrito sur de Nueva York. El juez fue Irving Kaufman, y el abogado defensor se llamaba Emanuel Bloch. El principal testigo de la acusación, David Greenglass, explicó las maniobras de los Rosenberg para convertirlo en espía y confesó que, en septiembre de 1945, su hermana Ethel había transcrito en el domicilio neoyorquino de los Rosenberg sus informaciones sobre los secretos nucleares. Una versión a su vez ratificada por Ruth Greenglass. Las notas habrían sido más tarde entregadas a Harry Gold, que las pasó a Anatoly A. Yakovlev, vicecónsul soviético en Nueva York. También declaró Greenglass haber entregado a Julius Rosenberg un plano de la bomba lanzada sobre Nagasaki.

Las notas supuestamente escritas por Ethel —elemento clave para su condena— no tenían demasiado valor para el proyecto de la bomba atómica soviética. De hecho, ninguno de los dos miembros del matrimonio era experto en física nuclear. Años más tarde se supo que la mayoría de los físicos que accedieron a los planos entregados por Julius Rosenberg los encontraron demasiado elementales y repletos de errores. En realidad, los datos más valiosos conseguidos procedían de Klaus Fuchs. Sin las informaciones alcanzadas gracias a su red de espionaje en Estados Unidos, los científicos soviéticos habrían fabricado igualmente la bomba atómica, aunque, eso sí, tardando algunos años más. Los secretos estadounidenses les permitieron descartar vías de investigación y acelerar la construcción.

Muchos sugieren que Ethel fue acusada por la fiscalía para presionar a Julius a confesar los nombres de otras personas involucradas en la red de espionaje. Sin embargo, ni Julius ni Ethel Rosenberg denunciaron a nadie, y cuando se les interrogó, se acogieron a su derecho a no incriminarse a sí mismos (recogido en la quinta enmienda constitucional de los Estados Unidos). A diferencia del resto de implicados en el espionaje de los secretos atómicos, Julius y Ethel mantuvieron con entereza su inocencia a lo largo del juicio y durante más de dos años de apelaciones, sin admitir jamás las acusaciones de espionaje.

El papel de Ethel Rosenberg fue —y sigue siendo— uno de los aspectos más controvertidos del proceso. En todo momento demostró una actitud firme y un gran apego a sus ideales comunistas. Nunca solicitó clemencia ni antepuso a sus dos hijos pequeños para alcanzarla, circunstancias que seguramente pusieron en su contra a un jurado compuesto por once hombres y una mujer. Los investigadores, tanto de la URSS como de los Estados Unidos, han afirmado siempre que aunque Julius Rosenberg representó un personaje importante en la cadena de espionaje ruso en Estados Unidos, la importancia de Ethel fue probablemente mínima.

El 29 de marzo de 1951, el jurado emitió un veredicto de culpabilidad contra los Rosenberg, y el 5 de abril fueron condenados a muerte por el magistrado Kaufman. El motivo, pasar información a un Gobierno extranjero «en relación con la defensa nacional». El juez señaló, realizando un verdadero giro malabar, que los Rosenberg no solo eran responsables de espionaje, sino también de las muertes estadounidenses habidas en Corea. Según sus argumentos, la información obtenida había permitido a los soviéticos desarrollar su bomba atómica, provocando con ello el ataque comunista en Corea del Sur. Morton Sobell, que había admitido su culpabilidad, fue condenado a una pena de prisión de treinta años, de los que cumpliría dieciocho.

El juicio contra los Rosenberg supuso un escándalo mundial, y se denunció entre muchos expertos una manifiesta falta de pruebas de su culpabilidad a la hora de transmitir secretos atómicos a la URSS. Para muchos, una sentencia tan drástica representó el deseo de las autoridades estadounidenses de ofrecer una imagen de fortaleza y energía ante el avance comunista de aquellos años. El caso Rosenberg ayudó también a impulsar la actuación del Comité de Actividades Antiamericanas del senador Joseph McCarthy, el organismo que iniciaría la famosa caza de brujas o persecución de los comunistas de Estados Unidos.

Pasaron más de dos años de apelaciones (hasta veintitrés, algunas dirigidas al Tribunal Supremo) y aplazamientos, animadas por una campaña mundial que buscó salvar de la muerte a los condenados. Sin embargo, ni siquiera la petición de clemencia de Pío XII sirvió de nada ante el nuevo presidente Dwight Eisenhower, quien horas antes de la ejecución confirmó su negativa al indulto anunciada el 11 de febrero.

Las ejecuciones se produjeron el 19 de junio de 1953 en la cárcel neoyorquina de Sing Sing. Ninguno de los dos reos quiso confesar nada en el último momento, lo que probablemente hubiera provocado al menos el aplazamiento de la sentencia. Ethel escribió una última carta en la que solicitaba a su abogado que cuidaran de sus hijos, los cuales acabaron adoptados por una pareja canadiense y cambiaron de apellidos. También afirmó: «No estoy sola. Muero con honor y dignidad, sabiendo que mi esposo y yo seremos reivindicados por la historia». Julius, el primero en sentarse en la silla, necesitó tres descargas para morir. Ethel precisó de cinco, debido a que su menudo cuerpo apenas pudo ajustarse a la silla.

El clima de tensión existente, más que la propia confrontación entre ambas potencias, representaría después en el recuerdo de muchos habitantes de la Europa occidental lo que verdaderamente fue la Guerra Fría. En un

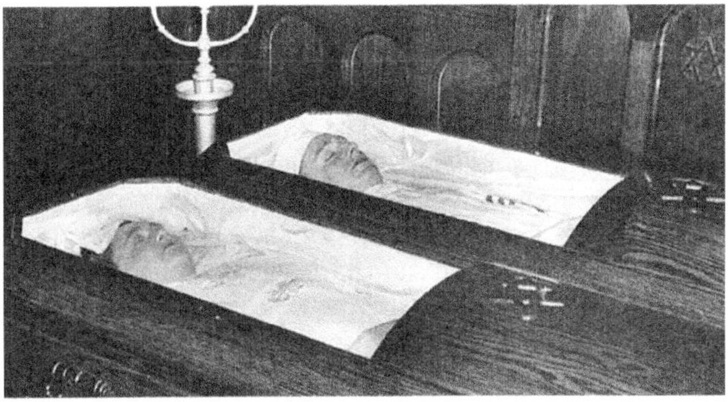

Los cadáveres de Julius y Ethel Rosenberg

ambiente de sospechas, la represión habida en el bloque soviético fue también durísima en el mismo seno de los partidos comunistas. Entre 1950 y 1954, en Bulgaria diecisiete de los cuarenta miembros del comité central del partido en el poder fueron depurados. En Polonia hubo ataques a los ministros de la Iglesia católica. En Rumanía fue disuelto de forma definitiva, no sin consecuencias para sus dirigentes, el partido campesino. Entre 1951 y 1952, fueron depurados, y once de ellos ejecutados, diversos cargos comunistas checoslovacos (entre ellos Rudolf Slansky, secretario general del partido). En Hungría también se desarrollaron diversos procesos contra personas acusadas, como en Checoslovaquia, de titoístas.

En la misma URSS, durante los últimos años de vida de Stalin, y particularmente tras la muerte de Zhanov (31 de agosto de 1948), se produjeron maniobras destinadas a la sucesión que acabarían por formar una troika integrada por Lavrenti Beria (el temible comisario del pueblo para asuntos internos, aunque al parecer, tras la muerte de Stalin mostró cierta tendencia a aproximarse a Occidente, lo que acarrearía su ejecución), Georgui Malenkov (miembro del secretariado del partido y considerado delfín de Stalin) y Nikita Kruschev (destacado miembro del politburó del partido, aunque el menos acreditado de los tres). Fallecido Stalin el 5 de marzo de 1953, la lucha por la sucesión no se hizo sin víctimas. Molotov fue relegado; Beria, arrestado y fusilado oficialmente para restablecer el poder del partido por encima de la policía secreta (aunque se ha apuntado que la causa real fue evitar reformas radicales). Aparte de las permanentes condiciones de penuria, debida al incremento de la producción bélica en detrimento de la ya exigua producción de bienes de consumo, el clima se había vuelto irrespirable. La paranoia, a pesar de la tranquilizadora manifestación de Malenkov en el XIX congreso del partido de 1952, llegó a ser muy palpable en los últimos meses de vida de Stalin, con grotescas manifestaciones chovinistas (el cosmopolitismo se convirtió en un pecado peligrosísimo), psicosis galopante en la lucha contra el espionaje y manifiesto antisemitismo. Se inició una persecución de médicos judíos, acusados de organizar un complot en el Kremlin para eliminar a los líderes soviéticos (Zhdanov, muerto por problemas cardíacos derivados de su afición a la bebida, habría sido la primera víctima), que se cerró tras el fallecimiento de Stalin.

En Estados Unidos, no obstante, la expresa voluntad del presidente Truman de proceder, en el terreno económico y social, siguiendo la línea del liberalismo democrático y reformista iniciado por Roosevelt —en 1949 anunció al Congreso el programa del Fair Deal, 'acuerdo justo', una suerte de continuación del New Deal rooseveltiano—, hizo que la Guerra Fría provocase una deriva conservadora que, para muchos, convirtió a los reformistas en agentes comunistas. El propio Roosevelt, en los años treinta, había sido llamado por la derecha estadounidense Stalin Delano Roosevelt, y ya en 1947, en contra del parecer de Truman, el Congreso había votado la ley Taft-Hartley, que declaraba ilegales diversas formas de huelga. Pero fue en 1950, en concomitancia con la guerra de Corea, cuando más se desarrolló la psicosis histérica anticomunista y antiintelectual conocida como «caza de brujas». La inició el 9 de febrero de 1950 (es decir, antes ya de Corea) el ya mencionado senador republicano por Wisconsin Joseph McCarthy. Este era un católico de origen irlandés —cuando se casó en 1953 recibió un telegrama de felicitación del papa Pío XII— con una personalidad política realmente modesta. A pesar del veto del presidente, se aprobó una ley destinada a registrar todas las actividades comunistas y, en general, las consideradas peligrosas (la llamada Ley de Seguridad Interna). La discrecionalidad del ejecutor de la norma era muy amplia, de forma que numerosos ciudadanos, por el mero hecho de haber mostrado ideas progresistas, pasaron a ser sospechosos de espionaje o de simpatizar con el comunismo, por lo que fueron llamados a declarar ante el Comité de Actividades Antiamericanas existente en el Congreso. En no pocos casos, dichos ciudadanos tuvieron graves problemas con la justicia que limitaron sus derechos civiles e incluso les hicieron perder sus trabajos. En la opinión pública estadounidense, descontenta por la guerra de Corea, se manifestó en el plano psicológico —y solo en ese plano—, pese a que la elección intervencionista era irreversible, una oleada neoaislacionista, y como tal dispuesta a comportamientos autistas. Fue la vieja América localista, provinciana, populista, puritana, xenófoba, racista, fundamentalista y al mismo tiempo individualista y conformista antiplutocrática, desconfiada ante ciertas manifestaciones culturales y ante el clima excesivamente liberal de las grandes ciudades, la que alimentó y sirvió de base a la nueva histeria macartista.

Si se pretendía evitar el compromiso directo y no acudir a la lejana guerra de Corea, donde perdían la vida numerosos jóvenes y se desembolsaba demasiado dinero, había que eliminar ya en casa a los misteriosos y poco conocidos «comunistas», identificados con los liberales o progresistas, los politicastros demócratas, los activistas por los derechos civiles y políticos de los negros, los intelectuales, e incluso con los judíos. El senador McCarthy interpretó, sin explicitarlo, este estado de ánimo, que por una parte alimentaba la Guerra Fría y por otro rechazaba la nueva internacionalización del país, ese intervencionismo a escala mundial provocado por la misma Guerra Fría, para muchos integrantes de la América profunda totalmente desconcertante. El senador McCarthy, agitando la carta siempre eficaz de la antipolítica disfrazada de anticomunismo, llevó su obsesión a límites exagerados. Atacó directa e indirectamente a diplomáticos estadounidenses, a Truman, a la propia Administración del nuevo presidente Eisenhower y hasta al ejército, considerado un potencial nido de comunistas. Algo que le resultó fatal, pues la sociedad estadounidense tenía sus propios anticuerpos para defenderse de semejantes ataques. Ni la televisión, cuando comenzaron a aparecer programas en directo, benefició a McCarthy. Este, tras haber dado cuerpo a los fantasmas de Estados Unidos, apareció entonces frenético, histérico, con la voz estridente, sudoroso, en dificultades frente a ciertas preguntas… Se descubrió que había mentido sobre sus méritos militares, y que en el pasado había sido izquierdista y próximo a los mismos sindicalistas y obreros a los que ahora acusaba de comunistas. A partir de junio de 1954, ignorado ya por la prensa y rechazado por los propios republicanos, para los cuales, tras la victoria de su candidato Eisenhower, se había convertido en un personaje molesto, McCarthy, ya menos notorio que el neologismo creado con su apellido, se refugió en el alcohol. En ese año se aprobó una moción de censura contra él en el Senado (diciembre de 1954), y aunque siguió conservando su puesto de senador, falleció a los cuarenta y ocho años a causa de una cirrosis hepática el 2 de mayo de 1957.

El senador McCarthy en la televisión.

En un esfuerzo por revitalizar su declinante popularidad, en abril de 1954 McCarthy realizó una dura acusación contra el ejército estadounidense, al que tildó de demasiado blando frente a la expansión del comunismo, lo que se convirtió en un error crucial. El senador estaba indignado porque David Schine, uno de sus antiguos investigadores, había sido reclutado, y el ejército, para sorpresa de McCarthy, rechazó el trato especial que este exigía para su exayudante. En ese mismo mes, McCarthy, presidente del Comité de Operaciones Gubernamentales en el Senado, abrió audiencias televisadas en sus cargos contra el ejército. Audiencias que resultaron un fiasco. Constantemente se alteraba, gritaba, interrumpía con preguntas y apariciones irrelevantes, atacaba verbalmente a testigos, abogados del ejército y a sus compañeros senadores. El clímax llegó cuando McCarthy calumnió, el 9 de junio, a un abogado del ejército llamado Joseph Welch. Este miró fijamente a McCarthy y dijo: «Hasta este momento, senador, no había calibrado su crueldad ni su imprudencia... ¿No tiene usted sentido de la decencia, señor?». Un McCarthy aturdido escuchó cómo la audiencia estallaba en aclamaciones y aplausos. Los días de McCarthy como cazador de brujas habían terminado. Unas semanas más tarde, las audiencias del ejército terminaron y el comité no presentó cargos contra dicha institución.

6

El deshielo y la Guerra Fría de movimientos (1953-1964)

El deshielo

Redactada entre 1953 y 1955, publicada en dos partes en 1954 y 1956, apareció en la revista *Znamja* una novela titulada *El deshielo*. No poseía demasiada calidad literaria, aunque su autor era Ilia Ehrenburg (1891-1967), destacado corresponsal soviético durante la guerra civil española y en la Segunda Guerra Mundial. La primera parte, la publicada en 1954, fue censurada y calificada de desviacionista por el congreso de escritores soviéticos. La segunda, no obstante, logró a su vez ser publicada. La obra narra la historia de un gerente de fábrica desalmado —trasunto del propio dictador Stalin— que obliga a sus obreros a vivir en condiciones miserables para cubrir las cuotas de producción. A través de uno de sus personajes menores, un médico judío, se expresa el terror padecido por dicho grupo durante la persecución de los facultativos llevada a cabo poco antes de morir Stalin. Se trata, pues, de una novela crítica con el pasado, cuyo título sirvió para definir el momento de cambio político que estaba viviendo entonces la URSS. Pronto se tradujo a diversos idiomas, y en España tenemos una edición de 1961 publicada por Mateu. Otras obras de mejor calidad, en cambio, no lograrían ser editadas en la URSS hasta mucho más tarde de su aparición en el Occidente, como fue el caso de *El doctor Zhivago*.

La CIA, Boris Pasternak y *El doctor Zhivago*

En las URSS, las relaciones entre el poder político y la intelectualidad del país fueron variando a lo largo de su historia, en función de quien controlara el poder. Si durante los primeros años de la Revolución bolchevique se vivió una suerte confusa de primavera de los creadores, la implantación del régimen estalinista a partir sobre todo de 1928 acabó con todo tipo de libertad de expresión. La ortodoxia era directamente marcada por el secretario general del Partido Comunista de la Unión Soviética, aunque cuando Stalin fallece en marzo de 1953, su sucesor Kruschev disminuirá la represión, aunque sin hacerla desaparecer del todo.

Boris Pasternak fue uno de los grandes poetas de la URSS, aunque la obra por la que se le concedió el Premio Nobel de Literatura, y por la que siempre ha sido reconocido universalmente, fue la novela *El doctor Zhivago*. Una obra que acabó prohibida en tiempos de Kruschev. El propio Pasternak fue considerado un traidor al aceptar el galardón en 1958y se vio obligado a renunciar a él para sobrevivir. Una situación que le condujo al borde del suicidio.

Pasternak mostró un cierto entusiasmo inicial por la revolución, sentimiento que no tardó en esfumarse. Ya completamente escéptico, escribió *El doctor Zhivago* entre 1945 y 1955 aproximadamente. Su protagonista era un trasunto del propio autor. Personaje y escritor procedían de un pasado perdido, el refinado ambiente de la *intelligentsia* moscovita de antes de la revolución. En las letras soviéticas, este era un mundo despreciable, y por tanto ni siquiera debía ser evocado. Pasternak sabía que el entorno editorial oficial rechazaría el tono de una obra en la que se mostraba una religiosidad manifiesta, reflejando además una enorme indiferencia ante el realismo socialista y la aceptación de los principios de la ortodoxia revolucionaria. Para los dirigentes soviéticos, el arte constituía un elemento más de su propaganda, de ahí que debieran estar plenamente controlados.

Y llegamos a mayo de 1956. En esas fechas, un corresponsal italiano en Moscú que buscaba nuevas obras para la editorial del comunista Giangiacomo Feltrinelli se llevó el manuscrito de la única novela de Pasternak, cuya publicación había sido negada por las autoridades soviéticas. De inmediato, Feltrinelli la editó en italiano, y más tarde apareció en otros idiomas occidentales. A continuación, entró en acción la Agencia Central de Inteligencia estadounidense, que vio en la novela un arma más para desprestigiar a la Unión Soviética.

Una de sus primeras acciones fue publicar una edición en ruso en Holanda, de forma que *El doctor Zhivago* pudo repartirse clandestinamente en la URSS. La versión inglesa se convirtió en un *best seller*, y desbancó en los Estados Unidos a la Lolita de Nabokov como obra de no ficción más vendida. Posteriormente se rodó una película basada en la obra, rodada bajo la dirección de David Lean en numerosos escenarios españoles y protagonizada por Omar Sharif y Julie Christie, que se convirtió en una de las más vistas de la historia del cine.

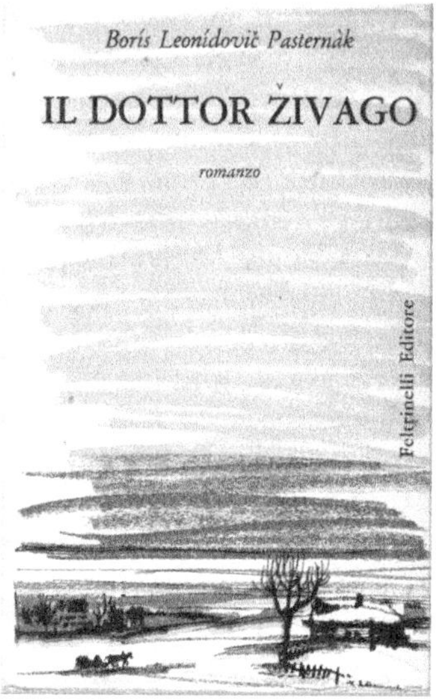

Primera edición italiana de *El doctor Zhivago* (1957), publicada en Milán por la editorial Feltrinelli

El caso Zhivago causó un grave daño en la imagen mundial de la URSS, y en este sentido puede afirmarse que la CIA ganó la batalla de propaganda. Numerosos escritores occidentales, muchos de ellos simpatizantes hasta entonces del experimento comunista, mostraron su solidaridad con Pasternak.

La última paradoja de la historia en relación con este caso fue el hecho de que Kruschev, quien acabó destituido al frente de la URSS, declaró posteriormente que *El doctor Zhivago* no debería haber sido prohibido. De hecho, él mismo permitió que las cintas de sus memorias se sacaran en secreto de la URSS y se publicaran en Occidente.

Escena de la película *El doctor Zhivago*. Representa la disolución de una manifestación en las calles de Moscú por los soldados del zar, aunque fue rodada en España empleando decorados.

El productor artístico John Box, el Mago, había valorado con anterioridad otros países, como Rusia (donde resultaba imposible rodar porque la novela estaba prohibida), Finlandia (que creían la mejor candidata, pero cuyo frío extremo les hizo pensar que el trabajo de los actores sería muy difícil, aunque sí que se rodaron algunas escenas) o Yugoslavia (que no estaba dotada de la infraestructura necesaria para filmar una película de esas características). Esto llevó al productor John Box y al director David Lean, ambos británicos, a decidirse por las tierras de Soria para representar las estepas rusas necesarias para rodar su película, estrenada el 22 de diciembre de 1965. Las escenas de Moscú se rodaron en las afueras de Madrid. También se filmó en las proximidades de Guadix (Granada).

La atmósfera político-cultural de este período también viene reflejada en la película *Chistoe nebo* ('Cielo despejado') de Grigori Chujrai (1921-2001), realizada en 1961. Cuenta la historia de un piloto soviético que sobrevivió a su encarcelamiento por los nazis durante la guerra y fue más tarde acusado de espionaje. Aunque tampoco resulta ninguna obra maestra, constituye una de las primeras películas soviéticas que aborda el tema de la represión de Stalin en la época posterior a la contienda mundial. Por tanto, un producto ejemplar del momento de deshielo, caracterizado por el noble patriotismo, el moderado antiestalinismo y al mismo tiempo reticente a renunciar a la esencia misma del estalinismo.

El deshielo, como ya observó el periódico francés *Le Monde*, comenzó a ser un término cotidiano que parecía describir, en el marco de tensiones todavía presentes, un salto en lo que a las relaciones internacionales se refiere. La guerra de Corea ya había terminado. La guerra de Indochina, en cambio, seguía activa, aunque los franceses se encontraban al borde de la derrota (acaecida en Dien Bien Phu en abril de 1954) pese a que los Estados Unidos, *in extremis*, propusieron al Gobierno colonial hacer uso de la disuasión nuclear. «¿Quiere dos bombas atómicas?». Esas son las palabras que un veterano diplomático francés recuerda haber escuchado en boca del secretario de Estado de Estados Unidos, John Foster Dulles, durante una conversación con el ministro de Exteriores francés Georges Bidault en abril de 1954.

Los soviéticos, una vez concluida la guerra de Corea, iniciaron, tanto en sus discursos como en los documentos oficiales, y a modo de preludio de la coexistencia pacífica, la discusión sobre la competencia de los dos sistemas. Una polémica quizá más dirigida a los chinos, en pleno proceso de transformación económica, que a los propios estadounidenses. Puede afirmarse que esa coexistencia era en realidad consecuencia de la contención, e incluso de la propia Guerra Fría.

Mientras, en Europa, al reafirmarse la contención, la situación se tornaba cada vez más compacta. Yugoslavia, aun manteniendo la independencia, sufrió, después de una pequeña esperanza suscitada entre los mismos socialdemócratas europeos, un retroceso autoritario y sovietizante que quedó manifiesto con la depuración del vicepresidente Milovan Đilas (encarcelado en 1956), un crítico de la burocratización del partido. En la República Federal de Alemania, y a pesar de la oposición de Francia (con gaullistas y comunistas a la cabeza), se inició el camino que la conducía al rearme, e ingresó en la OTAN con el beneplácito de los estadounidenses (1955).

En la URSS, el cargo de secretario general del partido, sólidamente controlado por Kruschev, permitió a este dominar de nuevo al Ejecutivo colegiado surgido tras la muerte de Stalin. El PCUS siguió manteniendo una preeminencia, aunque no completa, sobre el Estado, lo que confirmaba la existencia en el país de un partido-Estado con autoridad que fue decreciendo con los años, y ya sin apelar al uso indiscriminado del terror. El primer ministro Malenkov quedó por debajo del secretario general Kruschev hasta su dimisión en 1955, cuando fue sustituido por el subalterno Bulganin. A su vez, Kruschev acapararía ese mismo cargo en 1958, cuando se quitó de en medio a Bulganin. Concentrada la URSS en sus problemas internos y en la lucha por la sucesión de Stalin (que duró hasta 1958), se dedicó en este tiempo a las cuestiones económicas ligadas a la política exterior (predominio de la industria pesada con aumento de los productos de consumo, renovación de la agricultura y cultivo de nuevas zonas vírgenes, mitigación y posterior supresión de los campos de trabajo para reclusos). Se alentó aunque de forma no demasiado profunda cierta apertura también en los países satélites. Todo ello quedó expuesto en el XX congreso del partido, celebrado en Moscú entre el 4 y el 25 de febrero de 1956, y en la misma disolución de la Cominform (17 de abril de 1956), que comportaba (según rezaba el comunicado supresor) «el respeto a las particularidades y a las condiciones nacionales de los diversos países». Ello no sería óbice para que se estuviera vigilante, e incluso se mostrara una enorme intransigencia, cuando en Polonia, y sobre todo en Hungría, surgieron en ese año movimientos de disidencia contra la URSS. Puede afirmarse que cualquier promesa de reforma, como la vislumbrada en 1956 o la expresada manifiestamente por Gorbachov en 1985, permitió abrazar siempre en los satélites del Imperio inmediatas esperanzas de autonomía, que en el primer caso se vieron frustradas, aunque no en el segundo.

El pacto de Varsovia y la contención a escala mundial

En mayo de 1955, la dinámica de la contención, una realidad más que una política, alcanzó su meta. El día 5 de ese mes, la República Federal de Alemania recuperó su plena autonomía, dejó de estar ocupada militarmente por los aliados (que conservaron no obstante algunas bases) y estuvo en disposición de rearmarse. Cuatro días después, vencidas las reticencias de Francia (de nuevo inmersa en otra guerra colonial, esta vez con escenario en Argelia, que no concluiría hasta 1962), ingresaba en la OTAN. El 14, por iniciativa soviética, los países del bloque oriental firmaban un pacto de alianza militar en Varsovia.

El pacto de Varsovia fue siempre un organismo sometido a la URSS. Más que un instrumento de

Insignia del pacto de Varsovia. Corresponde a un momento posterior a 1961, año en que se retiró Albania, ya que su bandera no aparece.

confrontación con Occidente como la OTAN (aunque en la prensa se le llamara la OTAN del este), asunto del que ya se ocupaban los soviéticos prácticamente solos, fue un organismo internacional de policía destinado a controlar, desde un punto de vista militar, el territorio de la Europa oriental. De hecho, su intervención más destacada tuvo lugar en Praga en 1968, es decir, contra uno de los países integrantes, y en ella participaron todos sus socios excepto Albania y Rumanía. Oficialmente denominado Tratado de Amistad, Cooperación y Asistencia Mutua, a él pertenecieron la URSS, Bulgaria, Checoslovaquia, la República Democrática Alemana, Hungría, Polonia, Rumanía y Albania (que se retiró en 1961). El pacto de Varsovia se disolvió el 1 de julio de 1991.

El motivo de esta retirada fue el apoyo del régimen estalinista albanés a China tras la ruptura de este país con la URSS. Desde entonces, Albania y China mantuvieron relaciones de cooperación económica, aunque dichas relaciones también acabaron deteriorándose. Ambos países habían declarado conjuntamente la necesidad de defender el marxismo-leninismo contra lo que consideraban revisionismo soviético dentro del movimiento comunista internacional. Sin embargo, a principios de la década de 1970, los desacuerdos albaneses con ciertos aspectos de la política china se profundizaron por la visita de Nixon a China (1972) y el anuncio chino de la teoría de los tres mundos (una curiosa teoría de la división del planeta entre países desarrollados e imperialistas y otros menos desarrollados y sometidos). Todo ello produjo una fuerte aprensión en el líder albanés Enver Hoxha, quien vio en estos acontecimientos una alianza china emergente con el imperialismo americano y el abandono del internacionalismo proletario. En 1978, China rompió sus relaciones comerciales con Albania, lo que señaló el fin de la alianza informal que existía entre ambos Estados.

El día 15 de mayo, un día después de nacer el pacto de Varsovia, las cuatro potencias ocupantes de Austria —que llevaba diez años gobernado por una coalición popular-socialista— firmaban en Viena el llamado Tratado de Estado (*Staatsvertrag*), por el que se consideraba al país danubiano como víctima del nazismo y se declaraba nula la *Anschluss* ('anexión') con Alemania de 1938. De acuerdo con el mismo, Austria sería un Estado soberano, independiente y democrático, se convertía en un país neutral y se le prohibía suscribir tratados militares; también se le prohibía la unión con Alemania y la restauración de los Habsburgo. Se garantizaron los derechos de las minorías eslavas. El tratado entró en vigor el 27 de julio, y el 25 de octubre las últimas tropas extranjeras abandonaron el país y dejaron a cargo del mismo a la recién creada república, dotada de gobierno propio y una nueva constitución. El 5 de noviembre, el nuevo parlamento austriaco aprobó por ley la neutralidad del país, aunque en la práctica este quedaba asimilado, desde el punto de vista del sistema económico, a la Europa occidental. De esta forma, la política de hechos consumados de la URSS quedaba incompleta, con una Finlandia que se había visto obligada a mantenerse neutral frente a la latente amenaza soviética, pero que conservaba un régimen democrático pluripartidista; una Albania liberada del pacto de Varsovia en 1961 y una Yugoslavia que, pese a su régimen socialista, actuaba libremente desde el punto de vista de las relaciones internacionales y no se sentía vinculada a la URSS.

La política de contención de Truman triunfaba no solo en Europa, sino también en Asia, donde, a pesar de la pérdida de China, esta acabaría desvinculándose de la URSS a finales de los años cincuenta, se había detenido al comunismo en Corea y se mantenía una poderosa presencia en Japón y Filipinas. El 8 de septiembre de 1954 se firmaba asimismo el Tratado de Defensa Colectiva del Sudeste Asiático, o Pacto de Manila, como parte de la misma doctrina Truman destinada al establecimiento de tratados anticomunistas de defensa bilateral y colectiva. Este pacto se convirtió en tratado oficializado el 19 de febrero del año siguiente en Bangkok, y nació así la Seato (Southeast Asia Treaty Organization), gestionada principalmente por el secretario de Estado del presidente Eisenhower John Foster Dulles. Formaron parte del tratado Australia, Nueva Zelanda, Pakistán, Filipinas, Tailandia, Francia (que se incorporó por razones de prestigio, tras su derrota en Indochina), Reino Unido y Estados Unidos. Se consideraban además Estados protegidos Vietnam del Sur y Laos. Al aumentar la escalada bélica en Vietnam y verse implicado en ella el país vecino, Laos, la Seato no respondió como hubiese debido a la situación. Únicamente autorizó el uso de las bases tailandesas para la fuerza aérea estadounidense, así como la presencia de algunas tropas británicas, australianas y neozelandesas. A lo largo de los años sesenta, Estados Unidos se fue embarcando progresivamente en la intervención militar unilateral, mientras que la Seato mostró inoperancia e incapacidad a medida que surgían los conflictos en la región. De ahí que su importancia comenzara pronto a disminuir. Las diferencias entre sus miembros y la falta de cohesión se hicieron patentes. Los miembros asiáticos volcaron su atención en la amenaza de otras potencias o en obtener un beneficio exclusivo. Pakistán no logró el apoyo de Seato en su conflicto con India, y por ello se retiró el 7 de noviembre de 1973. Antes, el fracaso en su primera guerra con India había dado como resultado la independencia del Pakistán oriental, llamado ahora Bangladés. Francia, a su vez, boicoteó la solicitud de Estados Unidos para que los miembros de Seato apoyaran al Gobierno de Vietnam del Sur, y descartó además su participación militar en la guerra. De hecho, acabó suspendiendo el apoyo financiero en 1975. Reino Unido respondió débilmente al llamamiento para involucrarse militarmente en el conflicto. Todo eso fue motivo de que el Congreso de los Estados Unidos decidiera revisar el Pacto de Manila y amenazara con denunciarlo. Finalmente, el Gobierno de Richard Nixon realizó un inesperado acercamiento al Gobierno de Pekín, lo que causó enorme malestar entre los demás miembros de Seato. Aunque desde 1973 se veía ya como un hecho consumado, en febrero de 1974 se desmanteló la organización militar de Seato, y en junio de 1977 la organización dejó de existir.

La contención se había convertido en la estructura práctica del mundo. La había desarrollado Truman después de conocer los informes de George Kennan, y la había asumido la Administración republicana de Eisenhower, aunque con esta algo cambió, al menos de palabra. El deshielo, que más tarde se convertiría en la distensión, imponía como contrapeso una política más orgánica y agresiva, que ya fue elaborada antes del propio deshielo, durante el paranoico crepúsculo estalinista y en plena histeria macartista con la guerra de Corea como trasfondo. Se manifestó en plena campaña electoral de 1952, cuando en el semanario Life el futuro secretario de Estado Foster Dulles escribió el 12 de mayo un artículo que presentaba el asunto como un manifiesto ideológico. Para Dulles, la contención no era suficiente, y probablemente nunca lo había sido. Incluso podría decirse que había beneficiado a los soviéticos. Había por tanto que promover una acción dinámica inspirada en los valores estadounidenses y dirigida, sobre todo, a la liberación de los pueblos sometidos por el comunismo y por la hegemonía de la URSS. Una idea basada sobre todo en los escritos del gran teórico anticomunista estadounidense James Burnham.

La campaña electoral hizo propia esta posición, de forma que la doctrina de la nueva Administración estadounidense llegada a la Casa Blanca a comienzos de 1953 se basó no solo en contener a los soviéticos, sino también en procurar hacerlos retroceder de sus posiciones de fuerza adquiridas por la tibieza de Truman y, ya durante la Segunda Guerra Mundial, por la condescendencia de Roosevelt. En ese momento, el macartismo estaba en su apogeo, y nadie recordaba que el avance soviético en Europa se produjo ante la tardanza en abrir el segundo frente, que permitió a Stalin ocupar amplias zonas del este y hacer caso omiso de los acuerdos de Yalta.

Sin embargo, el pragmático Eisenhower, aun haciendo suya esta posición desde un punto de vista ideológico-propagandístico, no la desarrolló nunca, aunque el concepto de retroceso aplicado a la URSS (el llamado *roll-back*), quedó ahí como un concepto más de la Guerra Fría, como en su momento lo fue el de contención.

Problemas soviéticos: Berlín, Polonia, Hungría y sus consecuencias

Ocasiones no le faltaron a Eisenhower para aplicar el *roll-back* al dominio soviético, aunque realmente no quiso aprovecharlas esencialmente por no romper el equilibrio alcanzado en Europa.

La primera se produjo en la Alemania Oriental. Ante las dificultades económicas por las que pasaba la RDA, el comité central del Partido Socialista Unificado de Alemania (comunista, lógicamente) decidió abordarlas aplicando un paquete de medidas que incluían impuestos más elevados, subida de precios y, lo que se percibía como la medida más significativa, un aumento de los horarios de trabajo en un 10 %. Estos cambios entrarían en vigor el 30 de junio de 1953, día del sesenta cumpleaños de Walter Ulbricht, primer secretario del partido. Se convirtieron, en efecto, en una directiva que fue impuesta en todas las empresas propiedad del Estado, exigiendo la consecución de las nuevas cuotas. Si estas no eran alcanzadas, los trabajadores sufrirían una reducción de los salarios. La decisión fue adoptada entre el 13 y 14 de mayo, y el consejo de ministros la aprobó el 28 de mayo. Muchos fueron los que consideraron entonces que tales cambios provocarían un más que previsible deterioro del nivel de vida. A principios de junio, el Gobierno soviético recibió informes relativos al descontento de los alemanes orientales, y Ulbricht fue llamado a Moscú. Malenkov le advirtió de que si no corregía inmediatamente su política, se produciría una catástrofe. El 16 de junio, entre sesenta y ochenta obreros de la construcción del Berlín Oriental se pusieron en huelga después de que sus superiores anunciaran un recorte en los salarios si no se alcanzaba la cuota de trabajo. Su número aumentó rápidamente, y se convocaron protestas y una huelga general para el día siguiente. La radio estadounidense con emisora en Berlín Oeste informó sobre los sucesos del Berlín Este, lo que probablemente ayudó a extender el levantamiento a otras partes de la Alemania Oriental. Al amanecer del 17 de junio, cuarenta mil manifestantes desfilaron por el Berlín Oriental, número que fue aumentando a lo largo de la mañana. Las protestas se extendieron por todo el país. Las demandas originales de los obreros, como la restitución de las cuotas previas de menor trabajo, se convirtieron pronto en demandas políticas. Los funcionarios del partido tomaron las calles y empezaron a polemizar con pequeños grupos de manifestantes. Finalmente, los trabajadores acabaron exigiendo la renuncia del Gobierno de la Alemania del Este. Este decidió entonces emplear la fuerza para acabar con la sublevación y se dirigió a la Unión Soviética en busca de ayuda militar. En total, se comprometieron dieciséis divisiones soviéticas que sumaban veinte mil soldados, así como ocho mil miembros del *Kasernierte Volkspolizei* (la policía popular de la RDA). En Berlín se desarrollaron importantes enfrentamientos, en los que las tropas soviéticas y de la policía popular dispararon sus armas. No está claro cuántas personas fallecieron durante la sublevación y por las sentencias a muerte que siguieron. El número de víctimas conocidas es de cincuenta y cinco, aunque otras estimaciones calculan el número de muertos en al menos ciento veinticuatro. Por su parte, las estimaciones de la antigua Alemania Occidental sobre el número de personas fallecidas fue considerablemente más altas: según el ministro de Relaciones Interalemanas, en 1966, trescienta ochenta y tres personas fueron asesinadas durante el levantamiento, incluyendo a ciento dieciséis «funcionarios del régimen»; ciento seis personas fueron ejecutadas por la aplicación inmediata de la ley marcial, o bien condenadas después a la pena capital. Además,

17 de junio de 1953. Los incidentes protagonizados por la población de la Alemania Oriental contra los tanques soviéticos, es decir, contra el poder en Moscú, fueron aprovechados a su favor por los diversos bandos enfrentados, que sirvió de pretexto para la detención y ejecución de Lavrenti Beria, jefe del aparato represivo de Stalin. Aunque Eisenhower había llegado al poder con la propuesta de hacer retroceder a los soviéticos en Europa (lo que se denominó *roll-back*), se acabó imponiendo la postura más prudente, y Estados Unidos se mantuvo indiferente antre la represión de los soviéticos.

mil ochocientas treinta y ocho personas resultaron heridas y cinco mil cien arrestadas, mil doscientas de las cuales serían sentenciadas más tarde a un total de seis mil años en campos penitenciarios.

Otras ulteriores y clamorosas oportunidades llegaron en 1956. Para Polonia, fue este un año de transición. La situación internacional, en particular debido a las muertes del líder soviético Stalin (1953) y del líder comunista polaco Bolesław Bierut (fallecido el 12 de marzo), debilitó significativamente a la facción estalinista, de línea más rigurosa, en el país. Las protestas de junio llevadas a cabo por parte de los trabajadores en Poznan pusieron de manifiesto la insatisfacción popular vivida en aquel momento. Los eventos que sucedieron provocaron la toma del poder por la facción reformista, liderada por Władysław Gomułka. Después de breves, aunque tensas, negociaciones con la Unión Soviética, los soviéticos dieron su permiso en octubre para que Gomułka (nuevo secretario del Partido Obrero Unificado de Polonia) permaneciera en el poder. También se hicieron diversas concesiones que se reflejaron en la obtención de una autonomía más amplia por parte del Gobierno polaco. Para los ciudadanos del país, aquello significó la liberalización temporal de la vida en Polonia. Con el tiempo, las esperanzas de una completa democratización demostraron ser falsas, ya que pasado un tiempo el régimen de Gomułka se volvió más conservador; sin embargo, la era del estalinismo en Polonia había llegado a su fin.

Lo sucedido en Polonia dio pie a que Hungría intentara a su vez librarse de las garras soviéticas. Matyas Rakosi, el primer ministro estalinista húngaro que en esos momentos dirigía el país, fue sustituido por Imre Nagy en 1953. Las reformas que este introdujo fueron percibidas como muy peligrosas, y en 1955 Nagy sería reemplazado y expulsado del partido. El nuevo líder Erno Gero (excombatiente de la guerra civil española) dejó claro que las reformas no irían más allá. Sin embargo, en 1956 diversos factores transformaron radicalmente la situación húngara. Envalentonados por el «informe secreto» de Kruschev en el XX congreso del PCUS (donde se criticaron las purgas de Stalin) y las protestas polacas que habían llevado al poder a Gomułka, el 23 de octubre una gran manifestación de estudiantes exigió una serie de reformas liberalizadoras en Budapest. La represión policial convirtió lo que era una concentración pacífica en una revolución. La protesta se extendió por todo el país y el ejército húngaro se unió a ella. El encarcelado cardenal Mindszenty salió de prisión escoltado entre vítores para retornar al palacio arzobispal. El partido comunista se desintegraba por todo el país. Imre Nagy regresó al poder al frente de un gabinete de coalición y comenzó negociaciones con Moscú para que el Ejército Rojo, que se había retirado de Budapest aunque continuaba en el país, abandonara definitivamente Hungría. El 1 de noviembre, Nagy anunció la salida de su país del pacto de Varsovia, solicitando a la ONU su reconocimiento como Estado neutral bajo el amparo de las grandes potencias. Eso fue demasiado para el Kremlin. Los tanques soviéticos entraron el 4 de noviembre en Budapest y Nagy se refugió en la embajada yugoslava. Se había declarado la huelga general, y los choques armados con las tropas soviéticas resultaron extremadamente duros. De hecho, se desarrollaron verdaderas batallas campales en el centro de Budapest, aunque en poco más de una semana el orden había sido restaurado. Un nuevo Gobierno «obrero-campesino» dirigido por János Kádár y apoyado por los ocupantes soviéticos afirmó que la contrarrevolución había sido derrotada. Para no asociarse a los desprestigiados líderes estalinistas, Kádár anunció negociaciones para la retirada de las tropas soviéticas (aunque Hungría continuaría en el pacto de Varsovia) y se distanció de la camarilla Rákosi-Gero. La normalización, sin embargo, no fue sencilla. En el recuerdo quedaron más de cinco mil muertes entre caídos y ejecutados (incluido el propio Nagy, que se entregó confiando en no sufrir daño alguno), grandes destrozos y doscientos mil exiliados, entre ellos una parte importante de las clases más educadas. El secretario de Estado estadounidense John Foster Dulles proclamó durante aquellos trágicos días: «A todos los que sufrís bajo la esclavitud comunista, os digo que podéis contar con nosotros». Sin embargo, el bloque occidental no hizo nada para frenar la invasión. De nuevo volvió a constatarse que las superpotencias respetaban las zonas

La estatua de bronce de Stalin en Budapest, derribada el día 23 de octubre de 1956 en el curso de la sublevación anticomunista. Todo un símbolo de ocho metros de altura, obra del escultor húngaro Sándor Mikus por la que recibió el premio Kossuth, la más elevada distinción que podía obtener un artista húngaro.

de influencia surgidas de la Segunda Guerra Mundial. La revuelta húngara constituía un asunto interno del bloque soviético en el que no convenía inmiscuirse. Además, la crisis de Suez surgida en ese mismo momento pronto vino a superponerse a la desgracia del pueblo húngaro.

En ninguna de estas ocasiones la Administración republicana estadounidense, aunque alzó las voces denunciando la libertad violada, quiso invocar la liberación de los pueblos sometidos a la URSS. Y todo ello a pesar de que el propio Foster Dulles, en un discurso pronunciado ya el 12 de febrero de 1954 en el Council on Foreign Relations de Washington, había defendido una nueva concepción del orden estratégico denominada New Look. Esta preveía, en caso de cualquier acción hostil por parte de la URSS, la posibilidad de una represalia masiva. ¿Era esta una propuesta realista? ¿Acaso el terror nuclear no había hecho de la contención un hecho consumado? La opinión pública estaba cada vez más horrorizada, a la vez que hipnotizada, al conocer los detalles de los experimentos atómicos en remotos lugares del Asia central o de los Urales, en Nuevo México o en atolones perdidos del Pacífico. A partir del 4 de octubre de 1957, con el lanzamiento al espacio del primer satélite artificial (el popularísimo Sputnik), la URSS adquirió una relevancia tecnológica que dejó admirado al mundo. Aunque los estadounidenses dispusieran de armas más potentes, ahora sus enemigos tenían la posibilidad de emplear la tecnología espacial en el ámbito de los misiles. Cada vez más, la prudencia seguía imponiéndose frente a la tentación bélica.

Despiece del Sputnik

El Sputnik 1 (lanzado el 4 de octubre de 1957) fue el primer intento no fallido de poner en órbita un satélite artificial alrededor de la Tierra. El programa Sputnik se inició en 1948, cuando se logró transformar los misiles militares ideados por los alemanes (los famosos V2) en vectores de lanzamiento de satélites. El anuncio del éxito del lanzamiento fue emitido por Radio Moscú. Se lanzó desde el cosmódromo de Baikonur en Tyuratam, trescientos setenta kilómetros al suroeste de la pequeña ciudad de Baikonur, en Kazajstán. La palabra *sputnik* en ruso significa 'compañero de viaje' ('satélite', en términos más concretamente astronáuticos). El nombre oficial completo se traduce, sin embargo, como 'Satélite Artificial Terrestre' (ISZ por sus siglas en ruso). Fue conducido al espacio en un cohete auxiliar. El Sputnik 1 tenía características mucho más simples que las de un satélite artificial actual. En esencia era una esfera de aluminio de cincuenta y ocho centímetros de diámetro y ochenta y tres kilos de peso que contenía dos transmisores (20 005 megahercios y 40 002 megahercios, con una potencia total de aproximadamente 1 vatio), una serie de baterías de zinc y plata y un termómetro. Desde este cuerpo central surgían cuatro finas antenas de unos 2,5 metros de largo. La nave obtuvo información relacionada con la densidad de las capas altas de la atmósfera y con la propagación de ondas de radio por la ionosfera. Los transmisores funcionaron durante tres semanas, hasta que fallaron las baterías químicas de a bordo. La órbita del entonces satélite inactivo fue observada más tarde ópticamente, hasta caer noventa y dos días después de su lanzamiento (4 de enero de 1958), tras haber completado alrededor de mil cuatrocientas cuarenta órbitas a la Tierra y recorrer setenta millones de kilómetros.

El mariscal Stalin siempre había considerado que la guerra era inevitable, aunque, basándose en la experiencia histórica (invasiones napoleónica y alemana), creía que su país era inexpugnable. Una idea que en los años sesenta retomó Mao para China, que había logrado salir reforzada tras la guerra contra el Japón y la revolución comunista gracias a su extensión territorial y a su potencial demográfico. Malenkov, Mikoyán (colaborador de Kruschev y presidente del Presídium del Soviet Supremo entre 1964 y 1965) y el propio Kruschev, tras la muerte de Stalin, en cambio, conocedores de los avances del arma aérea y de la capacidad destructiva del arma atómica, ya no estaban tan convencidos de que su baluarte fuera inexpugnable. De ahí que en torno a 1956 empezaran a considerar agotado el dogma leninista de la guerra inevitable y a proclamar que el conflicto entre bloques no era algo irremediable. Los países capitalistas no debían tocarse. Una idea que cuajó en la denominada coexistencia pacífica, surgida en el marco de un humanismo socialista, y que los estadounidenses, inclinados hacia un lenguaje más realista, definieron como disuasión.

Eclipse del colonialismo

Curiosamente, el único retroceso constatable en esta época lo llevaron a cabo las potencias capitalistas, y tuvo como escenario el canal de Suez, objeto de una desastrosa acción militar anglofrancesa.

El presidente egipcio Gamal Abdel Nasser había nacionalizado el canal, posesión anglofrancesa, el 26 de julio de 1956. Esto dio lugar a una reunión en las afueras de París entre Francia y el Reino Unido. Ambos socios, contrariados por la acción de Nasser, acordaron aliarse con Israel (país emergente que había salido victorioso frente a los árabes en 1949), que buscaba castigar a Egipto por su apoyo a las guerrillas árabes y su bloqueo de los estrechos de Tirán. El pacto alcanzado incluía una primera invasión israelí del Sinaí, seguida de una oferta de mediación anglofrancesa, que en caso de ser rechazada, se convertiría en casus belli contra Egipto.

El 29 de octubre de 1956, Israel decretó la movilización de sus fuerzas armadas mediante una eficiente planificación desarrollada en solo cuatro días, y a continuación lanzó la invasión del Sinaí y de la franja de Gaza, que alcanzó rápidamente la zona del canal de Suez. El desarrollo del conflicto constituyó para los israelíes una buena muestra de planificación exitosa, en el sentido de haber sido ejecutada en secreto y haber dejado en completa evidencia al ejército egipcio. La subsiguiente oferta de mediación de Francia y el Reino Unido fue rechazada por Egipto, tal como esperaban ambos países, por lo que estos pasaron a la siguiente fase de su programa: el día 31 de octubre, sus aviones comenzaron a bombardear suelo egipcio desde bases británicas situadas en Chipre y Malta. Luego, el Reino Unido y Francia reunieron ochenta mil hombres y una flota de más de cien barcos, entre los que se incluían siete portaviones, para proceder a la invasión terrestre. Nasser respondió hundiendo barcos comerciales en el canal, hasta un total de cuarenta, lo que convirtió a la región en intransitable hasta principios de 1957. Los bombardeos fueron seguidos por un despliegue de paracaidistas en Port Said que se ejecutó el día 5 de noviembre. Mientras tanto, aviones y buques ingleses y franceses intervinieron con intención de proteger el canal y atacaron Port Said y Port Fuad. A su vez, las tropas israelíes detuvieron su avance a dieciséis kilómetros al este de dicha vía de comunicación. Todas estas maniobras fueron por los Estados Unidos, lo que permitió a Nasser la nacionalización definitiva del canal el mismo día en que Israel completaba la conquista del Sinaí.

La jornada decisiva del conflicto fue el 4 de noviembre, momento en que los israelíes ocuparon todo el Sinaí (con excepción de la franja ribereña del canal), dejando al ejército egipcio de la zona totalmente desactivado. Al día siguiente, la ONU dispuso un alto el fuego.

Cada uno por sus propias razones, los Estados Unidos y la URSS estaban en contra de la intervención de la triple alianza en Egipto. Los soviéticos se habían convertido en uno de los principales aliados de Siria, y buscaban incrementar su popularidad en el mundo árabe. Los estadounidenses, por su parte, alegaron no haber sido informados de la invasión por sus aliados, y la Administración de Dwight Eisenhower pretendía demostrar al mundo que no permitiría esa clase de comportamientos por parte de sus aliados. Si se buscaba alguna clase de credibilidad, no se podía denunciar la intervención soviética en Hungría y al momento admitir lo que en el canal estaban llevando a cabo sus socios occidentales. El 30 de octubre de 1956, Estados Unidos llevó al Consejo de Seguridad una resolución que pedía la retirada israelí del Sinaí, aunque esta fue vetada por Francia y el Reino Unido. Los estadounidenses pasaron entonces a la amenaza económica, que se unió a una agresiva advertencia de la URSS —advertencia en la que se incluyó la posibilidad de usar modernas armas de destrucción contra Londres y París—. Tales avisos determinaron al fin el abandono del Sinaí por parte de las fuerzas anglofrancesas e israelíes.

La retirada de los tres aliados se completó a principios de 1957. Israel había conseguido sus objetivos principales de asegurar el paso libre de barcos en los estrechos de Tirán y el final de las incursiones guerrilleras dentro de su territorio. En este sentido, su acción había resultado muy positiva. Sin embargo, ni el Reino Unido ni Francia consiguieron evitar la nacionalización del canal de Suez. Circunstancia que les hizo perder influencia, a la vez que los Estados Unidos se convertían en pieza clave de la política en Oriente Medio. Para franceses y británicos, la retirada forzada de la guerra significó una desalentadora constatación de que ya no eran más que potencias subordinadas a los dos grandes poderes que proliferarían desde entonces: los Estados Unidos y la URSS. El primer ministro británico, Anthony Eden, presentó la dimisión por la participación de su país en la guerra, mientras que en Francia, Charles de Gaulle vio incrementada su desconfianza hacia los Estados Unidos. Nasser se alzó como el claro beneficiado de la guerra. Aunque militarmente solo obtuvo fracasos, desde el punto de vista político salió reforzado, ya que el canal continuó nacionalizado como propiedad del Estado egipcio. Ante los ojos de la opinión pública árabe, se había enfrentado al Reino Unido, a Francia y sobre todo a Israel, y había logrado mantenerse en el poder. Por ello, Nasser sería aclamado como un héroe en el mundo árabe.

El 29 de octubre, Israel invadió la franja de Gaza y la península del Sinaí, avanzando rápidamente hacia la zona del canal. Según lo previsto en el acuerdo, el Reino Unido y Francia se ofrecieron entonces a ocupar estas áreas y separar a las partes en lucha. Nasser rechazó la oferta, lo que dio a las potencias europeas un pretexto para una invasión conjunta, destinada a recuperar el control del canal y derrocar al régimen de Nasser. Para apoyar la invasión, una enorme fuerza aérea había sido desplazada a Chipre y Malta por británicos y franceses. Se emplearon además unos ochenta mil hombres y cerca de cien barcos.

El Reino Unido desplegó los portaviones Eagle, Albion y Bulwark, mientras que Francia envío el

Arromanches y el La Fayette. Además, los portaviones ligeros británicos Ocean y Theseu actuaron como plataforma de lanzamiento para el primer asalto helitransportado en la historia. El Reino Unido y Francia comenzaron a bombardear Egipto el 31 de octubre para obligarlo a reabrir el canal. Nasser respondió hundiendo los cuarenta barcos comerciales situados en él y cerrándolo en la práctica hasta principios de 1957.

El 5 de noviembre, el tercer batallón del regimiento de paracaidistas británico se lanzó sobre el aeródromo El Gamil, limpiando el área y estableciendo una base segura para los refuerzos y aviones que se aproximaban. Con las primeras luces del 6 de noviembre, el comando británico (unidades equivalentes al batallón) 42.º y 40.º de la tercera brigada de comandos de los royal marines atacó las playas con lanchas de desembarco de la Segunda Guerra Mundial. A su vez, las baterías de los buques de guerra realizaron fuego de cobertura, lo que causó daños considerables en las baterías egipcias. La ciudad de Port Said resultó seriamente afectada, y diversos edificios acabaron ardiendo.

Al día siguiente tuvo lugar el primer ataque a gran escala empleando helicópteros Bristol Sycamore y Westland Whirlwind, que, despegados desde el Ocean y el Theseus, permitieron, en solo noventa minutos, desembarcar en Port Said a cuatrocientos veinticinco hombres del comando 45 y más de veinte toneladas de equipo. No obstante, varios helicópteros fueron alcanzados por las baterías defensivas de las playas. Los royal marines encontraron también una fuerte resistencia, aunque lograron avanzar hacia el interior de la localidad. El fuego de aviones británicos causó a su vez pérdidas en el comando 45. Una vez en la ciudad, se produjeron combates en las calles, con diversas bajas entre los atacantes provocadas por francotiradores bien entrenados. No obstante, los egipcios se llevaron la peor parte.

La operación para tomar el canal resultó un éxito desde el punto de vista militar, pero se convirtió en un desastre político total debido a la aguda miopía de sus organizadores británicos, franceses e israelíes. Estados Unidos estaba lidiando también de forma simultánea con la crisis húngara, y tuvo que enfrentarse a tan embarazosa situación (especialmente a los ojos del tercer mundo) después de haber criticado la invasión soviética. Si rechazaba esta, también debía oponerse a las acciones de sus aliados europeos. Además, Estados Unidos también temía una ampliación del conflicto después de que la URSS amenazara con intervenir junto a Egipto y lanzara ataques con todo tipo de armas modernas de destrucción. Aunque no expresado de forma literal, quedaba claro que los soviéticos se referían a un ataque nuclear sobre Londres y París.

Estas consideraciones hicieron que la administración Eisenhower exigiera al Reino Unido y a Francia el cese de las hostilidades. Parte de la presión que Estados Unidos usó contra el Reino Unido fue financiera, ya que Eisenhower amenazó con vender reservas en libras esterlinas, lo que provocaría el colapso de la moneda británica. También se produjo un cierto deterioro de relaciones debido a las críticas de los primeros ministros de la Commonwealth (el indio Nehru, el canadiense St. Laurent y el australiano Menzies), en un momento en que el Reino Unido seguía considerando a dicho organismo como un elemento importante de su política exterior a la hora de conservar su estatus de potencia mundial.

El Gobierno británico y la libra esterlina acabaron bajo presión. El primer ministro Anthony Eden se vio obligado a dimitir, y las fuerzas invasoras se retiraron en marzo de 1957. Antes de que esto sucediera, Lester Pearson, ministro de Asuntos Exteriores canadiense, propuso a la ONU el envío de una fuerza de interposición a Suez para «mantener las fronteras en paz mientras se alcanza un acuerdo político». Las Naciones Unidas aceptaron con entusiasmo y se desplegaron cascos azules. Lester Pearson fue galardonado con el Premio Nobel de la Paz, en 1957, como reconocimiento a sus esfuerzos. Esta fuerza de interposición serviría posteriormente de ejemplo para las llamadas misiones de paz.

La renuncia de Eden marcó, al menos hasta la guerra de las Malvinas, el final del último intento de Gran Bretaña por establecer una política internacional que no precisara de la ayuda o la intervención de Estados Unidos. En cierto sentido, también marcó el final simbólico del Imperio británico, a pesar de que ya estuviera en declive incluso antes de la Segunda Guerra Mundial. La crisis también marcó la transferencia de poder a las nuevas superpotencias de los Estados Unidos y la Unión Soviética. En Francia, Charles de Gaulle vio incrementada su desconfianza hacia sus supuestos aliados estadounidenses. A su vez, Nasser se convirtió en el principal beneficiado de la guerra. Aunque militarmente solo obtuvo derrotas, desde el punto de vista político salió reforzado, ya que el canal se mantuvo nacionalizado en manos del Estado egipcio. Ante los ojos de la opinión pública árabe, se había enfrentado al Reino Unido, a Francia, y, sobre todo a Israel; y había logrado conservar el poder. Por ello, Nasser sería aclamado como un héroe en el mundo árabe.

El prestigio soviético, a pesar de la cruenta intervención en Hungría que le hizo perder credibilidad en Europa, aumentó en el tercer mundo. Suez significó el eclipse del colonialismo, un hecho que también benefició a los Estados Unidos, que vieron aumentado su liderazgo en el mundo y se convirtieron en el gendarme encargado de evitar la mutación del anticolonialismo en comunismo. China, en cambio, modelo adoptado por algunos

Caricatura de una revista británica publicada en noviembre de 1956, durante la crisis de Suez. La maestra (Eisenhower) hace copiar a sus discípulos (Francia, Reino Unidos e Israel) la frase «No debo abusar» bajo la mirada sonriente de Nasser. Mientras, el soviético Kruschev doblega a los húngaros sin que nadie se oponga.

países comunistas asiáticos, llegaría a acusar a la URSS de imperialista, lo que rompería la unidad del comunismo mantenida entre 1949 y 1959.

Con la desaparición del colonialismo surgieron nuevos Estados en los que se desarrollaron ideologías no tanto basadas en el rancio nacionalismo decimonónico que había conducido al imperialismo (y que mantenían anacrónicamente países dictatoriales como España o Portugal), un nacionalismo basado en el prestigio y la grandeza, sino más bien en la independencia política y económica. Sin embargo, sobre todo en África, las fronteras de esos nuevos estados siguieron siendo a menudo las mismas trazadas por las potencias coloniales, y surgían frecuentemente conflictos de tipo tribal o étnico. No podemos hablar aquí de Estados nación, sino de mosaicos difícilmente gobernables en los que pudieron instalarse, como por ejemplo sucedió en el antiguo Congo belga, nuevas formas de colonialismo (o, mejor dicho, neocolonialismo) exógeno.

Patrice Lumumba, primer ministro del Congo, víctima de la Guerra Fría

Patrice Lumumba nació en el territorio de Katako-Kombe en el Sankuru, colonia del Congo belga (después República Democrática del Congo) en 1925. En primer lugar estudió en una escuela católica dirigida por misioneros, donde destacó como alumno brillante, después pasó a una escuela protestante dirigida por suecos. Desempeñó diferentes trabajos, como empleado de una empresa minera en la provincia de Kivu hasta 1945 y como periodista en Léopoldville (después Kinshasa) y en Stanleyville (después Kisangani), donde escribió para diversos periódicos. En septiembre de 1954 le reconocieron el estatuto de *immatriculé* (es decir, 'registrado' por mérito cívico, un reconocimiento oficial por el que la administración colonial belga consideraba al indígena un *evolué* ('evolucionado'). En ese momento, dicho reconocimiento se había concedido a doscientas personas de un total de trece millones de habitantes.

En 1955, Lumumba creó la asociación APIC (Asociación de Pueblos Indígenas de la Colonia), y tuvo la oportunidad de entrevistarse con el rey Balduino I de Bélgica cuando este viajó por el Congo. El ministro para el Congo de la época, Auguste Buisseret, aspiraba a que la colonia evolucionara y, en particular, pretendía establecer en ella una escuela pública. Lumumba se unió así al movimiento liberal, junto con otros notables congoleños, con algunos de los cuales viajó a Bélgica por invitación de su primer ministro.

De regreso al Congo, reanudó la actividad política y se convirtió además en el gerente comercial de una cervecería. En ese momento, el Gobierno adoptó algunas medidas de liberalización y autorizó la existencia de sindicatos y partidos políticos. En 1958, durante la Exposición Universal de Bruselas, algunos congoleños fueron invitados a Bélgica. Lumumba participó y aprovechó el contacto con entornos anticoloniales. Al regresar a su país, el 5 de octubre de 1958 creó en Léopoldville el Movimiento Nacional Congoleño (MNC) y, como su representante, participó en la Conferencia Panafricana de Accra. De vuelta a casa, reunió a más de diez mil personas para exponer las decisiones de la conferencia y reclamar la independencia del Congo.

Aunque los pasos dados desde octubre de 1959 no presagiaban la independencia del Congo, Bélgica se la concedió el 30 de junio de 1960. Anteriormente a esta fecha, el MNC y otros partidos independientes organizaron una reunión en Stanleyville, en estos momentos Lumumba tenía un fuerte apoyo popular, por lo que las autoridades belgas quisieron aislarlo lo que dio lugar a incidentes que causaron una treintena de muertes. El 21 de enero de 1960 Lumumba fue arrestado, juzgado y sentenciado a seis meses de prisión. Paralelamente, las autoridades belgas se reunieron con los independentistas, entre ellos Lumumba, quien fue liberado el 26 de enero. Como ya hemos comentado, estos movimientos desembocaron en la independencia del Congo belga.

El MNC (después MNCL, Movimiento Congoleño de Liberación Nacional) ganó con sus aliados las elecciones celebradas en mayo, y el 23 de junio de 1960 Patrice Émery Lumumba se convertía en primer ministro de la República Democrática del Congo. Pero las autoridades belgas (y especialmente las compañías mineras) no pensaron en una independencia completa del país, y de hecho lograron mantener una gran parte de la administración y los cuadros del ejército bajo su mando. En consecuencia, Lumumba desafió a la antigua potencia colonial ordenando la africanización del ejército.

Bélgica respondió enviando tropas a la región minera de Katanga y apoyando la secesión de dicha región dirigida por Mosè Kapenda Tschombe. A pesar de la intervención de Naciones Unidas (apenas destacable), y tras la negativa de ayuda estadounidense y belga, Lumumba obtuvo apoyo de la URSS, con lo que el conflicto se recrudeció al convertirse en un episodio más de la Guerra Fría. En septiembre, el presidente de la república Joseph Kasa-Vubu revocó a Lumumba y a otros ministros nacionalistas. Lumumba declaró que permanecería en el cargo y, a petición suya, el parlamento; absuelto a su vez, revocó al presidente Kasa-Vubu. La política de Lumumba era anticolonial, antiimperialista y encaminada a disminuir el poder y la influencia de las tribus. También aspiraba a lograr la plena soberanía del país y una mayor justicia social. En diciembre, el general Joseph Désiré Mobutu sucedió a Kasa-Vubu después de un golpe de Estado, arrestó a Lumumba cuando intentaba cruzar el río Sankuru y lo trasladó al campo militar de Thysville.

El 17 de enero de 1961, Lumumba y sus dos fieles (el ministro de Juventud y Deportes Maurice Mpolo y el vicepresidente del senado Joseph Okito) fueron trasladados en avión hasta Elisabethville (la actual Lubumbashi), capital de Katanga, donde les aguardaban sus enemigos. Fueron ejecutados esa misma noche en presencia de Tshombe, Munongo, Kimba y otros ministros sectarios de Katanga. Al día siguiente, los cuerpos de las víctimas fueron despedazados y hechos desaparecer con ácido. Muchos de los seguidores de Lumumba serían ejecutados en los días siguientes, aparentemente con la participación de mercenarios belgas.

Lumumba fue considerado un gran defensor de la libertad de su pueblo por toda la comunidad de países no alineados y por numerosos exponentes políticos (como el Che Guevara, que protestó enérgicamente por su asesinato). Curiosamente, fue el general Mobutu, el hombre que lo entregó a sus verdugos, quien lo consagró como héroe nacional en 1966.

Se ha cuestionado mucho el papel de las potencias occidentales, especialmente los Estados Unidos, en la muerte de Lumumba. Los estadounidenses temían la intervención soviética en el nuevo país. Hoy se sabe que la CIA ayudó económicamente a los oponentes de Lumumba y proporcionó armas a Mobutu. El Gobierno belga reconoció en 2002 su responsabilidad en los eventos que llevaron a la muerte de Lumumba. El general Gerard Soete describió cómo fue asesinado a manos de sus hombres: «Le disparamos a Lumumba por la tarde», manifestó Soete ante la comisión parlamentaria belga responsable de las investigaciones cuarenta años después del asesinato. Y continuó declarando:

> Luego regresé por la noche con otro soldado, porque los cadáveres todavía se encontraban allí donde habían sido ejecutados. Tomamos el ácido usado para las baterías de los automóviles, descargamos

> los cuerpos, los cortamos en pedazos y luego los disolvimos en un barril, haciendo todo deprisa para que nadie nos viera.

Por su parte, Estados Unidos, a través de su departamento de Estado, en enero de 2014 reconoció su implicación en el derrocamiento y asesinato de Lumumba mediante la publicación de un nuevo volumen de la historia de su diplomacia, que aportaba numerosa documentación sobre sus actividades secretas. Uno de los implicados en estos hechos fue el agente de la CIA en el Congo, Frank Carlucci.

Mientras las superpotencias se enfrentaban en las periferias de un planeta que, desde el punto de vista de la seguridad, parecía no tener periferias, en Bandung (Indonesia) se celebraba entre el 12 y el 24 de abril de 1955 una conferencia de neutralistas y anticolonialistas. Participaron veintinueve países de África y Asia, antiguos y nuevos (Liberia, Costa de Oro, Libia, Egipto, Sudán, Etiopía, Egipto, Yemen, Arabia Saudita, Jordania, Líbano, Siria, Irak, Turquía, Irán, Afganistán, Pakistán, India, Nepal, Ceilán, Vietnam del Norte, Vietnam del Sur, Birmania, Tailandia, Laos, Camboya, Indonesia, China popular y Japón), que dieron origen al Movimiento de Países No Alineados aun estando presentes Estados perfectamente alineados como Japón, Pakistán o Irán (proestadounidenses) o China (entonces prosoviética). Después de muchas discusiones, se llegó a una condena del colonialismo *en todas sus formas*, dando a entender con ello que también se incluía en el rechazo, con la firma de China y Vietnam del Norte, al hegemonismo soviético.

Después de Bandung se produjo un torbellino diplomático intensísimo. El líder comunista vietnamita Hô Chí Minh se dirigió primero a Pekín y luego a Moscú (una secuencia que se tuvo muy en cuenta por

17 de enero de 1961. Lumumba, tras aterrizar en el aeropuerto de Elisabethville, prisionero de los soldados katangueños. Le quedan pocas horas de vida. A la derecha, su ministro Joseph Okito, asesinado junto a Lumumba.

su significado). El primer ministro indio Nehru visitó las principales capitales del planeta. De todo ello sacó ventaja la URSS, a pesar de haber sido incluida entre las potencias coloniales y hegemónicas, llegando entonces a alcanzar uno de sus momentos de mayor prestigio. Un prestigio que se iría perdiendo con la intervención en Hungría y la posterior rotura con China. La complejidad política del mundo, junto a las enormes diferencias económicas y de nivel de vida entre las diversas áreas (fue entonces cuando el concepto de tercer mundo adquirió su carácter de equidistante entre los dos bloques, así como sinónimo de retraso y pobreza), no podían ser controladas por un exclusivo duopolio soviético-estadounidense. Brotes de extrema tensión surgían en Oriente Próximo y Medio (Israel vivió en veinticinco años cuatro guerras contra diversos países árabes; en Irán, la CIA tuvo que intervenir para derrocar en 1953 al primer ministro nacionalista Mohammad Mosaddeq; en 1958, marines estadounidenses intervinieron en la guerra civil libanesa) y en la península de Indochina, donde los franceses son sustituidos por los estadounidenses. Debemos recordar que hubo también conflictos entre la India y Pakistán, entre la India y China, entre China y Taiwán, y que en el mundo subsahariano y norteafricano se produjeron grandes cambios de todo tipo, que influyeron en la toma de posiciones de ambas superpotencias.

REFORZAMIENTO DE ALIANZAS, DISTENSIÓN Y *ROLL-BACK*

Numerosos fueron, en un mundo fundado en el bipolarismo, los sistemas de alianzas que, cómplices con la Guerra Fría y otros conflictos colaterales, se fueron estableciendo a lo largo de toda esta etapa. Al Tratado Interamericano de Ayuda Mutua, la OTAN, el Pacto de Varsovia y la Seato debemos añadir la creación de la Organización de Estados Americanos (OEA, 1948), el pacto del Pacífico (1951, firmado por Estados Unidos, Australia y Nueva Zelanda), la Organización del Tratado Central (1955, firmado por Reino Unido, Irán, Pakistán, Turquía e Irak), el Pacto Balcánico (1953, firmado por Yugoslavia, Grecia y Turquía, una suerte de barrera a la política expansionista de la URSS en la región) y la Liga Árabe (1945, firmado originalmente por siete estados contrarios a la creación del Estado de Israel). En cuanto a los diversos pactos bilaterales de este período debemos mencionar los establecidos entre Estados Unidos y España el 26 de septiembre de 1953 (llamados Pactos de Madrid). Según estos, se instalarían en territorio español cuatro bases militares (tres aéreas y otra aeronaval) estadounidenses a cambio de ayuda económica y militar, convirtiendo el espacio aéreo hispano en zona de paso de aparatos americanos cargados de bombas nucleares.

Las bombas de Palomares (Almería)

El accidente de Palomares tuvo lugar el 17 de enero de 1966, cuando un bombardero B-52G del Comando Aéreo Estratégico de la Fuerza Aérea de los Estados Unidos chocó con un avión cisterna KC-135 durante el reabastecimiento en pleno vuelo, a 9450 metros de altura sobre el mar Mediterráneo y frente a la costa de España. El KC-135 quedó completamente destruido cuando su carga de combustible se incendió, provocando la muerte de los cuatro miembros de la tripulación. El B-52G se despegó a causa de la explosión, muriendo tres de sus siete tripulantes.

De las cuatro bombas de hidrógeno tipo Mk28 que portaba el B-52G, se encontraron tres en tierra, cerca del pequeño pueblo pesquero de Palomares, en el municipio almeriense de Cuevas del Almanzora. Los detonantes no nucleares de dos de las bombas explotaron al impactar contra el suelo, lo que provocó la expansión de radiactividad por plutonio en un área de 2 km^2. El cuarto artefacto cayó al mar y se recuperó prácticamente intacto tras una búsqueda que duró dos meses y medio.

¿Cómo comenzó todo? El B-52G había iniciado su misión desde la base Seymour Johnson de la Air Force, en Carolina del Norte, portando las cuatro bombas de hidrógeno de tipo B28RI (originalmente llamadas Mk28) en una misión de alerta aérea típica de la Guerra Fría llamada Operation Chrome Dome. El plan de vuelo condujo al avión hacia el este a través del océano Atlántico y el mar Mediterráneo hasta alcanzar las fronteras europeas de la Unión Soviética antes de regresar a casa. El largo vuelo requirió dos repostajes en el aire sobre cielo español.

Aproximadamente a las 10:30 a. m. del 17 de enero de 1966, mientras volaba a 9450 metros, el bombardero comenzó su segundo repostaje aéreo con un KC-135 despegado de la base aérea de Morón de la Frontera (Sevilla). Los aviones colisionaron y se produjo una explosión que incendió la nave nodriza. Cuatro de los siete tripulantes del bombardero lograron saltar en paracaídas, cayendo uno en tierra y tres en el mar. Todos fueron rescatados por habitantes de la zona, entre ellos el dueño del pesquero Agustín y Rosa, un pescador de Águilas (Murcia) llamado Francisco Simó Orts (luego conocido como Paco el de la Bomba).

El avión y las bombas de hidrógeno cayeron en tierra cerca del pueblo pesquero de Palomares. Tres de los artefactos fueron localizados a las veinticuatro horas del accidente, dos de ellos después de explosionar sus detonantes y extender la radiación. El tercero se encontró relativamente intacto sobre el lecho de un río. La cuarta arma no se pudo encontrar a pesar de una búsqueda intensiva del área; la única parte que se recuperó fue la placa de la cola del paracaídas, lo que llevó a rastreadores a suponer que el paracaídas de la bomba había logrado despegarse y que el viento lo había empujado hasta el mar. Durante las primeras etapas de su recuperación después del accidente, la 66.ª ala de reconocimiento táctico, que volaba desde la base la Upper Heyford (cerca de Oxford), proporcionó fotografías aéreas destinadas a ayudar en la operación de recuperación y a documentar el lugar del accidente. La búsqueda de la cuarta bomba se llevó a cabo mediante un novedoso método matemático expuesto por el doctor Craven, consistente en una ecuación de probabilidades aplicadas a cuadrículas de mapas, basándose en este caso en las observaciones de Paco el de la Bomba, que siempre afirmó haber visto caer el artefacto en el mar.

La Marina estadounidense desplegó por la zona diversos buques, sumergibles y buzos cualificados, hasta que uno de los sumergibles descubrió la bomba el 17 de marzo. El artefacto se perdió cuando intentaba ser sacado a superficie, hasta que volvió a ser localizado, el 2 de abril, a ochocientos ochenta metros de profundidad. Cinco días después, un vehículo de recuperación de torpedos no tripulado tipo CURV-I se enredó en el paracaídas del arma mientras intentaba asirla. Al final, tuvieron que ser dos buzos los que colocaran cables a la bomba para poder izarla.

El mismo día del accidente, a las 10:40 a. m. era ya conocido el hecho en el puesto de mando de la Decimosexta Fuerza Aérea estadounidense. El presidente Lyndon B. Johnson fue informado por primera vez de la situación en su informe matutino el mismo día del accidente. El comandante americano de la base naval estadounidense de Torrejón de Ardoz (Madrid), el general de división Delmar E. Wilson, viajó de inmediato al lugar del accidente con un equipo de control de desastres. El mismo día se envió más personal de la Fuerza Aérea, incluidos expertos nucleares de los laboratorios del Gobierno de Estados Unidos. En la zona se detectó una nube radiactiva provocada por el incendio de plutonio pirofórico, extendida por unas doscientas sesenta hectáreas donde había áreas residenciales, tierras de cultivo (especialmente campos de tomates) y bosques.

Para desactivar la alarma de contaminación, el 8 de marzo el ministro español de Información y Turismo,

Manuel Fraga Iribarne, y el embajador de los Estados Unidos, Angier Biddle Duke, se bañaron en las playas próximas frente a la prensa. Primero fue el embajador y algunos acompañantes, que lo hicieron en Mojácar. Más tarde, Duke y Fraga se bañaron en la playa de Quitapellejos, junto a Palomares. Los periodistas enviados a la escena del accidente cubrieron manifestaciones airadas de los residentes locales. El 25 de enero, como concesión diplomática, Estados Unidos anunció que su fuerza aérea ya no volaría sobre España portando armas nucleares, y el 29 de enero el Gobierno español prohibió formalmente los vuelos estadounidenses sobre su territorio que transportaran tales armas. Algo que, siempre se ha sabido, nunca se cumplió.

El 4 de febrero se produjo una protesta de seiscientas personas frente a la embajada de los Estados Unidos en España. La duquesa de Medina Sidonia, Luisa Isabel Álvarez de Toledo (conocida como la Duquesa Roja por su activismo comunista), promotora de estas protestas, finalmente fue sentenciada a trece meses de prisión.

El personal estadounidense llevó a cabo una enorme tarea de limpieza, transportando en 4818 bidones hasta 1400 toneladas de tierra y tomateras, destinadas al centro de procesamiento de Savannah River (Carolina del Sur). A pesar del costo (ochenta millones de dólares) y la cantidad de personal involucrado en la limpieza, cuarenta años después quedaban rastros de la contaminación. De hecho, se detectó en los caracoles niveles inusuales de radiactividad. Las autoridades franquistas, bajo presión del Gobierno estadounidense, mantuvieron secretos los informes de monitorización médica hasta que el gobierno socialista los desclasificó finalmente en 1986. Aproximadamente el 29 % de la población de Palomares presentaba trazas de plutonio radiactivo en su organismo.

Podemos encontrar un hecho parecido en Groenlandia, que sucedió el 21 de enero de 1968, en la base aérea de Thule. Aquí lo que ocurrió fue un accidente en la pista que provocó el incendio y explosión de un bombardero B-52, el cual, como en Palomares, incorporaba cuatro bombas B28. Son conocidos informes relativos a los trastornos asociados a la radiactividad, como la esterilidad; también es sabido que la tasa de cáncer entre los trabajadores que realizaron la limpieza era de un 50 % superior a la de la población general.

En 2004, un estudio reveló que aún se apreciaba una cierta contaminación significativa en algunas áreas, y el Gobierno español posteriormente expropió algunas parcelas que de otro modo habrían sido destinadas a uso agrícola o construcción de viviendas. A principios de octubre de 2006, los Gobiernos español y estadounidense acordaron descontaminar las áreas restantes y compartir la carga de trabajo y los costos, ya que primero debe determinarse en qué medida ha ocurrido la lixiviación del plutonio cuarenta años después del incidente. En agosto de 2010, una fuente del Gobierno español reveló que Estados Unidos había suspendido los pagos anuales, ya que el acuerdo bilateral vigente desde el accidente había expirado el año anterior. El 19 de octubre de 2015, España y Estados Unidos firmaron un acuerdo para seguir trabajando en la limpieza y eliminación de tierras contaminadas por radiactividad. Bajo una declaración de intenciones firmada por el ministro español de Asuntos Exteriores, José Manuel García-Margallo y Marfil, y el secretario de Estado de Estados Unidos, John Kerry, los dos países debían negociar un acuerdo vinculante para restaurar y limpiar Palomares y organizar la eliminación del suelo contaminado.

Las carcasas vacías de dos de las bombas involucradas en este incidente se exhiben actualmente en el Museo Nacional de Ciencia e Historia Nuclear en Albuquerque, Nuevo México.

En 1951 se inició, además, con la constitución de la Comunidad Económica del Carbón y del Acero (CECA), el proceso de integración y unidad de Europa, continuado, a través de diversas etapas y del aumento de sus miembros, con el Tratado de Roma de 1957, las primeras elecciones mediante sufragio universal al parlamento europeo en 1979, la firma del tratado de Maastricht en 1992 y la implantación definitiva de la moneda única (el euro) en 2002.

El deshielo y el denominado *roll-back* se encontraron pronto destinados a coexistir, como dos hermanos inseparables aunque enemigos, aunque no de una manera completamente pacífica. En diversas ocasiones, a partir de 1957, se produjeron encuentros destinados a la suspensión de los experimentos nucleares. A menudo se empleó entonces la palabra desarme. En cuanto al *roll-back*, ya antes de la muerte de Foster Dulles (1959) se convirtió en una suerte de contención globalizada e intervencionista en las zonas de riesgo. En julio de 1958, por ejemplo, los marines estadounidenses desembarcaron en el Líbano, tal como hemos adelantado, para defender al gobierno conservador cristiano de Camille Chaumon, amenazado por los musulmanes. Tras la intervención, que duró tres meses, el primer ministro musulmán Rashid Karami formó un gobierno de reconciliación nacional que daría por finalizada la crisis. Una acción análoga la efectuaron los británicos en ese mismo mes en Jordania para defender al rey Hussein I del extremismo nacionalista árabe. Todo

El ministro español Fraga Iribarne y el embajador estadounidense Angier Biddle Duke (a la derecha de Fraga) se bañan en Palomares el 8 de marzo de 1966

ello era consecuencia de la ayuda soviética prestada al Egipto de Nasser tras la crisis de Suez, y que permitió construir la presa de Asuán. Una ayuda que se extendió a Siria y a Irak, por lo que el temor a la extensión del comunismo en la zona se hizo cada vez más patente. Años más tarde, el temor se vio confirmado cuando, en 1969, llegó al poder en Yemen del Sur un gobierno marxista-leninista. En América central y meridional, las intervenciones estadounidenses fueron frecuentes. En 1954, la CIA ayudó a expulsar del poder al presidente izquierdista guatemalteco Jacobo Árbenz, empeñado en atacar los monopolios fruteros estadounidenses en el país. Cuba se había convertido de facto en un satélite estadounidense cuando en 1959 triunfó la guerrilla de Fidel Castro, con lo que provocó un vuelco en la actividad política de la región.

Cuba

Lo sucedido en Cuba a comienzos de los 60 constituyó una muestra de ese intervencionismo estadounidense, en este caso fracasado, encaminado a evitar la expansión del comunismo.

El 10 de marzo de 1952 fue derrocado el presidente Carlos Prío Socarrás tras el golpe de Estado dado por Fulgencio Batista. Estados Unidos no tardó en reconocer este nuevo Gobierno. Las primeras acciones emprendidas por Batista fueron suspender el legislativo cubano, el cual entregó al consejo de ministros; la abolición del derecho a huelga; la restauración de la pena de muerte y la suspensión de las garantías constitucionales. La población del país, esperanzada con que Batista diera estabilidad y acabara con la corrupción y la violencia, aceptó de alguna manera el golpe. Sin embargo, el dictador orquestó un feroz control sobre los sindicatos y el ejército, reprimiendo todas las protestas. Las inversiones estadounidenses y el florecimiento del turismo permitieron no obstante cierta prosperidad nunca conocida hasta entonces, pero la crisis económica de los años 50, la corrupción de Batista y las relaciones que el dictador tuvo con la mafia hicieron crecer la oposición al régimen, especialmente entre los sectores más pobres de la población. Según el economista británico Dudley Seers, en 1958, la situación era «intolerable»:

> Lo que era intolerable —afirma Seers— era una tasa de desempleo tres veces superior a la de los Estados Unidos. Por otro lado, en el campo, las

> condiciones sociales eran malas. Alrededor de un tercio de la nación vivía de la tierra, comiendo arroz, frijoles, plátanos y verduras (rara vez carne, pescado, huevos o leche), viviendo en cabañas, a menudo sin electricidad o inodoro, víctima de enfermedades parasitarias y no se beneficiaba de un servicio de salud. Además, le fue negada la instrucción (los chicos acudían a la escuela un año como máximo).

Durante dos años, desde 1956 a 1958, el Movimiento 26 de Julio, de ideología nacionalista y democrática, encabezado por Fidel Castro, lideró la resistencia contra la represión de Batista a través de una guerra de guerrillas urbanas y rurales que culminó con la derrota definitiva del régimen dictatorial a manos de los rebeldes, dirigidos por el argentino Ernesto Che Guevara en la batalla de Santa Clara, librada el día de Año Nuevo de 1959. Batista huyó de inmediato de la isla con todo el dinero que había acumulado. El 3 de enero, La Habana caía en manos de los insurgentes. Cuatro días más tarde, y como prueba de que lo que sucedió posteriormente no fue decidido de antemano, Estados Unidos reconocía al nuevo régimen.

Castro se dirigió en abril a Washington para solicitar ayuda destinada al desarrollo económico de la isla. Sin embargo, no recibió la respuesta esperada. El 4 de junio se aprobó una reforma agraria radical que preveía la expropiación de las grandes propiedades estadounidenses, lo que provocó el endurecimiento de las relaciones con Estados Unidos. La cronología de los hechos demuestra que la oposición al régimen castrista se hizo primero desde una perspectiva conservadora, y posteriormente se transformó en una posición anticomunista. El 13 de febrero de 1960, y después de una visita a la isla del diplomático soviético Anastas Mikoyán, se llegó a un acuerdo comercial con la URSS. El 3 de enero de 1961, en una evolución al principio impredecible, Estados Unidos rompía relaciones con La Habana.

El 15 de abril de ese mismo año, ya bajo la presidencia del demócrata John F. Kennedy, comenzaba la desastrosa operación de *roll-back*, encaminada a derrocar al Gobierno de Fidel Castro por parte de cubanos contrarios a su régimen y apoyada en secreto por Estados Unidos. Su acción más conocida fue el desembarco, dos días después, de unos mil quinientos cubanos entrenados en Guatemala. Fue un rotundo fracaso que sirvió a Fidel Castro para denunciar la participación e incluso instigación estadounidense para que se llevara a cabo el ataque.

En febrero de 1962, y a instancias de los Estados Unidos, Cuba fue expulsada de la Organización de Estados Americanos. En agosto, tras iniciar una campaña de colectivizaciones, Fidel Castro se declaró marxista-leninista y aliado de la URSS.

En octubre estalló la crisis de los misiles. El día 14, un avión espía de Estados Unidos del tipo U-2 descubría una base de lanzamiento de misiles soviéticos en la localidad cubana de San Cristóbal. Ignorando a sus asesores militares, que pedían una intervención directa armada en la isla —no podían admitir una amenaza tan directa contra su país—, el presidente Kennedy, con el claro apoyo de sus aliados occidentales, tomó el día 22 una medida de cierta dureza. Consistió en establecer una cuarentena defensiva, es decir, un bloqueo de la isla, desplegando unidades navales y aviones de combate en torno a Cuba. Si los navíos soviéticos intentaban forzar el bloqueo, el conflicto armado entre las dos superpotencias parecía inevitable. Fue el momento de la Guerra Fría en que más cerca se estuvo del enfrentamiento directo entre la URSS y Estados Unidos y de la hecatombe nuclear. Finalmente, después de negociaciones secretas, Kruschev lanzó una propuesta que fue aceptada por Kennedy: la

URSS retiraría sus misiles de Cuba a cambio del compromiso estadounidense de no invadir la isla, además de la retirada de los misiles Júpiter que Estados Unidos mantenía desplegados en Turquía. El mes siguiente, la URSS desmontaba y repatriaba su material bélico ofensivo y Estados Unidos levantaba el bloqueo. Kruschev quedaba, no obstante, en mala posición frente a los halcones del Kremlin y el propio Castro, que lo acusaron de mostrar debilidad.

Para Estados Unidos, que se consideró vencedora de la crisis, la presencia en Cuba de un Gobierno filosoviético le obligó en los años posteriores a mostrarse más intransigente en lo que al continente americano se refería. La presencia de la CIA y la lucha contra la subversión guerrillera le empujaron a apoyar a crueles dictaduras como la boliviana de René Barrientos. Precisamente luchando contra este dictador terminó sus días Che Guevara, capturado y asesinado por las tropas de Barrientos el 9 de octubre de 1967, con el visto bueno de los servicios de información estadounidenses. El Che se convertiría en un mito de la lucha frente al imperialismo estadounidense en América.

La rápida solución de la crisis mostró la eficacia de la estrategia de la disuasión (la amenaza del holocausto nuclear frenó las iniciativas aventureras de los dos grandes) y la importancia del diálogo ente las dos superpotencias. Un año después se instaló la comunicación directa entre la Casa Blanca y el Kremlin, destinada a superar con más eficacia cualquier crisis o malentendido. Fue el llamado teléfono rojo. Tras la crisis de Cuba, la coexistencia pacífica tomó plenamente carta de realidad. La coexistencia entre los bloques se compatibilizaba con la cohesión interna en ellos. Por un lado, el primer ministro conservador británico Harold Macmillan y el presidente francés De Gaulle no dudaron en apoyar incondicionalmente a Kennedy. Por otro, la Cuba de Castro se convirtió en un fiel aliado de Moscú, a cuyos intereses expansionistas iba a servir en los años setenta enviando cuerpos militares expedicionarios a Angola, Mozambique o Etiopía.

Vasili Arkhipov, el hombre que salvó al mundo

Vasili Aleksándrovich Arkhipov, un oficial naval de la URSS, evitó el lanzamiento de un torpedo nuclear durante la crisis de los misiles en Cuba, con lo que consiguió parar una posible guerra nuclear. Este hecho fue sacado a la luz en 2002 por Thomas S. Blanton, director del Archivo Nacional de Seguridad de Estados Unidos. Contamos a continuación los antecedentes del hecho y cómo se desarrolló.

Arkhipov, que proviene de una familia de campesinos en Orekhovo-Zuyevsky, estudió en la Academia Naval del Pacífico y participó en la guerra soviético-japonesa en agosto de 1945, donde sirvió a bordo de un dragaminas. Más tarde, fue trasladado a la Escuela Naval Caspio y se graduó en 1947.

En julio de 1961, Arkhipov fue nombrado segundo comandante del nuevo modelo de submarino K-19. Después de unos días de ejercicios militares en la costa de Groenlandia, la nave tuvo una fuga extrema en el sistema de refrigeración de su reactor nuclear, lo que condujo a un fallo del sistema de refrigeración. Las comunicaciones de radio también fueron afectadas y la tripulación no logró hacer contacto con Moscú. Gracias a una copia de seguridad de los sistemas, el comandante Zateyev ordenó que los siete miembros del equipo de ingeniería de la tripulación intentasen evitar una explosión nuclear. Esto exigió que los hombres trabajasen bajo altos niveles de radiación durante períodos prolongados, aunque gracias a su esfuerzo lograron habilitar un sistema de refrigeración secundario e impedir el colapso del reactor. Sin embargo, todos, incluido Arkhipov, acabaron contaminados, y fueron varios los que fallecieron en los dos años siguientes.

El 27 de octubre de 1962, en plena crisis de los misiles de Cuba, un grupo de once destructores americanos y el portaviones Randolph se toparon cerca de la costa de Cuba con el submarino soviético B-59, de la clase Foxtrot, armado con armas nucleares. A pesar de estar en aguas internacionales, los barcos estadounidenses comenzaron a lanzar cargas de profundidad, explosivos diseñados para forzar al emerger e identificarse. Incapaz de contactar con Moscú, el capitán del submarino, Valentin Savitsky Grigorievitch, supuso que la guerra podría haber comenzado, y por ello debía responder lanzando un torpedo nuclear.

Según el reglamento de submarinos de la URSS, los tres oficiales a bordo del B-59 tenían que estar de acuerdo por unanimidad con dicha decisión. Eran el capitán Savitsky, el comisario político Iván Semonovich Maslennikov y Arkhipov, el segundo comandante. Este rechazó el lanzamiento, y a pesar de ser solo el segundo de a bordo, mandaba no obstante sobre la flotilla de submarinos soviéticos de la zona, de ahí que su decisión fuera la que prevaleció. Además, su reputación era alta, después de lo acontecido el año anterior. El submarino emergió y regresó a la URSS.

Como vemos, el equilibrio de fuerzas estuvo a punto de romperse, y el comienzo de una guerra nuclear estuvo más cerca de lo que la gente creía, hecho destacado en la conferencia conmemorativa del cuadragésimo aniversario de la crisis de los misiles de Cuba (La Habana, 13 de

Submarino soviético de la clase Foxtrot. En uno similar navegaba el oficial Arkhipov durante la crisis de octubre de 1962.

octubre de 2002), por Robert McNamara, secretario de Defensa durante la crisis. En la misma conferencia conmemorativa Thomas S. Blanton afirmó: «Un tipo llamado Vasili Arjipov salvó al mundo». Vasili había fallecido tres años antes.

En el libro publicado ese mismo año (2002) titulado Kubinskaya Samba Kvarteta Fokstrotov ('Samba cubana del cuarteto Foxtrot'), escrito por Aleksandr Mozgovoy, aparece un testimonio del comandante retirado Vadim Pavlovich Orlov, participante en el incidente, quien presenta de forma menos dramática lo sucedido afirmando que el comandante Savitsky perdió momentáneamente la cabeza, aunque no tardó en calmarse y entrar en razón.

Arkhipov continuó sirviendo en la marina soviética como comandante de submarinos. Fue ascendido a contralmirante en 1975 y se convirtió en jefe de la Academia Naval de Kirov. En 1981 llegó a vicealmirante, retirándose pocos años después. Más tarde se

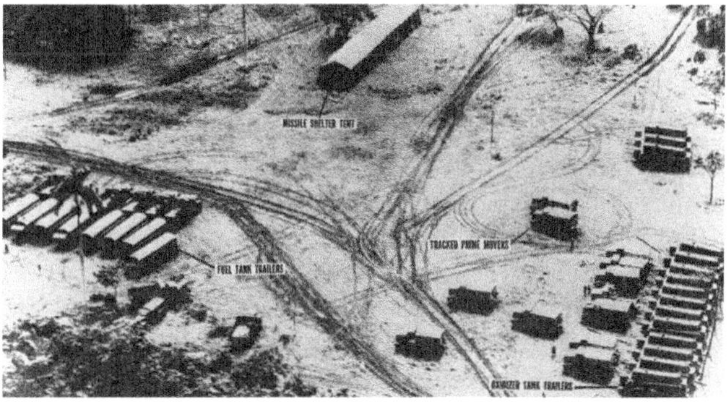

Una de las fotos que provocó la crisis, en la que se observan los camiones con las rampas de lanzamiento y el almacén donde se guardaban los misiles. A mediados de 1962 un avión espía estadounidense, el U-2, sobrevoló Cuba realizando fotografías, fue así como se conoció la instalación del misil balístico de alcance medio R-6 soviético. Analistas de la CIA alertaron al presidente John F. Kennedy que las estructuras fotografiadas en la isla parecían instalaciones de misiles tácticos aún no operativas, pero que lo estarían en poco tiempo. Esto preocupó, y mucho, al Gobierno estadounidense. Para entender esta preocupación hay que destacar el dato de que apenas doscientos kilómetros separan Estados Unidos de Cuba (en concreto la península de Florida). Esta era una distancia que se consideraba fácilmente superable por los misiles soviéticos, por lo tanto dejaba sin capacidad de respuesta ante un inminente ataque a Estados Unidos, temor que se constató el 14 de octubre, momento en el que se inicia la crisis.

estableció en Kupavna (región de Moscú desde 2004), donde murió el 19 de agosto de 1998. Al parecer, la radiación sufrida en 1961 contribuyó a su muerte. Nikolai Vladimirovich Zateyev, el comandante del submarino K-19 en el momento del incidente, falleció nueve días después, el 28 de agosto de 1998. Tanto Arkhipov como Zateyev tenían 72 años en el momento de sus muertes.

Ruptura en el comunismo

El caso de Cuba demuestra que cuando más concreta parecía la esperanza de paz, derivada de la puesta en marcha de la coexistencia pacífica, saltó la chispa que pudo llevar al mundo a la destrucción. Durante el quinquenio 1957-1962 no fue este el único momento en que hubo improvisados riesgos de guerra. En diversas circunstancias, las tensiones alcanzaron su máximo grado, de ahí que, a la vez que se hablaba de distensión, a estos años también se les denominaría «los años de la crisis».

Pensemos en primer lugar en el bombardeo chino de las islas de Quemoy. A finales de agosto de 1958, naves de la China comunista dispararon contra las islas Quemoy y Matsu, ocupadas por las fuerzas de Taiwán. Incluso los soviéticos se mostraron alarmados. Las tropas de la república de China en Quemoy se atrincheraron y luego devolvieron el fuego. En el intenso tiroteo, aproximadamente dos mil quinientos soldados de Taiwán y unos doscientos soldados comunistas murieron. Los Estados Unidos tuvieron que desplegar naves de la séptima flota en apoyo de su aliado, en una crisis que se alargó cerca de un mes. En octubre, el Gobierno de Mao, y ante la presión estadounidense, declaró dejar para el futuro la conquista militar de la China nacionalista.

Al año siguiente estalló la crisis entre China y la URSS por la cuestión del programa atómico. El estallido de la guerra de Corea en 1950 ya había forzado el acercamiento entre los Gobiernos de Pekín y Moscú, de forma que para la campaña coreana China proporcionaría tropas, mientras que la URSS aportó armamento y asesores militares (o directamente personal de aviación de combate). Desde 1954, los soviéticos empezaron también a remitir a gran escala ayuda financiera y económica a China, considerando que debido al atraso tecnológico e industrial de China, este sería un terreno fértil para asentar firmemente la influencia soviética en el país. La URSS llegó a gastar un 7 % de sus ingresos nacionales entre 1954 y 1959 para ayudar al desarrollo de China. La asistencia se extendió así a las industrias, la agricultura y las fuerzas armadas, con presencia de varios miles de soviéticos enviados como asesores técnicos, administrativos y militares en China. Tras la muerte de Stalin, ambos países mantuvieron su alianza internacional, y en 1954 dieron su apoyo a Vietnam del Norte en la conferencia de Ginebra celebrada para pacificar Indochina. No obstante, cuando en febrero de 1956 Nikita Kruschev emitió su tantas veces mencionado discurso secreto condenando al régimen de Stalin y sus políticas, Mao Zedong reaccionó agriamente debido a la fuerte adhesión que este había mostrado hacia el estalinismo. A su vez, cuando Kruschev restauró las relaciones diplomáticas con Yugoslavia, el Gobierno de Mao Zedong tampoco aceptó tal decisión. Y cuando Kruschev formuló la necesidad de una coexistencia pacífica con el mundo occidental, tal fórmula irritó a Mao, para quien la lucha del comunismo contra el capitalismo hasta el aplastamiento de este último constituía un principio ideológico esencial. Así, Mao empezaba a ver a su país como el nuevo referente mundial de la firmeza comunista ante el enemigo, por lo que China debía abandonar a una Unión Soviética que traicionaba a la causa ideológica. Precisamente fue este creciente enfrentamiento ideológico el que conduciría a la URSS a cancelar su intención de ayudar a China en el proyecto destinado a lograr el armamento nuclear. En el año 1958, Kruschev rehusó apoyar las acciones militares del ejército popular chino en Taiwán, lo que provocó que nuevamente Mao considerara esta negativa soviética como un repliegue de la URSS ante Estados Unidos. La ruptura estaba servida, habida cuenta también de que los chinos, sin tener en cuenta las advertencias soviéticas, estaban llevando a cabo su desastroso programa de industrialización forzada llamado Gran Salto Adelante.

Mientras Mao seguía proclamando la guerra como un hecho necesario para mantener y extender el comunismo, Kruschev ya estaba en otra órbita. Lo manifestó así en el XXI congreso del PCUS (1959) y en las conferencias de representantes comunistas de Bucarest (junio de 1960, donde se criticó la postura china) y Moscú (noviembre-diciembre de 1960). En la capital soviética, donde en noviembre estuvieron presentes ochenta y un partidos comunistas del mundo, Kruschev proclamó la finalización de la creencia en la inevitabilidad de la guerra. El representante albanés Enver Hoxa, no obstante, lanzó un varapalo a las tesis revisionistas del vigésimo congreso del PCUS. Su acercamiento a China era cada vez más evidente. La delegación china, presidida por el futuro sucesor de Mao Deng Xiaoping, declaró que la coexistencia no era un hecho objetivo, sino una elección política que beneficiaba a estadounidenses y soviéticos. Estos hicieron saber su enfado retirando después a sus asesores militares y económicos de China. Ciento setenta y ocho proyectos industriales de este país quedaron paralizados.

China estaba empeñada en convertirse en una primera potencia económica y militar, y anhelaba además formar parte del club nuclear. Su agresiva política se manifestó también en hechos como la represión del Tíbet, país conquistado en 1950 y que nueve años después intentó librarse infructuosamente del dominio chino; en la guerra con la India de 1960, motivada por problemas fronterizos y por el asilo concedido por este país al dirigente tibetano Dalai Lama; en el acercamiento a Pakistán, enemigo de India, en 1962 y, por fin, en su primer estallido nuclear, acaecido en 1964. Tras la ruptura con la URSS, materializada después de la crisis cubana, los chinos acusaron a dicho país de haber abandonado el leninismo y de apoyar la restauración del capitalismo. Curiosamente, en la actualidad China posee una pragmática economía mixta socialista-capitalista que, posiblemente, habría provocado sonrojo e indignación en sus dirigentes de aquella época.

Primera bomba atómica china

Esta bomba, cuyo nombre en código fue 596, fue detonada el 16 de octubre de 1964 en el Lop Nor, área desértica situada al noroeste del país y elegida como lugar de pruebas nucleares. Se trataba de un arma nuclear de implosión, aunque utilizaba el uranio-235 exclusivamente para su núcleo (la mayoría de los países que persiguen la tecnología de implosión usan plutonio en sus núcleos, porque generalmente es más fácil de producir que el uranio-235), ya que en ese momento no había desarrollado la tecnología de producción de plutonio. La prueba tuvo un rendimiento de veintidós kilotones. China se las arregló posteriormente para fabricar una bomba de fisión capaz de viajar en un misil nuclear solo dos años después de su primera detonación. Asimismo, haría estallar su primera bomba de hidrógeno tres años después, en 1967.

Problemas en Europa: el muro

El quinquenio crítico que va de los años 1957 a 1962 culminó en Europa con la erección del muro de Berlín. Los soviéticos estaban empeñados en acabar con aquel enclave capitalista en lo que para ellos constituía su área de influencia. En noviembre de 1958, Kruschev, dando a entender que la URSS consideraba todavía incompleta su propia presencia en el viejo continente, y que su contención con respecto a Occidente era por ello imperfecta, propuso convertir a Berlín oeste en una ciudad libre bajo control de la ONU. Occidente y los mismos berlineses rechazaron la idea. Los soviéticos proyectaron entonces un nuevo bloqueo a la ciudad, idea pronto olvidada por sus negativas consecuencias propagandísticas. La experiencia de 1948-1949 todavía estaba muy presente. Entonces, el mandatario soviético viajó a Estados Unidos (septiembre de 1959), un acto considerado en su momento muy relevante por ser la primera vez que un máximo dirigente de la URSS visitaba a su principal enemigo. Ambos países, que ante la opinión pública siempre habían aparecido como muy alejados el uno del otro, se mostraban ahora sorprendentemente próximos. Tanto Kruschev como Eisenhower parecían oficialmente desear la coexistencia pacífica.

Sin embargo, las tensiones y las desconfianzas se mantenían. El 1 de mayo de 1960 era derribado un avión espía estadounidense U-2 sobre cielo soviético. Su piloto, Francis Gary Powers, resultó capturado. En un principio, el Gobierno de Estados Unidos negó el objetivo y misión del avión (se habló de un simple vuelo destinado al estudio meteorológico), pero se vio obligado a admitir su papel en la intrusión aérea cuando la URSS mostró sus restos (sorprendentemente conservados), y más aún, anunció que su piloto había sobrevivido a su derribo. Gary Powers, tras meses de interrogatorio, tuvo que reconocer que su actividad era la del espionaje. El 19 de agosto, el piloto fue condenado por un tribunal militar superior de Moscú a diez años de confinamiento, aunque posteriormente sería intercambiado en Berlín por un espía soviético capturado en Estados Unidos.

El piloto Gary Powers charlando con el ingeniero de la empresa Lockheed diseñador del U-2

Powers, siguiendo órdenes de la CIA, partió de la base turca de Incirlik y sobrevoló territorio soviético a gran altura. Su misión era la de fotografiar silos de misiles intercontinentales y de otras instalaciones estratégicas, así como de una planta de procesamiento de plutonio destinado a armamento nuclear. Su avión, de nuevo el U-2, era un monoplaza de reconocimiento y espionaje capaz de volar a más de veintiún mil metros de altura, altitud considerada como fuera del alcance de los sistemas antimisiles, de los radares de vigilancia e incluso de los cazas soviéticos. Sin embargo, en aquella ocasión el aparato no solo fue detectado, sino también alcanzado por un misil que dañó considerablemente el aparato. Powers tuvo que saltar en paracaídas, aunque lo hizo sin activar la carga explosiva de a bordo destinada a destruir los restos del avión y el equipo de registro de datos e imágenes. Mientras la aeronave caía descontrolada a tierra, recibió el impacto de un segundo misil, aunque Powers se encontraba ya a salvo fuera del aparato.

En el ínterin, las relaciones entre las dos superpotencias se habían deteriorado. Una cumbre prevista tiempo antes en París para ese mismo mes de mayo se vio completamente empañada por el suceso del avión espía. Aunque volvieron a verse personalmente Kruschev y Eisenhower, la reunión fue un fracaso (el líder soviético exigió una petición de perdón, a la que se negó un indignado presidente estadounidense) y se suspendió. Como consecuencia, Kruschev retiró a su país, el 27 de julio, de la conferencia sobre desarme que se venía desarrollando en Ginebra.

El juego de Kruschev se basaba en una oscilante tendencia bien a la campechanía, cuando hablaba de distensión, bien a las imprevistas explosiones de ira en las que amenazaba con todo lo que tenía a mano. El 12 de abril de 1961, los soviéticos lanzaban al espacio la primera nave tripulada, la Vostok 1, pilotada por el astronauta Yuri Gagarin. De esta forma se pretendía demostrar que todavía iban por delante en la carrera espacial, una carrera asimilable a la armamentística.

Portada de la revista *Times* dedicada al vuelo de Yuri Gagarin

Gagarin se convirtió en el primer ser humano que viajó al espacio (12 de abril de 1961); lo hizo en la nave Vostok 3KA-3, conocida como Vostok 1. El vuelo duró ciento ocho minutos, tardó nueve minutos en entrar en órbita y el resto del tiempo estuvo girando alrededor de la Tierra. Gagarin solo tenía que hablar por radio y experimentar con la ingesta de comida, ya que era la primera vez que nadie comía a bordo de una nave espacial. El objetivo de esta misión era saber si un ser humano podía sentir y comportarse de manera normal en situación de ingravidez.

Un nuevo encuentro al máximo nivel, en esta ocasión entre Kruschev y el recién elegido presidente Kennedy, tuvo lugar en Viena los días 3 y 4 de junio de ese mismo año. Fue una reunión donde se emplearon buenas maneras y donde hubo compostura. Se trataron diversos temas, como la supresión de pruebas nucleares o la crisis de Laos (país que vivía una guerra civil impulsada por Vietnam del Norte y la propia URSS, con intervención asimismo de Estados Unidos). Solo en lo que respecta al futuro de Alemania demostraron los dos países sus desavenencias, pues Kruschev parecía empeñado en arrebatar Berlín Occidental al bando capitalista. Conclusión inmediata de tales desavenencias sería el levantamiento del muro de Berlín.

El 13 de agosto, el Gobierno de la República Democrática Alemana, desesperado ante las continuas fugas de ciudadanos germano-orientales a Occidente a través de Berlín oeste, adoptó la draconiana medida de cerrar la frontera entre las dos partes de dicha ciudad y levantar un muro que la aislara de la occidental. Un muro que debía separar —de modo permanente, según se creía— el este del oeste, el mundo libre (o el imperialismo, según el punto de vista) del comunismo (o del despótico régimen soviético). El muro, a pesar de haber sido levantado después de la fase clásica, pasó a ser para muchos, sobre todo por su grisáceo y desagradable aspecto, el símbolo de la Guerra Fría, el mejor ejemplo del telón de acero preconizado ya por Churchill en 1946. En realidad fue, con efecto retardado, consecuencia de la derrota soviética durante la crisis berlinesa de 1948-1949, así como una rabiosa acta notarial de la contención aplicada en sus máximas consecuencias.

Este muro (cuyo nombre oficial en la RDA fue el de Antifaschistischer Schutzwall, es decir, 'barrera de protección antifascista') estaba destinado por sus promotores a evitar la libre circulación de personas entre Berlín occidental (República Federal de Alemania) y el territorio de

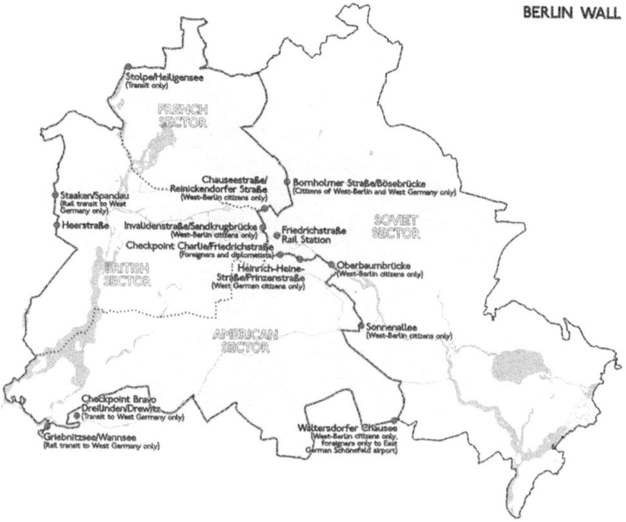

Trazado del muro de Berlín con los puntos de cruce controlado

Alemania Oriental. Se consideró desde su construcción, durante la Guerra Fría, como el símbolo principal del telón de acero, una línea fronteriza europea entre la zona de influencia estadounidense la soviética.

La muralla, que rodeaba Berlín Oeste, dividió la ciudad de Berlín en dos durante veintiocho años, desde el 13 de agosto de 1961 hasta el 9 de noviembre de 1989, el día en que el Gobierno alemán de Alemania oriental decidió la apertura de fronteras con la República Federal de Alemania. Hungría ya había abierto sus fronteras con Austria el 23 de agosto de 1989, dando así la posibilidad de expatriarse a los alemanes orientales en el oeste, por lo que su utilidad era ya discutible.

Entre los dos Berlines, la frontera estaba fortificada militarmente por dos muros paralelos de hormigón armado, separados por la llamada franja de la muerte, de unas pocas docenas de metros de ancho. Durante estos años, según datos oficiales, al menos ciento treinta y tres personas fueron asesinadas por la policía de fronteras de la RDA cuando intentaban cruzar el muro hacia Berlín occidental. Algunos estudiosos sostienen sin embargo que fueron más de doscientas personas. La caída del muro de Berlín abrió el camino para la reunificación alemana, que se produjo formalmente el 3 de octubre de 1990.

Incidente del checkpoint Charlie

Checkpoint Charlie es la denominación dada por los aliados occidentales al paso fronterizo en la línea que dividía Berlín Este y Berlín Oeste durante la Guerra Fría, localizado en la unión entre las calles Friedrichstraße, Zimmerstraße y Mauerstraße, en el barrio de Friedrichstradt, entonces dividido por el muro. Solo se permitía tránsito a extranjeros o miembros de la fuerza aliada, trabajadores de la delegación permanente de la RFA y funcionarios de la RDA. Se convirtió en un símbolo de la Guerra Fría y, para muchos ciudadanos alemanes, la puerta hacia la libertad.

El 22 de octubre de 1961 se inició aquí un incidente que pareció convertir la fuerte tensión existente entre los dos bloques en un verdadero peligro de guerra abierta. Allan Lightner, el principal funcionario civil de la misión de los Estados Unidos en Berlín, fue detenido y puesto bajo control de la policía de Alemania Oriental cuando intentaba cruzar el Checkpoint Charlie en automóvil, acompañado de su esposa para asistir a una función teatral en el sector oriental. Lightner protestó por lo que consideraba un comportamiento ilegal e informó del caso al general Lucius Clay, representante personal de

Kennedy en Berlín. Este, personaje enérgico y absolutamente decidido a mantener las prerrogativas aliadas en todo Berlín, acabó acompañando a Allan Lightner y a su esposa al sector oriental de la ciudad, y luego informó al presidente Kennedy, quien no se mostró demasiado satisfecho con el altivo comportamiento de sus funcionarios.

Al día siguiente, las autoridades de la República Democrática Alemana anunciaron que a partir de entonces podrían acceder, sin control, todos los oficiales occidentales uniformados en el área de Berlín Oriental. Una decisión que aparentemente había sido consentida por los soviéticos. En ese momento, se celebraba en Moscú el XXII Congreso del PCUS, y en él estaban presentes el mariscal Konev, el mariscal Rodion Malinovskij (ministro de Defensa soviético) y Walter Ulbricht, además de Kruschev. Este suponía que el comportamiento agresivo de los estadounidenses reflejaba su retorno a la política bélica de los períodos más críticos de la Guerra Fría, aunque optó por apoyar a su principal aliado del bloque oriental.

En realidad, el general Clay estaba empeñado en provocar, y después del anuncio de la RDA del 23 de octubre, habló con el presidente Kennedy y afirmó que era esencial forzar el mantenimiento de los derechos legales de los occidentales en todo Berlín. El presidente, aunque renuente, concedió un margen de confianza al general, de forma que el 25 de octubre de 1961 Clay tomó la iniciativa de arriesgarse a una prueba de fuerza. Hacia las 9:25 a. m., otro alto funcionario estadounidense fue detenido en el Checkpoint, y entonces se ordenó el envío de fuerzas mecanizadas a la zona. A las diez de la mañana, diez tanques M48 Patton del 40.º regimiento blindado del teniente coronel Thomas Tyree avanzaron por la avenida y se situaron a cincuenta metros del puesto de control, aparentemente dispuestos a combatir. Los dos tanques más adelantados estaban equipados con palas mecánicas de *bulldozer*. También aparecieron algunos *jeeps* y vehículos blindados para el transporte de tropas. Incluso dos helicópteros estadounidenses sobrevolaron el área. Los blindados se mantuvieron allí hasta las dos de la tarde e intentaron aplastar la pared, cuando se retiraron dejaron allí algunos *jeeps*.

Comenzó así el juego de la disuasión. Incluso después de la retirada de los pesados vehículos estadounidenses, la situación permaneció extremadamente tensa; una conversación entre los comandantes opuestos sobre el terreno, el coronel Solovev y el general Watson, no logró ningún resultado. Los policías de la RDA continuaron obstaculizando los movimientos de la población civil y los funcionarios estadounidenses, y por las noches hubo intercambios de rayos de luz cegadores desde ambos lados del puesto.

En Moscú, las noticias de Berlín causaron alarma. El ministro Rodion Malinovskij y el mariscal Ivan Konev, que regresó de inmediato a la capital alemana, tomaron medidas para controlar la situación y prevenir la temida demolición del muro. En la tarde del 25 de octubre, treinta y tres tanques soviéticos T-55, avanzaron por la Unter den Lindeny y se detuvieron a unos pocos cientos de metros del Checkpoint Charlie. Era la primera vez desde 1953 que los soviéticos alienaban blindados en las calles de Berlín.

Al día siguiente, los estadounidenses volvieron amenazadoramente a Checkpoint Charlie. De nuevo diez tanques M48, algunos equipados con palas mecánicas, se colocaron en la línea de límite entre ambos sectores. Hubo nuevos incidentes entre los agentes de policía de la RDA y funcionarios civiles estadounidenses, protegidos por escoltas militares armados, que entraron ostentosamente en el sector oriental y se negaron a mostrar

Blindados americanos (en la parte de abajo de la imagen) y soviéticos (arriba) durante el incidente del checkpoint Charlie

sus documentos. Se alcanzó la máxima tensión, aunque Kruschev no parecía dispuesto a ser el primero en dar la orden de disparar.

En la mañana del 27 de octubre, diez blindados soviéticos se encontraban apostados frente a los estadounidenses en Checkpoint Charlie. Esta situación extremadamente crítica duraría durante dieciséis horas. Fue la única ocasión durante la Guerra Fría en que los cañones de ambas potencias se apuntaron directamente. Los niveles de alerta de las guarniciones estadounidenses en Berlín Occidental, de la OTAN, y de la Comandancia Aérea Estratégica de Estados Unidos se mantuvieron entonces muy altos. Caso de que alguien abriera fuego, ambos grupos de tanques tenían órdenes de responder.

Kruschev y Kennedy acordaron por fin reducir tensiones retirando los blindados. El paso fronterizo de la parte soviética estaba en contacto directo con el general Anatoly Gribkov, del Estado Mayor soviético, quien a su vez lo hacía con Kruschev. El checkpoint estadounidense mantenía un oficial de la policía militar en contacto telefónico con el cuartel general de la misión militar de los Estados Unidos en Berlín Occidental, enlazado con la Casa Blanca. Kennedy prometió cierta flexibilidad en lo relativo al futuro de Berlín, a cambio de que los soviéticos retiraran primero los tanques. Pensando que habían ganado una batalla política, estos aceptaron, y uno de sus blindados se alejó unos cuatro o cinco metros. A continuación, lo imitó un tanque estadounidense, y así, uno a uno, los tanques fueron retrocediendo hasta retirarse por completo. El incidente había concluido.

Así lo entendió el presidente Kennedy cuando, dos años después, el 26 de junio de 1963, pronunció su famoso discurso ante el muro escuchado en directo por cuatrocientas cincuenta mil personas, un discurso destinado a alcanzar enorme repercusión, sobre todo en Alemania:

> Hace dos mil años, el alarde más orgulloso era decir «Civis Romanus sum». Hoy, en el mundo de la libertad, se hace alarde de afirmar «Ich bin ein Berliner».
>
> Hay mucha gente en el mundo que realmente no comprende o dice que no comprende cuál es la gran diferencia entre el mundo libre y el mundo comunista. Decidles que vengan a Berlín. Hay algunos que dicen que el comunismo es el movimiento del futuro. Decidles que vengan a Berlín. Hay algunos que dicen en Europa y en otras partes «nosotros podemos trabajar con los comunistas». Decidles que vengan a Berlín. Y hay algunos pocos que dicen que es verdad que el comunismo es un sistema maldito, pero que permite un progreso económico. Decidles que vengan a Berlín.
>
> La libertad padece de muchas dificultades y la democracia no es perfecta. Pero nosotros no tenemos que levantar un muro para mantener a nuestro pueblo, para evitar que ellos nos dejen. Quiero decir en nombre de mis ciudadanos que viven a muchas

millas de distancia, al otro lado del Atlántico, que a pesar de esa distancia, ellos están orgullosos de lo que han hecho por vosotros en los últimos dieciocho años.

No conozco una ciudad, ningún pueblo que haya sido asediado durante dieciocho años y que viva con la vitalidad, la fuerza, la esperanza y la determinación de la ciudad de Berlín Occidental.

Mientras el muro es la más obvia y viva demostración del fracaso del sistema comunista, todo el mundo puede ver que no tenemos ninguna satisfacción en ello. Para nosotros, como ha dicho el alcalde, es una ofensa no solo contra la historia, sino también una ofensa contra la humanidad, separando familias, dividiendo maridos y esposas, hermanos y hermanas y dividiendo a la gente que quiere vivir unida.

¿Cuál es la verdad de esta ciudad alemana? La paz real en Europa nunca podrá estar asegurada mientras a un alemán de cada cuatro se le niegue el elemental derecho de ser un hombre libre y elegir un camino libre.

En dieciocho años de paz y buena confianza, esta generación de alemanes ha percibido el derecho a ser libre, incluyendo el derecho a la unión de sus familias, a la unión de su nación en paz y buena voluntad con todos los pueblos.

Vosotros vivís en una isla de libertad que debemos defender, pero vuestra vida es parte de algo más importante. Permitidme que mire mientras termino, elevando vuestros ojos por encima de los peligros de hoy y las esperanzas de mañana, más allá de la sola libertad de esta ciudad de Berlín y de todos los pueblos de Alemania que avanzan hacia la libertad, más allá del muro al día de la paz con justicia, que mire más allá de vosotros o nosotros, a toda la humanidad.

La libertad es indivisible, y cuando un hombre es esclavizado, ¿quién está libre? Cuando todos sean

> libres podremos ver ese día. Cuando esta ciudad esté unida, cuando este país y este gran continente, Europa, tengan esperanza y paz. Cuando ese día finalmente llegue, la gente del Berlín Occidental podrá sentir una moderada satisfacción por el hecho de que ellos han estado en la línea del frente desde hace casi dos décadas.
>
> Todos los hombres libres, dondequiera que ellos vivan, son ciudadanos de Berlín. Y por lo tanto, como hombres libres, yo con orgullo digo estas palabras «Ich bin ein Berliner» ['yo también soy berlinés'].

Alfa y omega de la larguísima posguerra, Berlín había sido para los soviéticos el único lugar de Europa donde habían sufrido una derrota decisiva, la que aconteció en 1949, durante el momento clásico de la Guerra Fría. También sería, veintisiete años después de la construcción del muro, el lugar donde se iniciaría su rápida e irreversible crisis final. En Berlín, escaparate de Occidente, enclave de la Europa libre en la Europa sovietizada, fue donde la estrategia de contención de Truman, sustancialmente bien acogida por los soviéticos, obtuvo su mayor éxito, ya que aquí se pusieron las bases para derrotar de forma definitiva a la URSS. Una confrontación que duró muchos años y que, curiosamente, en su fase final se manifestó en la capital alemana de forma bastante pacífica.

Desestabilizaciones en un mundo de distensión

En definitiva, estos años de distensión fueron años a su vez de peligrosas crisis en los que se mantuvo la competición armamentística, elevada al espacio tras el lanzamiento del Sputnik. Puede afirmarse que los años calientes de la guerra de Corea fueron incluso algo más seguros. Durante el período clásico de la contienda (1946-1953), sombrío y sin aparentes posibilidades de resolución, se había logrado no obstante una relativa estabilidad. En cambio, durante los posteriores años de las crisis (sea berlinesa o cubana), aunque fueron los momentos del deshielo, se produjeron serias tentativas de desestabilización. En todos los frentes, el mundo quedó asombrado por el éxito de la contención, desarrollándose un tipo de enfrentamiento muy particular, basado en el espionaje, la guerra sucia, la lucha contra la subversión, la desestabilización de países mediante golpes de Estado… Solo en Europa se produjeron las sublevaciones militares anticomunistas de Grecia (golpe de los coroneles de 1967) y Turquía (1980). En la misma Italia, el jefe de los *carabinieri,* el general Giovanni de Lorenzo, planeó lo que bien pudiera haber sido otro golpe de Estado, en el que pudo haber estado implicado el presidente de la república, el democristiano Antonio Segni. En ese mismo país, aparentemente democrático, la CIA tenía carta blanca para favorecer la estrategia de la tensión apoyando a grupos terroristas neofascistas y crear una organización de defensa anticomunista clandestina llamada red Gladio, con ramificaciones incluso en la España franquista. Los diecisiete muertos y ochenta y ocho heridos del atentado de Piazza Fontana de Milán (1969) constituyen uno de los muchos ejemplos de esta estrategia de desestabilización aplicada en estos años en Italia, y encaminada a fomentar un Gobierno autoritario que acabara con la influencia comunista (representada por un partido ciertamente moderado) en el país. En cambio, la misma estrategia de *roll-back* aplicada a los países socialistas europeos apenas tuvo repercusión, ya que en ellos la política del terror impedía cualquier manifestación política contraria. Y ello a pesar de que se produjeron acciones de todo tipo, como la que hemos visto ya destinada a invadir clandestinamente la URSS con ejemplares de la prohibidísima novela *El doctor Zhivago*.

La descolonización, con el aumento anárquico de los protagonistas, entre ellos los nuevos Estados admitidos en la ONU, vino a complicar aún más una situación ya de por sí compleja. El deshielo y la distensión, respecto a la Guerra Fría clásica, quedaban en suma expuestos a los golpes de mano, a los estallidos de cólera de un personaje como Kruschev, a los extremismos o a las venganzas. La conducta autárquica radical del nacionalcomunismo maoísta fue en este sentido paradigmática. El bolchevismo comunista soviético, que se benefició y aún se beneficiaba de los espacios abiertos por el comunismo descolonizador —y en general por los pueblos en lucha contra el colonialismo—, padeció la intransigencia china, sus pretensiones separatistas, que amenazaban con anular la misma estrategia de la contención de marca soviética, y con ella, la misma coexistencia pacífica. La gota que colmó el vaso fue la misma guerra que chinos y soviéticos protagonizaron en 1969 por una banal cuestión fronteriza, durante la que se llegó a temer el empleo de armas nucleares.

Por otro lado, olvidando la tesis leninista de la guerra inevitable y desconfiando de la posibilidad de que estallaran revoluciones proletarias en Occidente, la URSS no tuvo más remedio que aceptar, aunque de mala gana, la autonomía de las vías nacionales hacia el socialismo. Todo ello en un momento en que la superpotencia estadounidense superaba en mucho, desde el punto de vista económico, a su rival soviético, a pesar de que este hubiera sido el iniciador de la carrera espacial. Faltaba además poco para que la misma URSS iniciara, con el inicio de los 70, el prolongado estancamiento económico que la conduciría inevitablemente a la quiebra. La

Guerra Fría de posiciones sin duda penalizaba mucho más a los soviéticos, bastante más débiles en materia de productividad. En este contexto se produjo también la deposición de Kruschev por parte de otros destacados miembros del partido, que lo acusaban de debilidad frente a Occidente y de haber dividido al comunismo. Su sucesor en la dirección del partido y en la jefatura política del país fue Leonid Brezhnev, considerado seguidor de una línea más dura por el PCUS, aunque tuviera que mantener asimismo una política de distensión ante Occidente.

El año de la esperanza real fue 1963, año del teléfono rojo o línea directa entre Washington y Moscú tras la peligrosísima crisis de los misiles cubanos. Sin embargo, en junio falleció el papa Juan XXIII, papa reconciliador, al que el presidente estadounidense Lyndon B. Johnson otorgaría póstumamente la medalla presidencial de la libertad. En noviembre cayó asesinado Kennedy, por lo cual se habló sin que casi nadie lo creyera de una conspiración orquestada desde Moscú. Tras su muerte, sustituido por su vicepresidente Johnson, se produjo el incidente del golfo de Tonkín (2 de agosto de 1964), provocado por el ataque de tres lanchas torpederas norvietnamitas contra el destructor estadounidense Maddox. La excusa perfecta para aumentar sustancialmente la participación de Estados Unidos en la región, pues, gracias al consenso obtenido en el Senado de su país, se dio inicio a la genocida campaña de bombardeos contra las instalaciones y la población de Vietnam del Norte. La ayuda militar soviética a este país lo convertiría en uno de sus más firmes aliados en la región, alianza que se manifestó años más tarde cuando, unificado ya todo Vietnam, dicho país atacó el 21 de diciembre de 1978 a su vecina Camboya. Esta, convertida en un Estado comunista denominado ahora Kampuchea Democrática, estaba gobernada por un régimen prochino de caracteres claramente genocidas, cuyo principal responsable era Pol Pot.

Vietnam fue otro episodio, aunque extremadamente cruento y realmente influyente en la opinión mundial, de la guerra limitada. Las jóvenes generaciones europeas y estadounidenses lo percibieron como una clara muestra del peor imperialismo yanqui, un imperialismo exterminador que aplicaba toda su potencia destructiva contra un humilde país de campesinos muy alejado de sus fronteras. Es decir, un enemigo en absoluto peligroso. Si durante el conflicto de Corea había cundido el temor de que no se trataba de una guerra limitada, sino que podía extenderse a otras zonas de Asia, con Vietnam esto no sucedió, a pesar de que los Estados Unidos llevaran sus bombardeos hasta las vecinas Laos y Camboya, que acabarían convirtiéndose en dos nuevos países comunistas a partir de 1975. La opinión pública no percibió en Vietnam ese peligro de expansión del comunismo que tanto temían los dirigentes estadounidenses.

Protesta juvenil en Estados Unidos por la guerra de Vietnam

Protesta juvenil en Estados Unidos por la guerra de Vietnam. La oposición a la guerra de Vietnam se extendió entre la juventud de dentro y fuera de Estados Unidos, avivando el ya iniciado movimiento *hippie*. Las universidades estadounidenses fueron escenario de manifestaciones que protestaban por la implicación de Estados Unidos en dicha guerra, injustificada e imperialista para muchos. Se produjeron encuentros violentos entre los estudiantes y la policía, en los que hubo disparos y muertes. En octubre de 1967, doscientos mil manifestantes se concentraron ante el Pentágono exigiendo el fin del conflicto, lo que constituyó uno de los acontecimientos más destacados del movimiento pacifista. Aunque el factor principal de protesta resultó ser el servicio militar, obligatorio para todos los varones estadounidenses y con él la posibilidad de ser enviado a Vietnam.

Para muchos estudiosos y periodistas de los años 60, la Guerra Fría parecía haber concluido tras la crisis de los misiles. Hoy día podemos decir que lo que había ocurrido en realidad fue que de una guerra fría estabilizante se había pasado a otra bien distinta, extremadamente contradictoria, en la que tanto se producían momentos de distensión como periódicas tentaciones desestabilizadoras. Al equilibrio de la Guerra Fría de posiciones, estabilizado ya en 1949, le había sustituido el desequilibrio en un mundo en el que (por primera vez en la historia) todo interfería con todo y se daban guerras y guerrillas extremadamente calientes, propias de la considerada como Guerra Fría de movimientos. En consecuencia, las dos superpotencias no parecían mostrar demasiada salud. La URSS, a punto de iniciar su proceso de estancamiento económico, estaba sometida a la dura prueba derivada del déficit de consenso en su zona de influencia de la Europa oriental, así como a la presencia de una China comunista muy influyente en el tercer mundo.

En cuanto a los Estados Unidos, su economía (a pesar de las crisis de 1953-1954 y de 1957-1958, esta última en buena medida provocada por la automatización industrial, que llevó a muchos trabajadores al paro) seguía siendo el motor para muchos países del Occidente desarrollado. Sin embargo, y a causa de los perturbadores procesos de independencia y del mismo no alineamiento, comenzaban a sentir el peso político y militar de un empeño y de un control que se revelaban inevitablemente impopulares no solo en la izquierda político-intelectual europea, sino también entre los más moderados. También en el tercer mundo, donde muchos rechazaban con rabia el proceso de occidentalización, se produjo una escalada de difusos sentimientos antiestadounidenses. Tal empeño y tal control estaban vinculados a una vigorosa y necesariamente arrogante contención, convertida en elemento indispensable en todos los campos (no solo en el europeo, como durante el arranque de la Guerra Fría clásica), sino en el resto del planeta a causa de la interacción de intereses económicos de la superpotencia estadounidense. Algo que deslucía y restaba credibilidad a su lucha contra el bando comunista, tal como quedó manifiesto en su intervención en la guerra vietnamita.

El macarthismo primero, al que siguió la propagandista y musculosa estrategia del *roll-back* que convirtió a Estados Unidos en el gendarme del mundo, tuvieron como consecuencia a partir de comienzos de los 60 una revuelta que podemos calificar de «historiográfica». Durante los años 40 y 50, los estudiosos que en Occidente se enfrentaban a la Guerra Fría, aceptaron en su gran mayoría, comunistas aparte, el modelo de George Kennan, es decir, la plena responsabilidad soviética en la etiología del mismo conflicto. Es lo que vino a llamarse el modo ortodoxo de afrontar la cuestión. Sin embargo, en 1961 se publicó el libro *The Cold War and its Origins, 1917-1960*, obra de Denna Frank Fleming, una obra catalogada de revisionista, palabra todavía no enloquecida desde el punto de vista mediático y por tanto en aquel momento utilizable de manera sosegada por los historiadores. Según los revisionistas, la muerte de Roosevelt (de quien se sostenía que nunca habría permitido emplear bombas atómicas contra el Japón, lo que habría impedido inaugurar la era nuclear) y la sucesión de Truman representaron una profunda fractura en la evolución de la política internacional estadounidense. La administración de este último se convirtió en objeto de numerosas críticas. Llegadas la guerra de Vietnam y la administración Johnson (1963-1964 y 1965-1968), la tendencia revisionista, particularmente presente en el decenio 1965-1975, se dividió en un ala más moderada, dedicada a revisar errores políticos y desviaciones respecto a la tradición democrática americana, y en un ala radical, que observaba en toda la política exterior estadounidense una continuidad imperialista. Los revisionistas radicales, en especial Gabriel Kolko, autor de varios libros sobre la criminal política estadounidense, acabaron enfrentándose a los ultraortodoxos, que, desde un punto de vista republicano, exponían la debilidad de las administraciones demócratas de Roosevelt y Truman frente al comunismo, defendiendo la idea de una discontinuidad positiva entre Truman (y su política de contención) y Eisenhower (con su teoría del *roll-back*). Los radicales, aun no mostrándose en general partidarios de la URSS, y adoptando un punto de vista favorable al tercer mundo, evidenciaron en alguna ocasión su decidida indulgencia hacia las exigencias de seguridad manifestadas por Stalin a partir de 1945, sin tener en cuenta sobre cómo habían sido concretadas dichas exigencias. Incluso entre los más radicales de entre los revisionistas, la Guerra Fría se percibió como un falso problema o un simple problema ideológico. A diferencia de los ortodoxos y los revisionistas moderados, a estos historiadores apenas les resultaba de interés el problema del origen del conflicto (Yalta, el discurso de Fulton dado por Churchill, el problema polaco, la doctrina Truman, el plan Marshall, el golpe de Praga), ya que la verdadera cuestión a analizar era la intrínseca naturaleza imperialista de los Estados Unidos, una naturaleza presta a llevarse a cabo a gran escala con la irreversible globalización de la política estadounidense a partir de 1945. Una visión que, probablemente, incluía algún fragmento de la no reconocida nostalgia aislacionista.

En este sentido, tales historiadores radicales no hacían más que seguir la corriente cultural general de Occidente, cuya juventud se enfrentó a una serie de cambios destacables que llevaron a hechos como la manifestación de Washington de 1963, la revuelta de Berkeley en 1964 o el Mayo francés de 1968. En la gran marcha del 28 de agosto de 1963, Martin Luther King pronunció su famoso discurso del «Yo tengo un sueño» ante unos doscientos cincuenta mil manifestantes que defendían los derechos civiles y exigían empleo, justicia y paz. El movimiento estudiantil que comenzó en la Universidad de Berkeley (California), llamado Movimiento por la Libertad de Expresión, fue una protesta dirigida por el estudiante Mario Savio y otros compañeros. Constituyó un hecho sin precedentes hasta esa fecha, en el que los universitarios reclamaron que la administración de la Universidad levantara la prohibición sobre la realización de actividades políticas dentro del campus, reconociendo su derecho a la libertad de expresión y a la libertad académica. Dicho movimiento se considera frecuentemente como un punto de comienzo para muchos movimientos estudiantiles de protesta de los años 1960 y los inicios de los 70. A su vez, en París y otros lugares de Francia el movimiento estudiantil de mayo de 1968, unido coyunturalmente al obrero, a punto estuvo de acabar con el Gobierno del presidente Charles de Gaulle.

El estudiante Mario Savio, detenido por la policía cuando se dirigía a dar un discurso en el teatro griego de la universidad californiana de Berkeley el 7 de diciembre de 1964.

El Movimiento por la Libertad de Expresión se mantuvo mucho tiempo en el campus Berkeley y representó una iniciativa esencial para el movimiento por los derechos civiles de los 60. Fue interpretado como el inicio del famoso activismo estudiantil que por estos años se desarrolló en el campus, radicalizado con las ya mencionadas protestas contra la guerra de Vietnam. Como respuesta, dio lugar a una reacción enormemente violenta, ejercida por orden del gobernador republicano de California Ronald Reagan. El presidente de la junta directiva de la Universidad de California,

Clark Kerr, fue despedido al considerarse que se había mostrado demasiado condescendiente con los manifestantes, que a su vez fueron disueltos con mangueras de agua cuando se concentraban en la escalinata del ayuntamiento de San Francisco. El FBI archivó entonces un expediente secreto sobre Kerr. Reagan logró llamar la atención con su campaña de acabar con el desorden de Berkeley, lo que le sirvió para su futura carrera presidencial.

Para los jóvenes manifestantes, la Guerra Fría era producto de la política imperialista estadounidense, que dejaba solo en Vietnam cientos de miles de muertos civiles. De ahí que su exigencia principal fuera la puesta en práctica efectiva de los valores de paz y libertad. Ni el miedo a las bombas atómicas parecía perturbar los sueños de estas jóvenes generaciones, privilegiadas y con un nivel de vida muy elevado, que tampoco se dejaban seducir (salvo en algunos grupos que acabaron practicando el terrorismo ultraizquierdista, como las Brigadas Rojas italianas, la Fracción del Ejército Rojo alemana o el Ejército Rojo Japonés, simpatizantes en muchos casos también con el problema palestino) por la política del Kremlin. Como mucho, y paradójicamente, sintieron atracción por la Revolución Cultural china iniciada en 1966, que a pesar de su nada inquietante denominación, constituyó una verdadera persecución de elementos revisionistas impulsada por Mao Zedong y en la que murieron o fueron encarceladas millones de personas. En estos momentos, la Guerra Fría había dejado ya de ser un elemento provocador de pánico para convertirse en objeto de estudio desde distintas perspectivas.

7

La coexistencia contradictoria y la finalización de la Guerra Fría (1965-1975)

Diálogo sobre el desarme

En un contexto tan complicado, el diálogo entre las dos superpotencias nucleares tenía que continuar. Y, lógicamente, continuó, a pesar de la oposición de China y del malhumor de la Francia de De Gaulle, muy crítico con la posición de su país en el seno de la OTAN. De hecho, dicho país acabó saliéndose de la estructura militar de la alianza en 1966 en protesta por la hegemonía que los Estados Unidos ejercían sobre ella. En 1963 se levantó acta de que desde 1945 se habían llevado a cabo cuatrocientos dieciséis experimentos atómicos estadounidenses oficiales, así como ciento veintiséis soviéticos. Al club atómico se habían sumado Reino Unido (primera bomba explosionada en 1952) y Francia (primera bomba explosionada en 1960). Luego se añadiría China (1964). El pánico nuclear había puesto en marcha en aquel año el teléfono rojo entre Washington y Moscú, al objeto de evitar una catástrofe provocada *por error*. En el mes de agosto, con Kennedy todavía vivo y Kruschev en su puesto de mandatario, se acordó en Moscú el fin de los experimentos en la estratosfera, en la atmósfera y bajo el agua. A su vez, en Ginebra, mientras la guerra de Vietnam se agudizaba y en otras partes del mundo los conflictos y la represión política estaban al orden del día, se discutía a intervalos sobre el desarme.

En julio de 1965, los Estados Unidos propusieron la no proliferación de armas nucleares, y los soviéticos la retirada de todas las tropas desplegadas fuera de sus respectivos países. En octubre de 1967 entró en vigor un tratado sobre la utilización pacífica del espacio; firmado por Estados Unidos, la URSS y Reino Unido. China y Francia, las potencias díscolas, rechazaron estampar su firma.

El 1 de julio de 1968, entre la ofensiva de las fuerzas del Vietcong y de Vietnam del Norte en la fiesta local del Tet (29 de enero) y la invasión de Checoslovaquia por las tropas del pacto de Varsovia (20-21 de agosto), como si la distensión fuera pareja al recrudecimiento del conflicto, se llegaba finalmente al tratado de no proliferación de armas nucleares firmado por cincuenta y nueve estados, incluidos la URSS, Reino Unido y la República Popular China, con vigencia a partir del 5 de marzo de 1970. En los años sucesivos se irían añadiendo otros, hasta sumar en la actualidad un total de 189.

Los Estados Unidos lograron en esta época superar, concretamente en 1969, el escollo de la carrera espacial, después de que el 16 de julio de 1963 los soviéticos lanzaran al espacio a la primera mujer cosmonauta (Valentina

La sombra del astronauta Neil Armstrong queda reflejada en la superficie lunar, fotografiada por él mismo el 20 de julio de 1969. El histórico momento se enmarca en el vuelo de la nave Apolo XI, una misión espacial tripulada de Estados Unidos cuyo objetivo era conseguir que un ser humano caminara sobre la superficie lunar. La misión se envió al espacio el 16 de julio de 1969 desde el complejo de cabo Cañaveral (Florida), y llegó al satélite el día 20. En ese momento, dos astronautas (Armstrong y Aldrin) pudieron caminar sobre suelo lunar. La tripulación del Apolo 11 estaba compuesta por el comandante de la misión Neil Armstrong, de 38 años; Edwin E. Aldrin Jr., de 39 años y piloto del módulo lunar; y Michael Collins, de 38 años y piloto del módulo de mando.

Tereshkova). El 20 de julio de aquel año, el comandante del Apolo XI, Neil Armstrong, ponía su pie sobre la Luna. En una coyuntura difícil desde el punto de vista internacional para los Estados Unidos, este acontecimiento les concedió un enorme prestigio y representó una importante, aunque efímera, bocanada de oxígeno. Para un país considerado por naturaleza e historia habitado por pioneros, la llegada a la Luna no era más que la continuación de su tradición exploratoria, la conquista del último lejano oeste más allá de la Tierra.

El proyecto islero, o la bomba atómica española

Fuente: Documentos de Radio Nacional de España, programa radiofónico.

A finales de 1962, en plena Guerra Fría y aún con el recuerdo de la Segunda Guerra Mundial, España pensó en crear su propio arsenal atómico. Fue gracias a la aceptación de la propuesta por parte de José María Otero, presidente de la Junta de Energía Nuclear (JEN), al vicepresidente del Gobierno, el capitán Agustín Muñoz Grandes. Así es como nació el Proyecto Islero (bautizado como el toro que mató a Manolete en 1947). Un equipo de científicos de más alto nivel pertenecientes a la JEN trabajó durante casi dos décadas para desarrollar y construir armamento nuclear disuasorio. El ingeniero nuclear Guillermo Velarde, el encargado de planificar y dirigir la construcción de una bomba de plutonio, lo relata en el libro *Proyecto Islero. Cuando España pudo desarrollar armas nucleares.*

Tras dos años de trabajos que implicaron a varias divisiones de la JEN, el artefacto quedó configurado como una esfera hueca de plutonio enriquecido, que se obtendría a partir de combustible extraído del reactor de la central nuclear Vandellós I. Sin embargo, una vez terminado el dosier del proyecto, Franco paralizó su desarrollo por influencia de su ministro de Industria, Gregorio López Bravo. Dentro del régimen hubo posturas encontradas sobre la cuestión; mientras unos temían posibles sanciones económicas de Estados Unidos, otros valoraban el peso internacional que podría ganar España al convertirse en potencia nuclear.

Portada del libro de Guillermo Velarde sobre el Proyecto Islero. Fue publicado en 2016.

Un año después de entregado el proyecto, Velarde fue enviado a Palomares para investigar los restos de las bombas termonucleares que cayeron tras el accidente de dos aviones estadounidenses. Lo que allí descubrió le permitió desentrañar la clave de las bombas de hidrógeno —método Ulam-Teller, o uso de una bomba atómica de fisión a modo de disparador colocada cerca de una cantidad de combustible de fusión—, con lo que España se convirtió en el quinto país conocedor del secreto, tras Estados Unidos, la URSS, Francia y China. Un argumento poderoso que, pese a todo, no hizo cambiar de opinión al dictador. Sin embargo, el teniente general Manuel Díez-Alegría, tras asumir la jefatura del Alto Estado Mayor a comienzos de los setenta, pidió a Velarde que continuara con las investigaciones. Incluso se le encargó un informe sobre la capacidad armamentística nuclear española con motivo de la visita del secretario de Estado estadounidense Henry Kissinger, quien se entrevistó con el presidente Carrero Blanco en la víspera de su asesinato. Su sucesor, Carlos Arias Navarro, dio un nuevo impulso al Proyecto Islero, pero este nunca prosperó debido a las presiones de Estados Unidos. Aunque el presidente Adolfo Suárez —ya en democracia— se mostraba favorable a la producción de bombas atómicas y termonucleares, España se vio obligada a dar carpetazo definitivo a sus aspiraciones con la firma de las salvaguardias del Organismo Internacional de la Energía Atómica y del Tratado de No Proliferación Nuclear.

El gran esfuerzo científico encabezado por el general Velarde se recondujo desde el ámbito militar al civil con la creación en 1981 del Instituto de Fusión Nuclear, un prestigioso centro de investigación de la Universidad Politécnica de Madrid.

Problemas estadounidenses y soviéticos

La guerra de Vietnam, primera guerra televisada de la historia, con sus espeluznantes imágenes de bombardeos con napalm, aldeas incendiadas y masacres indiscriminadas entre la población civil, contribuyó a difundir una imagen muy negativa de la política internacional de los Estados Unidos. La opinión pública se configuraba así como una potencia más entre las potencias. La elección como presidente del republicano Richard Nixon en 1968, sin duda un hombre más de *derechas* que su antecesor Johnson (el hombre que luchó contra la pobreza y que aprobó la ley de derechos civiles por la que se impedía negar el voto a los negros), fue elegido como en el caso de Eisenhower en el marco de un difuso sentimiento conservador y neoaislacionista. Henry Kissinger, consejero para la seguridad nacional y posteriormente secretario de Estado, admitió más tarde, cuando la Guerra Fría ya había concluido, que en el primer año de la era Nixon (1969) la guerra de Vietnam constituía una auténtica pesadilla nacional. El nuevo presidente, destinado a una humillante y precipitada dimisión durante su segundo mandato por el asunto Watergate (espionaje al partido demócrata, su rival político), fue retirando progresivamente tropas del conflicto, aunque sin abandonar los bombardeos y mostrándose en ocasiones inflexible. Acabó teorizando sobre la necesidad de *vietnamizar* la guerra (es decir, reducirla a un marco local, dejando que solo combatieran los dos estados enfrentados, es decir, Vietnam del Norte contra Vietnam del Sur), y su confusa política de contención, a pesar de convivir con un imponente *roll-back* basado en su enorme superioridad militar, salió derrotada.

Mientras se discutía sobre el desarme y la no proliferación de armas, la máquina que había comenzado a funcionar al inicio de la interminable posguerra, entrelazándose con concretos intereses metropolitanos y periféricos, continuaba todavía funcionando plenamente y alimentando formidables coartadas para justificar los intereses de las superpotencias. El 28 de abril de 1965, las tropas estadounidenses intervinieron en la República Dominicana y entraron en la capital para apoyar a un Gobierno acosado por sus enemigos armados. La decisión de intervenir militarmente en el país fue una decisión personal del presidente Johnson, convencido de la derrota de las fuerzas leales y temeroso del surgimiento de *una segunda Cuba* en el Caribe. En octubre de ese mismo año, para prevenir una acción de los comunistas indonesios, prochinos, la CIA orquestó el derrocamiento del Gobierno nacionalista de Ahmed Sukarno para sustituirlo por la dictadura militar del general Sujarto.

Su exterminio de comunistas en el mundo *libre* fue el preludio del genocidio que los comunistas camboyanos (los llamados jemeres rojos) dirigidos por Pol Pot llevaron a cabo en su país entre 1975 y 1978. El 12 de abril de 1967, siempre agitando el espectro del comunismo, se produjo en Grecia el golpe militar de los coroneles, que condujo a una mediocre aunque feroz y obtusa dictadura occidentalista. En el Próximo Oriente, el conflicto árabe-israelí mostraba su momento más dramático en la guerra de los Seis Días de junio de ese mismo año, impresionante victoria judía que dejó a los palestinos sin hogar y a la coalición árabe (Siria, Egipto y Jordania) completamente humillada. Como consecuencia, la URSS, junto al bloque socialista, rompieron relaciones diplomáticas con Israel, el cual se convirtió a los ojos de una buena parte de la opinión pública internacional en agresor y potencia ocupante, perjudicando gravemente su prestigio de pequeño país en lucha por su supervivencia. Tras la guerra, las posturas de cada bando quedaron perfectamente clarificadas: Estados Unidos se mantuvo siempre al lado de Israel, mientras que la derrota militar de Egipto y Siria produjo un gran malestar en el mundo árabe, lo que lo acercó aún más al bando soviético y llevó a mantener los años siguientes una guerra de desgaste contra el enemigo judío y, finalmente, a un ataque conjunto egipcio-sirio (con abastecimiento de material soviético) en la guerra del Yom Kippur de 1973.

También el bando comunista vivía sus propios problemas internos. El conflicto chino-soviético, una vez iniciada la Revolución Cultural, se agravó de tal forma que acabó provocando una pequeña guerra fronteriza en marzo de 1969. Muchas de las personas reprimidas en China lo fueron al ser consideradas agentes del socialimperialismo ruso. Ya en febrero de 1967, el primer ministro soviético Aleksei Kosiguin había acusado de dictatorial el régimen maoísta.

Un civil dominicano pide a un soldado estadounidense permiso para pasar. Su intención es la de acudir a un hospital para salvar la vida de un niño herido por una bala yanqui. Una de las fotos que dieron la vuelta al mundo, tomada durante la intervención estadounidense en la República Dominicana en 1965, y que mostraron la humillante y violenta injerencia del gigante americano en el país caribeño.

La noche del 20 al 21 de agosto de 1968, tropas del pacto de Varsovia invadían Checoslovaquia para frenar las reformas de liberalización política del secretario del partido comunista local Alexander Dubček. Aparte de la URSS, enviaron soldados Polonia, Hungría y Bulgaria. Las tropas de la República Democrática Alemana, aunque listas para la acción, no cruzaron la frontera checoslovaca a excepción de un pequeño número de especialistas. La Rumanía del dictador Ceausescu, en clave nacionalista, condenó en cambio la invasión. Durante la operación, cuyo nombre en clave fue Danubio, entre quinientos mil y setecientos cincuenta mil hombres atacaron Checoslovaquia. Alrededor de quinientos civiles checoslovacos fueron heridos y ciento y ocho fallecieron, a pesar de que no hubo enfrentamientos como los habidos en la

Hungría de 1956. Las reformas de liberalización fueron detenidas, dando a entender que la soberanía de los satélites de la URSS era limitada y se regía en función de los intereses soviéticos. Es lo que de inmediato se llamaría doctrina Breznev. La contención soviética en el caso checoslovaco fue presentada a los ojos del mundo, por la agencia oficial TASS, como un intento de conservar la paz europea. El presidente francés De Gaulle acusó entonces a Moscú de llevar a cabo una política de bloques. En una conferencia cuyo texto se publicó en la prensa el 10 de septiembre, el viejo general galo afirmaba que el problema no era el comunismo, desaparecido y del todo imposible en la Europa occidental, sino la división del continente, que eternizaba la lucha de bloques y el condominio mundial por parte de Estados Unidos (a los que en su momento también criticó por su guerra de Vietnam) y la URSS. La única solución que veía era la distensión, entendida como la cooperación y el diálogo entre todos los países europeos, manteniendo con ello su vieja idea de una Europa autónoma y alejada de los bloques.

Tanques soviéticos estacionados en una calle de Praga en agosto de 1968

Tanques soviéticos estacionados en una calle de Praga en agosto de 1968. El 21 de agosto, día de la invasión, se celebró también una sesión del Consejo de Seguridad de la ONU, durante la cual el representante ruso, Yakov Malik, informó de que en Checoslovaquia no sucedía nada relevante, y que la vida del país se mantenía por los cauces de la normalidad. Una resolución acordada por Estados Unidos y Reino Unido fue aceptada por diez países, otros tres no adoptaron ninguna postura en la votación, y en contra se manifestaron la Unión Soviética y Hungría. Sin embargo, el veto soviético fulminó dicha resolución. Mientras que el mundo occidental se mostraba sorprendido y casi sin respuesta, desde el bloque comunista respondieron Yugoslavia y Rumanía, que se negaron a participar en la invasión orquestada por el pacto de Varsovia.

Aproximaciones alemanas

Las palabras de De Gaulle se hicieron notar, más que en Francia, en su vieja enemiga, Alemania. Mientras, los Estados Unidos, se enfrentaban con la humillación de Vietnam y a ciertas dificultades económicas. Con Nixon y Kissinger a la cabeza, y jugando con el enfrentamiento chino-soviético, intentaron hacer valer su condición de primera potencia abriendo clamorosamente su diplomacia a la China comunista. Consecuencia de ello fue el ingreso de dicho país, el 25 de octubre de 1971, en el Consejo de Seguridad de la ONU en sustitución de Taiwán. En la Alemania federal, occidental y democrática, su canciller socialdemócrata Willy Brandt lanzó su propia política de distensión, conocida como Ostpolitik, 'política del Este'.

Por primera vez desde la guerra mundial, la iniciativa diplomática con la otra superpotencia, relativa a cuestiones europeas, quedaba en manos de la propia Europa, y no de los Estados Unidos. Estos tuvieron que aceptar el hecho sin demasiado entusiasmo. La *Ostpolitik* significaba el abandono de la doctrina Hallstein (enunciada por el ministro de Exteriores de la RFA Walter Hallstein en 1955, y basada en la idea de que la única representación internacional de Alemania debía quedar exclusivamente en manos de la RFA) y la normalización de relaciones diplomáticas con los países del pacto de Varsovia, así como el reconocimiento de la línea Oder-Neisse como frontera entre Polonia y la Alemania del este. De esta forma, el Gobierno de la RFA aceptaba *de facto y de iure* las pérdidas territoriales sufridas por Alemania tras su derrota en la Segunda Guerra Mundial, renunciando a toda reclamación futura. También se estrecharon las relaciones comerciales con la Europa del Este y la Unión Soviética.

La escenificación de este proceso se produjo el 19 de marzo de 1970, jueves, a las 9:30 de la mañana. En esa jornada tuvo lugar el encuentro en Erfurt (Alemania oriental) entre el canciller Willy Brandt, que llegó en tren, y el primer ministro oriental Willy Stoph. Los dos dirigentes se estrecharon la mano, simbolizando con este gesto, aunque ellos todavía no fueran conscientes de ello, el inicio de la reunificación alemana.

El 12 de agosto de ese mismo año, Brandt visitó Moscú. La prensa de todo el mundo difundió imágenes del canciller alemán junto a Breznev paseando tranquilamente. En diciembre, un tratado firmado por la RFA y Polonia reconocía las fronteras surgidas tras la Segunda Guerra Mundial. Brandt visitó entonces el gueto de Varsovia y se arrodilló, en un gesto que apareció en todos los rotativos mundiales, ante el monumento a las víctimas del Holocausto. En noviembre de 1972, ambas

El encuentro de Erfurt. La cumbre alemana celebrada en dicha localidad fue la primera reunión de dos jefes de Gobierno de ambas Alemanias. El canciller Willy Brandt (izquierda) se reunió oficialmente con el primer ministro Willi Stoph (derecha), en lo que para muchos significó el fin gradual de la Guerra Fría.

Alemanias firmaban el tratado fundamental, un acuerdo que regulaba las relaciones entre ambos Estados, y el 18 de septiembre del año siguiente los dos países ingresaban conjuntamente en la ONU. Siete días antes, el general Augusto Pinochet, apoyado por la CIA, derrocaba al Gobierno izquierdista chileno de Unidad Popular. Durante los enfrentamientos, perdería la vida el presidente Salvador Allende. Un suceso que contrastaba con lo que estaba sucediendo en Europa. Y como la cronología, aunque ciencia modesta, resulta muy instructiva e insustituible. Además, es tremendamente implacable. Debemos recordar que entre el 6 y el 22 de octubre, siempre del mismo año 1973, tenía lugar la guerra del Yom Kippur, el intento de revancha de Siria y Egipto frente a Israel por la estrepitosa derrota de 1967. Aunque en esta ocasión el encuentro terminó en tablas, sin cambios territoriales, las consecuencias fueron graves para la economía mundial. Se inició entonces la crisis del petróleo (los países árabes decidieron aumentar los precios del crudo), que afectó esencialmente a la Europa occidental y a la propia URSS. El desarrollo económico de los años 60 se abortaba así de forma traumática.

Europa, Europa (y Helsinki)

Al extraordinario proceso iniciado con la *Ostpolitik* europeo-germánica le faltaba el sello definitivo, que llegaría, afectando también a Estados Unidos y Canadá, el 1 de agosto de 1975. Ese día, treinta y cinco países (los dos de América del norte más Turquía y todos los europeos, excluidos Andorra y Albania) firmaron el acta final de la conferencia de seguridad y cooperación europea, un paso más hacia la distensión y el respeto de los derechos humanos. Los principales puntos acordados fueron: igualdad soberana, respeto de los derechos inherentes a la soberanía, abstención de recurrir a la amenaza o al uso de la fuerza, inviolabilidad de las fronteras, integridad territorial de los Estados, arreglo de las controversias por medios pacíficos, no intervención en los asuntos internos, respeto de los derechos humanos y de las libertades fundamentales, igualdad de derechos y derecho a la autodeterminación de los pueblos, cooperación entre los Estados y cumplimiento de buena fe de las obligaciones del derecho internacional. En el momento de la firma, el documento se vio al mismo tiempo como un paso significativo para reducir las tensiones de la Guerra Fría, así como un triunfo diplomático de la Unión Soviética, debido a las cláusulas de inviolabilidad de las fronteras nacionales y el respeto para la integridad territorial, que reconocían por primera vez las incorporaciones territoriales de la Unión Soviética en el este de Europa tras la Segunda Guerra Mundial.

El tema de los derechos humanos, siempre subestimado en la URSS, abrió no obstante, en el curso de la presidencia estadounidense del demócrata Jimmy Carter (1977-1980), y por iniciativa de los disidentes locales (en especial el escritor Aleksandr Solzhenitsyn y el físico Andréi Sájarov), una insospechada y en cierto modo imprevista vorágine en la política soviética. En los extremos de la enorme mesa de la conferencia mencionada con anterioridad, celebrada en Helsinki, se encontraron, de una parte, el canciller alemán federal Helmut Schmidt (sucesor de Brandt), y de otra, el mariscal Tito. En medio, el presidente republicano Gerald Ford, sucesor del dimitido Nixon; Erick Honeker, presidente de la RDA; el arzobispo Makarios, primer presidente de la República de Chipre, y Valéry Giscard d'Estaing, presidente de la república francesa. Puede afirmarse que con la conferencia de Helsinki, treinta años después de Hiroshima, concluyó de derecho, y no solo *de facto,* la Segunda Guerra Mundial. El mundo era el que era, y visto con fatalismo, parecía destinado a durar así para siempre. Incluso la Guerra Fría se mostraba ya cada vez más un elemento del pasado. La URSS, que había visto solo tres meses atrás a sus aliados norvietnamitas entrar en Saigón y unificar el país, obligando a abandonar precipitadamente a los últimos estadounidenses allí destacados, parecía la verdadera vencedora. Sin embargo, las grietas que la llevarían a su disolución estaban comenzando a abrirse, a pesar de que el comunismo que se extendía del Báltico hasta la antigua capital sudvietnamita alardeaba de encontrarse en pleno apogeo.

Estados Unidos y China

Por otro lado, los Estados Unidos, en los cinco años precedentes a Helsinki, se habían visto de alguna manera agitados: Watergate y la dimisión de Nixon, la derrota de Vietnam… Respecto a la Europa occidental tenían mucho que perder. Seguían siendo la primera potencia mundial, pero en el plano económico algunos aliados como la Alemania federal o Japón habían cerrado una brecha que, veinte años atrás, cuando salieron como potencias derrotadas en el conflicto mundial, parecía imposible de sellar. Los aliados se estaban convirtiendo en competidores de gran peso. En agosto de 1971 fue suspendida la convertibilidad del dólar en oro, marcando con ello el fin del Gold Exchange Standard (la adopción del dólar como divisa internacional, bajo la condición de que la Reserva Federal de los Estados Unidos sostuviera el patrón oro) creado en los acuerdos monetarios y financieros de Bretton Woods en 1944. Los aliados occidentales (en especial el marco alemán y el yen japonés) salieron beneficiados respecto al devaluado dólar.

Mientras, la guerra de Vietnam se había convertido en un callejón sin salida. La retirada progresiva de tropas estadounidenses, para no evitar el desastre, tuvo que ser acompañada de terribles bombardeos sobre Vietnam del Norte. Una solución que, reeditando la vieja historia de David contra Goliat, dejaba en muy mal lugar a los estadounidenses incluso en sectores anticomunistas de la opinión mundial. Desde 1970, además, los Estados Unidos realizaron masivos bombardeos también en Camboya. Paradójicamente, el socorro llegó de la China popular. El secretario de Estado Kissinger, una inteligencia más sutil y dúctil que la de Foster Dulles, había entendido que el extremismo chino, lejos de ser una forma de radical internacionalismo comunista, y a pesar de haber vivido una cruentísima Revolución Cultural desenfrenada y luego truncada bruscamente, no era otra cosa que un ultranacionalismo en busca del adecuado puesto que consideraban debía ocupar en el marco internacional.

La apertura chino-estadounidense se inició en abril de 1971 con el envío a China de un equipo de jugadores de pimpón, deporte en el que los asiáticos eran los amos. El equipo nacional de tenis de mesa estadounidense se encontraba en Japón en aquel año para participar del 31 campeonato del mundo de tenis de mesa. Fue allí donde recibieron, el 6 de abril, una invitación oficial para visitar China. Seis días después, el equipo, junto a los periodistas que los acompañaban, se convirtió en la primera delegación deportiva estadounidense en poner pie en Pekín desde 1949.

El equipo de tenis de mesa estadounidense visita la Gran Muralla china en abril de 1971

Durante los campeonatos mundiales de tenis de mesa celebrados ese año en Nagoya (Japón), el jugador estadounidense Glenn Cowan se subió a un autobús que llevaba al equipo nacional chino. La mayoría de los asiáticos miraron al americano de pelo lanudo con preocupación, pero Zhuang Zedong, el mejor jugador del equipo, se adelantó para estrecharle la mano y hablar con él a través de un intérprete. Incluso se intercambiaron regalos, y los fotógrafos captaron el incidente. Zhuang y el resto de los jugadores chinos habían llegado a Japón con órdenes estrictas de evitar el contacto con los estadounidenses, pero al enterarse del encuentro entre ambos deportistas, el presidente Mao vio una oportunidad política. «Zhuang Zedong no es solo un buen jugador de tenis de mesa —observó— también es un buen diplomático». Unos días más tarde, cuando el equipo de Estados Unidos se disponía a salir de Nagoya, Mao sorprendió al mundo invitándoles a visitar China con todos los gastos pagados. Después de consultar con su embajada, los jugadores estadounidenses aceptaron, para alegría del presidente Nixon.

En febrero de 1972, Nixon viajó a Pekín. El hecho no causó un enfriamiento de las relaciones con Moscú, y en este sentido Kissinger ganó la apuesta. De hecho, la URSS presionó para que el presidente estadounidense visitara antes Moscú que China, aunque sin conseguirlo. Durante la visita de Nixon, Estados Unidos aceptó oficialmente la tesis de una sola China, formulada por las autoridades de Pekín para fundamentar sus reivindicaciones de soberanía también sobre Taiwán. Los Estados Unidos se mostraron entonces partidarios de una solución pacífica al problema que recibiera la aprobación de los gobiernos chinos implicados. Esta declaración habilitaba a las autoridades estadounidenses y de la República Popular China a olvidar de modo temporal el problema de Taiwán, a cambio de la apertura comercial entre ambos países. Sin embargo, Estados Unidos continuó manteniendo relaciones diplomáticas con el Gobierno taiwanés hasta 1979, momento en que dejaron de reconocerlo para formalizar relaciones diplomáticas plenas con la China comunista. No obstante, aún hoy se mantiene cierta ambigüedad política al respecto, debido a los fuertes vínculos militares y económicos existentes entre Estados Unidos y Taiwán.

Ya a fines de mayo, Nixon llegó a Moscú, donde, además de firmar como complemento sustanciales incrementos comerciales, selló el acuerdo llamado SALT-1 (Strategic Arms Limitation Talks; en inglés, 'conversaciones sobre limitación de armas estratégicas'), esencialmente destinado a limitar los misiles antibalísticos.

Todo parecía moverse. Anuar el Sadat, sucesor de Nasser en Egipto, se estaba alejando de la URSS. En China, la misteriosa muerte del mariscal Lin Biao (antiguo delfín de Mao, fallecido en un accidente de avión en septiembre de 1971), favoreció una diplomacia más aperturista. De hecho, al año siguiente China restableció relaciones con Japón, interrumpidas desde que en 1937 dicho país la invadió.

No obstante, el golpe militar en Chile de septiembre de 1973 puso a los Estados Unidos, de nuevo, en el banquillo de los acusados. La responsabilidad de la CIA en la exitosa asonada fue reconocida en una investigación del Senado estadounidense en 1976. Se consolidaba así la idea de que el anticomunismo solo era un pretexto para proteger a toda costa los intereses conservadores de Estados Unidos, y no la esencia ideológica destinada a liberar (como pretendía la teoría del *roll-back*) a las víctimas de los regímenes soviéticos. Se había permitido en 1956 que los húngaros fueran reprimidos violentamente, y en cambio en 1973 se había favorecido un golpe militar que acabó derrocando al pacífico Gobierno izquierdista y democrático de Salvador Allende.

El escándalo Watergate que obligó a dimitir al presidente Nixon, unido a la caída de Saigón al año siguiente y al interregno de Gerald Ford, constituyó momentos negros para los Estados Unidos. Ford no era Truman. Nada más convertirse en presidente indultó a Nixon, y con ello perdió las elecciones de 1976, ganadas por el demócrata Jimmy Carter. Un presidente más partidario de defender los derechos humanos.

Nuevos cambios en Europa e impulso internacional de la URSS

En Europa, mientras, junto a la *Ostpolitik*, el proceso de autonomismo se intercalaba con la democratización meridional. El régimen de los coroneles concluyó en Grecia en julio de 1974 tras el fiasco de Chipre, donde los militares helenos intentaron unir la isla a su país, lo que provocó su partición después de una invasión turca en el norte de la isla. En ese mismo año había caído la dictadura de Marcelo Caetano en Portugal gracias a la Revolución de los Claveles impulsada por jóvenes oficiales, desapareciendo de inmediato el imperio colonial portugués. En 1977, dos años después de la muerte de Franco, España celebraba sus primeras elecciones libres desde febrero de 1936, unas elecciones en las que participó el recién legalizado Partido Comunista de España, ya muy alejado de Moscú.

En 1975, la URSS había logrado su propio *roll-back* integrado al comunismo a Vietnam del Sur, unida ahora a su vecina y hermana del norte. La conferencia de Helsinki la había beneficiado, y salvo en Berlín Oeste, dominaba en casi toda la Europa del este (excepción hecha de Albania y Yugoslavia). Se daba por hecho el haber alcanzado la completa estabilidad, con una Unión Soviética que exportaba su modelo a países tan variopintos como Etiopía (donde, tras el derrocamiento del emperador Haile Selassie en 1974, se configuraría una república popular), Yemen del Sur, la Tanzania del presidente Julius Nyerere o Mozambique (que introdujo incluso el fusil soviético Kalashnikov en su bandera). En Nicaragua, el régimen revolucionario sandinista implantado en 1979 aumentó sus relaciones con los soviéticos. Todo ello a costa de la concesión de ayudas económicas y créditos que dejaron a la URSS exhausta y, a la postre, encaminada irremediablemente al fracaso.

Para muchos, la Guerra Fría parecía haber concluido, pues había quedado todo en un equilibrio bastante estable. Sin embargo, el comunismo bolchevique, extendido por un imperio de dimensiones territoriales nunca antes vistas, estaba a punto de quebrar debido a las debilidades económicas internas, que comenzaron a mostrarse primero en los países satélites. Mientras, el comunismo nacionalista chino, tras la muerte de Mao (1976), supo transformase rápidamente en un nacionalcapitalismo autoritario, al introducirse formas económicas capitalistas combinadas con el socialismo anterior, siempre bajo la férrea dirección del Partido Comunista Chino.

A final de la década de los 70, y durante toda la de los 80, se produjeron sucesos de gran importancia que, en un primer momento, resucitaron la Guerra Fría más agresiva (1979-1985), para dar paso a una nueva fase de distensión (1985-1990), la última ya, hasta la definitiva desaparición del Imperio soviético (1991).

8

La caída de los comunismos y el fin de los bloques

Crisis del modelo económico soviético

La caída de los regímenes comunistas europeos (y de Mongolia), junto con la mercantilización capitalista de la economía china desarrollada por su Gobierno autoritario-comunista, fueron dos de los acontecimientos más destacados de finales del siglo xx.

Las causas de la caída de la URSS tuvieron un recorrido largo y profundo. En primer lugar hay que remontarse al estancamiento económico, ya manifiesto en la última etapa del Kruschev (1953-1964), un momento en el que el crecimiento sostenido dentro de la todavía reciente industrialización soviética comenzó a decrecer, alejándose de los ambiciosos objetivos que pretendían incluso superar, en términos cuantitativos, del rival estadounidense. De forma bastante imprevista, desde el inicio de la era Breznev (1964-1982) el estancamiento se convirtió en un dato permanente. La economía soviética, y con ella la imagen misma del comunismo, pasó de una juventud revuelta y brutal vivida en un pasado reciente a un rápido envejecimiento, sin pasar por la meridiana fase de madurez. La concreta, visible y patógena senescencia de la gerontocrática *nomenklatura* (el aparato burocrático del Estado soviético) en el poder (ejemplificada en el último Breznev, muerto ocupando su puesto a los 75 años, al igual que su sucesor Yuri Andropov, fallecido en 1984 a los 69 años, y que el sucesor de este, Konstantin Chernenko, muerto en 1985 con 73 años), percibida como un hecho irreversible, confirmó simbólicamente esta impresión.

El hecho fue que la producción soviética, basada en empresas, movimientos de personas y medios de dimensiones ciclópeas, se caracterizaba por una escasa rentabilidad, una baja eficiencia en el terreno cualitativo y unos elevados costes humanos. Superada la primera fase épica y despiadada de la protoindustrialización, basada en la industria pesada y militar, el aparato productivo soviético se encontró con serias dificultades a la hora de reconvertirse y transformarse en una máquina idónea para distribuir bienes de consumo. Llegado el momento de paz y distensión, fue incapaz de satisfacer a los consumidores. La Guerra Fría había resultado muy funcional, pues permitió encontrar entre esos consumidores cierta comprensión, derivada de las necesidades de una economía de guerra. La época de Breznev, en la que se mantuvo el poderoso despliegue militar-industrial, fue ya percibida como el preludio de la posterior caída del sistema.

La frustrada y frustrante expansión soviética por el mundo

A partir de 1975, año de la caída de Saigón, el Imperio soviético se extendía por un inconmensurable espacio bicontinental (el continente euroasiático), con ramificaciones en América y África. Superada la fase más totalitaria de su sistema político con la muerte de Stalin, se produjo un proceso de relación y diferenciación progresiva entre los diversos comunismos, cada uno de los cuales, incluso en condiciones de soberanía limitada (caso de la Europa del este), fue mostrando una voluntad de independencia nacional que la fue distanciando de la dirección soviética. A partir de 1975, cuando en Estados Unidos se vivió un momento de cierto repliegue neoaislacionista tras el abandono de Vietnam, evidente durante el mandato del presidente Carter (1977-1980), los soviéticos pensaron que podían aprovechar el momento para dar un paso más allá, sin tener en cuenta las limitaciones de su sistema económico, y dedicarse a extender sus redes y expandirse por África (Etiopía y las antiguas colonias portuguesas de Angola, donde estalló una guerra civil en la que intervinieron tropas cubanas, y Mozambique, donde tras la independencia se implantó un modelo político de partido único aliado de la URSS) y el mundo árabe-islámico. Todo ello a costa de unos elevados dispendios repartidos principalmente en créditos y ayudas, que luego no compensaban el esfuerzo realizado.

Como consecuencia de este proyecto de controlar la mayor superficie posible del planeta, se produjo la intervención en Afganistán, hecho que representó un duro golpe al prestigio soviético y reavivó una Guerra Fría que parecía moribunda.

El atrasado y extremadamente islamizado Afganistán, fronterizo con la URSS, había derrocado a la monarquía en 1973. Desde 1965 existía aquí un minúsculo Partido

Democrático Popular (comunista) que, auspiciado por los soviéticos, logró hacerse con el poder en 1978 creando la República Democrática de Afganistán. Fue entonces cuando el Gobierno de Estados Unidos dirigido por Carter inició la operación Ciclón en el contexto de la Guerra Fría, suministrando armas y una amplia financiación a los rebeldes islámicos *muyahidines* (literalmente, 'los que luchan por la fe') que desestabilizaron el país hasta tal punto que menos de un año después el Consejo Revolucionario del país solicitó la intervención del ejército soviético. Parece ser que la intención estadounidense era provocar precisamente dicha intervención, al objeto de crear un particular Vietnam que desgastara al régimen de Moscú.

Las fuerzas soviéticas entraron en el vecino Afganistán el 25 de diciembre de 1979 y depusieron y asesinaron de manera inmediata al presidente Hafizullah Amin, quien previamente había mandado ejecutar de manera arbitraria al anterior presidente y líder de la revolución comunista Nur Mohammad Taraki. Amin también había iniciado un proceso de aproximación a Estados Unidos. La intervención produjo un resurgimiento de los guerrilleros *muyahidines*, que aun estando divididos en varias facciones se embarcaron en una larga campaña contra las fuerzas soviético-afganas, respaldados por los suministros y el apoyo logístico y financiero de naciones como Estados Unidos, Pakistán, la recién creada república islámica de Irán (que era antiestadounidense), Arabia Saudí, China, Israel o el Reino Unido. Después de más de nueve años de guerra, los soviéticos se retiraron en 1989 después de la firma de los acuerdos de Ginebra entre Pakistán y la república afgana. No obstante, los enfrentamientos entre insurgentes y las tropas del Gobierno continuaron hasta abril de 1992, cuando la disolución de la URSS provocó el colapso económico del país y los fundamentalistas pudieron establecer un Estado islámico.

Guerrillero afgano dispara un lanzamisiles de fabricación estadounidense Stinger. Se trata de un arma personal capaz de derribar aviones volando a baja altura y helicópteros, que busca su objetivo mediante un sensor de calor. Foto realizada entre noviembre de 1987 y enero de 1988.

Los Stinger proporcionados por la CIA entraron en Afganistán en cantidades significativas en otoño de 1986, lo que forzó a los soviéticos a diversos cambios de estrategia. Las tripulaciones de los helicópteros limitaron sus operaciones a ataques nocturnos, pues los *muyahidines* no disponían de equipos de visión nocturna. Los pilotos pasaron a realizar sus bombardeos desde gran altura, lo que disminuía la precisión de sus ataques.

La guerra costó a los soviéticos unos quince mil muertos, aunque más elevado resultó el costo económico y mediático. El modelo comunista comenzó a hacer aguas por todo el mundo, en parte a causa de los horrores que provocaba, claramente exagerados por los medios de comunicación occidentales. Los juegos olímpicos de Moscú fueron boicoteados en protesta por los Estados Unidos, medida secundada por otros sesenta y cinco estados.

El comienzo de la guerra soviética en Afganistán coincidió con el fin del régimen genocida de los jemeres rojos en Kampuchea (la Camboya comunista), que provocó en torno a dos millones de muertos. En el Vietnam reunificado, entre 1975 y 1978 cientos de miles de vietnamitas, empleando pequeños botes, se lanzaron al mar buscando huir del nuevo régimen, lo que incidió en la negativa propaganda anticomunista aprovechada por los occidentales. La imagen del comunismo, mermada tras la invasión de Checoslovaquia en 1968, parecía haber vuelto a recuperarse en la década de los 70, aunque a causa de los mencionados sucesos volvió a hundirse, esta vez de forma definitiva.

El proceso de descolonización había por aquel entonces finalizado, con lo que prácticamente desaparecía la posibilidad de que las dos superpotencias se entrometieran en las luchas por la independencia de cualquier país. Sin embargo, con Afganistán se dio inicio a un peligroso recrudecimiento de la Guerra Fría de posiciones. Los soviéticos intentaron, al igual que los occidentales, llevar a cabo políticas neocolonialistas en algunos lugares del mundo, tal y como hemos visto ya. Por ejemplo, Yemen del Sur estableció lazos con la Unión Soviética, la República Popular China, Cuba, la República Democrática Alemana y con las organizaciones militantes palestinas. Aquí, el elemento más explícito del poder comunista en el país fueron las fuerzas armadas. El fuerte apoyo militar recibido del pacto de Varsovia se tradujo en un acceso para la fuerza naval soviética en las aguas de la zona, de gran importancia estratégica. Sin embargo, disturbios internos, presiones de Yemen del Norte y otras circunstancias hicieron fracasar a este país, que acabó reunificándose con su vecino en 1990, y abandonó con ello el régimen socialista.

Ofensiva estadounidense y guerra de las galaxias

La constatación de que la URSS se encontraba en un momento de crisis, unida a la sensación de fracaso derivada de la política de derechos humanos y neoaislacionista de Jimmy Carter hizo que en el 1980 los estadounidenses eligieran a un halcón, el republicano Ronald Reagan. Fue elegido presidente justo tras la Revolución islámica de Irán y la invasión soviética de Afganistán, en el momento en el que la distensión vivía sus últimos coletazos. Durante su primer mandato (1981-1984), Reagan, considerando que la URSS (a la que en 1983 denominó «imperio del mal») podía ser vencida, lanzó el mayor programa de rearme en tiempos de paz de la historia de Estados Unidos, convirtiendo la carrera armamentista en una pugna tecnológica, donde la mayor capacidad industrial, militar y económica de su país se impuso sobre el bloque soviético. Elemento clave de este programa fue la Iniciativa de Defensa Estratégica (IDE), popularmente conocida como la «guerra de las galaxias». El presidente impulsó también lo que se vino a denominar la doctrina Reagan: una política de intervenciones militares para derrocar regímenes marxistas en el tercer mundo.

Siguiendo un estilo propio, Reagan, antiguo actor de Hollywood, anunció de forma teatral, en un discurso televisado el 23 de marzo de 1983, su iniciativa de defender a su país mediante un escudo antimisiles que garantizara la inmunidad del territorio estadounidense ante cualquier ataque nuclear. Es lo que se denominó Iniciativa de Defensa Estratégica, que fue rápidamente bautizada por los periodistas como *Star Wars* ('guerra de las galaxias'), título de una célebre película de la época. La IDE suponía una verdadera revolución estratégica, pues implicaba la ruptura de las ideas de disuasión nuclear, el equilibrio del terror y la mutua destrucción asegurada que habían caracterizado las relaciones soviético-estadounidenses durante toda la Guerra Fría. No obstante, rápidamente recibió críticas. Se planteó la imposibilidad científica de crear un «paraguas protector» que fuera capaz de detectar y destruir todos los misiles dirigidos hacia un territorio concreto, en este caso estadounidense. Los economistas resaltaron el enorme coste económico que suponía para la economía de Estados Unidos en aquel momento histórico. Pese a todo, la IDE, magnificada y exagerada por los servicios de información estadounidenses, planteó un desafío de enorme magnitud a una URSS cuya economía pasaba por serios problemas. El rearme estadounidense, en la que la IDE era un nuevo factor clave, hizo conscientes a los líderes del Kremlin de la imposibilidad de continuar la carrera armamentística con Estados Unidos y de la necesidad de detraer recursos hacia una economía en graves dificultades. A partir de 1985, el nuevo giro que dio el mandatario soviético Gorbachov a la política internacional soviética sería en gran medida consecuencia de este rearme estadounidense.

Recreación artística de la Iniciativa de Defensa Estratégica.

Reagan no estaba de acuerdo con el concepto de destrucción mutua asegurada aceptado durante la Guerra Fría. Es decir, no consideraba necesario mantener un potencial destructivo tal que, aunque su país resultara vencedor, supusiera millones de víctimas entre sus filas. De ahí que en 1983, y de cara a las elecciones del año siguiente en las que resultaría vencedor, anunció un plan esencialmente defensivo destinado a preservar a los Estados Unidos de tales destrucciones. A diferencia de los sistemas anteriores, la IDE proporcionaría defensa de misiles desde el espacio. De hecho, para interceptar esos misiles, la mejor opción era hacerlo más allá de la atmósfera mediante rayos láser y espejos orbitales de detección situados en satélites. Con esta idea, los científicos estadounidenses comenzaron a trabajar en el proyecto, que nunca se desarrolló plenamente, aunque sirvió para convencer a la URSS de que había perdido la partida en lo que a superioridad armamentística se refería.

A su vez, la política exterior de Reagan estuvo marcada por su intento de contener la influencia soviética en muchas regiones. Carter había considerado dicha influencia como un proceso inevitable, pero su sucesor no lo vio así. En África, formó ejércitos para luchar contra los Gobiernos en Angola y Mozambique (apoyó al movimiento Unita —Unión Nacional para la Independencia Total de Angola— de Jonas Savimbi en Angola), lo que precipitó una guerra civil que duró años. En 1982, Reagan despachó a más de 1200 marines hacia la capital del Líbano (donde se vivía una nueva guerra civil), Beirut, pero se vio obligado a retirarlos cuando 258 murieron en una explosión provocada. En Centroamérica apoyó a los gobiernos, en general autoritarios, favorables a los intereses de Estados Unidos (El Salvador y Guatemala), y que eventualmente podrían haberse convertido en aliados del bloque soviético y otros países de inspiración comunista, como Cuba o Nicaragua. Desde 1983, Cuba denunció incluso la introducción de una cepa de dengue en su territorio por parte de Estados Unidos durante el Gobierno de Reagan, y en agosto de 2015 la revista *Archives of Virology*, órgano oficial de la sección de Virología de la Unión Internacional de Sociedades Microbiológicas, determinó que, efectivamente, el virus fue responsable de la muerte de 158 personas (101 de ellos niños) como consecuencia de aquel sabotaje médico. Igualmente emprendió una campaña contra el Gobierno sandinista de Nicaragua financiando a la contra nicaragüense (la guerrilla antisandinista). El Gobierno del país acusó a Estados Unidos de violaciones al derecho internacional ante el Tribunal Internacional de Justicia de la ONU por este apoyo a los contras y por minar los puertos nicaragüenses. Dicha institución dictaminó en favor de Nicaragua, pero los Estados Unidos se negaron a respetar la decisión argumentando que aquel no tenía jurisdicción sobre el caso. A petición de los Gobiernos de Barbados y Dominica, Reagan invadió la isla caribeña Granada (1983), cuyo Gobierno había sido acusado de alinearse con la Unión Soviética y con Cuba, así como de promover la militarización del país mediante la construcción de un aeropuerto de gran capacidad con la ayuda cubana.

En Oriente Medio, Reagan apoyó a Irak (dirigido por el dictador Saddam Hussein) en su guerra contra la República Islámica de Irán, así como, paradójicamente, a la guerrilla islámica de Afganistán, donde combatía contra los soviéticos un saudí llamado Osama bin Laden, destinado posteriormente a alcanzar gran renombre como enemigo número uno de los Estados Unidos.

Mijaíl Gorbachov en la URSS

A la muerte de Chernenko en 1985, le sucedió en la secretaría del PCUS un hombre de cincuenta y cuatro años (joven, para los parámetros soviéticos) llamado Mijaíl Gorbachov, quien a la vez se convirtió en jefe de Estado de su país tres años después.

Gorbachov es considerado el hombre que, sin desearlo, hizo desaparecer la URSS. Los factores endógenos que precipitaron dicha desaparición fueron, paradójicamente, los intentos de infundir aliento y racionalidad al empuje productivo, de eliminar la desmotivación generalizada (conectada con el propio declive económico), de promover la renovación impulsados por el mandatario soviético. La perestroika ('reestructuración') y la glásnost ('transparencia') constituyeron las palabras clave de esta política de reformas y dieron fin al rebrote de la Guerra Fría, abriendo una esperanza de paz en Occidente y en el mundo entero, a pesar de que fracasaron de forma clamorosa a la hora de reformar el anquilosado sistema soviético. Motivaron a su vez opiniones contradictorias en todos los sectores de la sociedad, y el renovado grupo dirigente del PCUS no fue capaz de mantener unido y controlado al país. Lo que venía a confirmar la idea de que un Estado absoluto o totalitario no puede llevar a cabo reformas políticas y sociales, en materia de libertades y derechos, sin arriesgarse a perder el control total de sus súbditos, ahora convertidos en ciudadanos. Ejemplo de ello fue lo ocurrido en las tres repúblicas bálticas (anexionadas a la fuerza por Stalin entre 1939 y 1940), que en cuanto tuvieron la ocasión, a partir de 1987, empezaron a exigir la independencia. Dos años después, el 23 de agosto de 1989, más de un millón y medio de personas formaron una cadena humana entre Tallin (capital de Estonia) y Vilnius (capital de Lituania) pasando por Riga (capital de

Imagen de la cadena humana báltica de agosto de 1989. El evento tuvo lugar por la tarde, y se celebró coincidiendo con el cincuentenario de la firma del pacto Molotov-Ribbentrop (el que firmaron la Alemania nazi y la URSS para dividirse áreas de influencia en el este europeo, y que significó la invasión soviética de los tres países bálticos). Con esta manifestación se pretendía llamar la atención de la opinión pública mundial sobre la situación histórica padecida por las tres repúblicas de la zona. En la convocatoria se exigía explícitamente la retirada de las fuerzas de ocupación soviéticas.

Letonia). El trazado de la manifestación se extendía por más de seiscientos kilómetros.

Junto a ello hay que tener en cuenta que el mismo sistema productivo soviético, territorializado y burocratizado, fue incapaz de adaptarse a la revolución informática de los años 80 y a la globalización. Las paquidérmicas factorías estatales, con su baja productividad, apenas se pudieron mantener en pie en un mundo cada vez más competitivo e interconectado. Gorbachov apenas podía hacer nada por cambiar el triste destino de su país. China, en cambio, sí supo introducir elementos capitalistas en su sistema económico, y gracias a ello se salvó, aunque, eso sí, sin permitir que el partido comunista dirigente perdiera el control del proceso. Cuando los estudiantes exigieron cambios en este sentido, fueron aplastados por la policía y el ejército entre mayo y junio de 1989 en la plaza pekinesa de Tiananmén.

Gorbachov también se mostró muy favorable a negociar con Estados Unidos el fin definitivo del conflicto bipolar. Como señaló Henri Kissinger en sus memorias, tanto Ronald Reagan como Mijaíl Gorbachov estaban convencidos de su victoria en la Guerra Fría. No obstante, el primero era perfectamente consciente de sus sólidas posibilidades de triunfo, mientras que el segundo acabó precipitando a su sistema al abismo después de impulsar unas reformas para las que la Unión Soviética no estaba preparada.

La Guerra Fría llegó a su fin, esencialmente, y según la historiadora chilena Ana Henríquez Orrego, por dos causas: por un lado, debe destacarse la presión económica ejercida por el rearme iniciado durante el primer período de Ronald Reagan, y por otro no podemos olvidar transformaciones internas experimentadas por la Unión Soviética durante el proceso de reformas emprendidas por Mijaíl Gorbachov. Unas reformas que no lograron reactivar la debilitada economía soviética y a la vez contribuyeron a destruir el sustento político e ideológico del régimen soviético. La perestroika y la glásnost no fueron capaces de ofrecer una respuesta a los múltiples problemas que aquejaban al sistema soviético, demostrándose así totalmente ineficaces.

En torno a 1987 se hizo cada vez más necesaria en la URSS una reforma radical de la economía. En la reunión plenaria del Comité Central del PCUS, celebrada en junio de aquel año, se adoptaron los denominados «principios de reestructuración radical de la gestión económica». Principios que implicaban el reemplazo de la tradicional planificación por métodos de desarrollo autosostenido. Se crearon mecanismos que concedieron autonomía de gestión a las empresas soviéticas, además de ofrecerse incentivos a la productividad. Con ello, la perestroika trató de hacer eficiente y competitivo el grupo de empresas estatales, cuya producción debía ser encaminada por lo menos a cubrir costes y abandonó de esta forma los gravosos subsidios estatales. Por otra parte, en noviembre se aprobó la ley sobre el trabajo individual, uno de los primeros pasos legislativos de la perestroika, dirigido a estimular la iniciativa de los individuos, a fin de que pudieran llevar a cabo actividades económicas ligadas al sector de pequeños servicios. En esencia, lo que se pretendía con estas disposiciones era estimular a las empresas soviéticas para que se volvieran competitivas.

En el ámbito internacional, la postura de Gorbachov fue más allá de una simple retirada táctica. La perestroika contemplaba la apertura total a Occidente, a través de la aplicación de una nueva política exterior dispuesta a llegar al entendimiento y a acabar con las tensiones. Consciente de la imposibilidad de conjugar la Guerra Fría y la solución de los graves problemas que acuciaban a la economía y a la sociedad de su país, el mandatario soviético proclamó en el XXVII congreso del PCUS (1986) lo que denominó un «nuevo pensamiento político», según el cual, el nuevo mundo se caracterizaba por la «interdependencia global». En adelante, convendría olvidarse de la lógica de la Guerra Fría y buscar la cooperación y el consenso como elementos básicos de las relaciones internacionales. Se trataba de alcanzar «una acción recíproca, constructiva y creadora al mismo tiempo… para impedir la catástrofe nuclear y para que la civilización pueda sobrevivir». Palabras recogidas en el mencionado congreso.

Vistas así las cosas, la Unión Soviética se disponía a llevar a cabo un gran repliegue, tanto en su enfrentamiento con los Estados Unidos como en los compromisos internacionales que había ido adquiriendo a lo largo de la Guerra Fría. Al constatar la preocupante realidad de la situación soviética, Gorbachov se dio cuenta de la necesidad de reducir las obligaciones contraídas con el Tercer Mundo, evitando además nuevos compromisos. Por ello decidió reducir la ayuda soviética a Nicaragua, Camboya, Angola y Etiopía, así como acabar con la gravosa intervención militar en Afganistán. De esta forma, a fines de 1988, la URSS de Mijaíl Gorbachov se había deshecho ya de los conflictos que sostenía en los distintos continentes.

No obstante, el líder soviético no consiguió su propósito, pues como señala Henry Kissinger en sus memorias, cuanto más duraban la perestroika y la glásnost, más aislado quedaba y más confianza perdía entre los suyos. Sus reformas solo pudieron aplicarse a medias, acelerando además la decadencia de su imperio. En el intento por reformar el comunismo, y en particular su esfuerzo por aplicar una democracia limitada tanto en la Europa del este como en la Unión Soviética, permitió que los críticos del comunismo negaran su legitimidad. Desde esta perspectiva, una vez que se abandonó el comunismo, que era el aglutinante que mantenía unido al Imperio soviético, tanto los países de Europa del Este como las mismas repúblicas que constituían la Unión Soviética aprovecharon la oportunidad para diseñar su propio camino hacia la independencia total.

Los problemas de la Unión Soviética fueron aprovechados por los Estados Unidos, que se dedicaron a ejercer más presión sobre su rival, aunque esta circunstancia no constituyera *per se* la causa primera de la debacle comunista. El presidente Reagan supo utilizar la carrera de armamentos para obligar a la economía de la URSS a un esfuerzo que, por excesivo, la llevó a la quiebra. En sus memorias, Reagan afirmó: «Me proponía hacer saber a los soviéticos que íbamos a gastar lo que hubiera que gastar para llevarles la delantera en la carrera de armamentos». No obstante, como señala Hobsbawm, no fue la cruzada emprendida por Reagan, contra lo que él llamaba «imperio del mal», la que produjo el colapso soviético. Fueron los propagandistas estadounidenses los que afirmaron que su caída se había debido a una activa campaña de acoso y derribo. Hobsbawm en su estudio sobre el siglo xx nos dice:

> Pero no hay la menor señal de que el Gobierno de los Estados Unidos contemplara el hundimiento inminente de la URSS o de que estuviera preparado para ello llegado el momento. Si bien tenían la esperanza de poner en aprieto a la economía soviética, el Gobierno estadounidense había sido informado erróneamente por sus propios servicios de inteligencia de que la URSS se encontraba en buena forma y con capacidad de mantener la carrera de armamentos. A principios de los ochenta, todavía se creía que la URSS estaba librando una firme ofensiva global.

La decepción ante las reformas y la desintegración del bloque comunista

Gorbachov comprendió que para poner en marcha sus reformas debía abandonar la política de fuerza, tiempo atrás empleada por sus antecesores, frente a las democracias populares satélites de la Europa del este. El mandatario soviético decidió, pues, no intervenir en estas cuando sus regímenes comenzaron a desmoronarse. Sin la intromisión soviética, los gobiernos comunistas fueron barridos con extraordinaria facilidad en unos pocos meses. Al constatar lo sucedido, Kissinger comprendió que Gorbachov había abandonado la doctrina Breznev, según la cual la URSS tenía el derecho y el deber de mantener gobiernos aliados en aquellos países, acabando con levantamientos e insurrecciones que pudieran ponerlos en peligro. De inmediato se entendió que la liberalización era incompatible con los gobiernos comunistas.

Cuando Gorbachov suprimió el comité de enlace establecido entre los países comunistas y el PCUS (septiembre de 1988), quedaba claro el abandono definitivo de la doctrina Breznev. En diciembre de ese mismo año anunció solemnemente, ante la Asamblea General de la ONU, un recorte unilateral de más de medio millón de soldados, la mitad de los cuales se retirarían, acompañados de más de cinco mil tanques, de la Europa del este. La actitud del Kremlin era a todas luces conciliadora con las reformas iniciadas en las democracias populares. Como consecuencia, una serie de revoluciones sacudieron la Europa oriental, llevando a sus países a la democratización y a la desvinculación de la Unión Soviética.

El proceso comenzó en Polonia, donde tras una serie de huelgas habidas en el verano de 1988, el Gobierno comunista, con el general Jaruzelski al frente, se vio obligado a negociar con el sindicato Solidaridad (una organización no comunista más o menos tolerada desde 1983). Este fue reconocido legalmente en abril de 1989, lo que dio inicio a la transición hacia la democracia. Por primera vez desde 1946, se organizaron elecciones libres en el este de Europa, aunque desde el punto de vista práctico la libertad sería controlada y limitada (el sindicato Solidaridad se comprometía a ceder el 65 % de los 460 escaños de la Dieta, cámara baja polaca, al Partido Comunista; en el Senado, en cambio, no habría actas reservadas, aunque dicha cámara solo tendría el poder de rechazar las leyes votadas por la Dieta). De este modo, Polonia entraba en una etapa de transición cuya duración estaba prevista en cuatro años, tras los cuales, la elección sería completamente libre en ambas cámaras. En las elecciones de junio de 1989 el partido comunista fue completamente derrotado (noventa y nueve de las cien plazas del Senado fueron ocupadas por Solidaridad, y la restante quedó en manos de un candidato independiente). Frente a esta situación, las autoridades comunistas propusieron la constitución de un Gobierno de unidad nacional en el que participara Solidaridad, a lo que dicho sindicato se negó. Jaruzelski comprendió que ya poco podía hacer para conservar el poder, y decidió permitir la formación de un Gobierno encabezado por Solidaridad, cuyo primer ministro sería Tadeusz Mazowiecki. Fue el primer Gobierno no comunista en Europa oriental desde 1945. La rápida descomposición del régimen comunista permitió que el antiguo obrero de los astilleros, Lech Walesa, principal dirigente de Solidaridad, fuera elegido presidente del país en 1990. Gorbachov no hizo nada para impedir todo este proceso.

En Hungría, las autoridades comunistas, al objeto de conservar el poder, intentaron imitar a Gorbachov introduciendo reformas, pero de nada les sirvió. El 11 de enero de 1989, el Parlamento, aunque dominado por los comunistas, legitimó la libertad de reunión y asociación para los grupos no comunistas, y un mes más tarde legalizó también los partidos políticos independientes. El 8 de abril, János Kádár, el hombre que había asumido la dirección del partido comunista después de la revolución de 1956, fue apartado del poder. El 2 de mayo, Hungría se convirtió en el primer país del bloque soviético que permitió abrir sus fronteras con la Europa occidental. En septiembre, el Gobierno comunista y los nuevos partidos de la oposición acordaron participar en elecciones libres, que se programaron para marzo de 1990. La victoria fue para el Foro Democrático de Hungría, un partido de centro-derecha cuyo líder, Jozef Antall, se convirtió en el primer ministro de un Gobierno no comunista. Los comunistas, que se presentaron bajo las siglas del Partido Socialista Húngaro, solo alcanzaron el 9 % de los votos.

Lo sucedido en Hungría tuvo una enorme repercusión exterior, especialmente la decisión de abrir sus fronteras con Austria en septiembre de 1989. Tal situación significaba la existencia de una enorme brecha en el telón de acero, pues permitió que decenas de miles de alemanes orientales escaparan hacia la República Federal de Alemania, atravesando Checoslovaquia, Hungría y Austria. A este éxodo de la población se añadió de inmediato una oleada de manifestaciones a lo largo de toda la RDA. Su presidente, Eric Honnecker, un dirigente que llegó a felicitar públicamente al embajador chino por la represión en la plaza de Tiananmén, comprendió de inmediato que todas estas reformas acabarían hundiendo al régimen comunista. Como representante del ala dura del partido, Honnecker acabó siendo sustituido por un comunista reformista llamado Egon Krenz, bajo cuyo mandato el Gobierno tomó la histórica decisión de abrir el muro de Berlín el 9 de noviembre de 1989 y la celebración de elecciones libres. En un primer momento, las nuevas autoridades de la RDA habían intentado frenar el éxodo de alemanes del este poniendo fin a las restricciones que impedían viajar a Occidente, pero la medida no hizo más que impulsar más huidas. En vista de la situación, el 9 de noviembre tuvo lugar el hecho considerado como el simbólico fin de la Guerra Fría, es decir, la apertura del muro. Centenares de miles de alemanes orientales cruzaron inmediatamente los pasos abiertos hacia el Berlín Oeste.

El rápido derrumbamiento de la RDA inició un proceso de negociación entre las cuatro potencias vencedoras de la Segunda Guerra Mundial y la RFA. Su canciller, Helmut Kohl, fue de inmediato consciente de la oportunidad histórica que se le abría a su país.

En un primer momento, el Kremlin intentó impedir la unificación proponiendo revitalizar los organismos de ocupación alemana orquestados por los vencedores de 1945. Más tarde, y ante la imposibilidad de evitar lo inevitable, el objetivo soviético se limitó a intentar impedir que toda la Alemania unificada acabara convirtiéndose en miembro de la OTAN. Ante esta situación, los aliados occidentales propusieron celebrar las conversaciones del Tratado Dos más Cuarto, es decir, los dos Estados alemanes, más Estados Unidos, Reino Unido, Francia y la Unión Soviética. Finalmente, el 14 de julio de 1990 Gorbachov no tuvo más remedio que aceptar la unificación alemana y su pertenencia a la OTAN. La contrapartida fue la promesa del canciller Kohl de conceder todo tipo de ayudas económicas a la URSS, incluidos grandes créditos, así como la limitación de sus efectivos militares a trescientos setenta mil soldados. Además, se aseguró a Gorbachov que en la Alemania unificada no habría armas biológicas, nucleares ni químicas. Por último, también se prometió aportar ocho mil millones de dólares para el mantenimiento y la retirada de las fuerzas soviéticas de Alemania. Por su parte, el mandatario soviético se comprometió a sacar dichas fuerzas en un plazo máximo de cuatro años.

Con estos acuerdos de unificación alemana finalizaba un problema que llevaba pendiente desde el final de la Segunda Guerra Mundial en Europa. El 23 de agosto de 1990, el parlamento de Alemania Oriental fijó el 3 de octubre como fecha para la integración con la República Federal. El 12 de septiembre del mismo año, las cuatro potencias aliadas de la Segunda Guerra Mundial y las dos Alemanias firmaron el tratado sobre la resolución final con respecto al nuevo país unificado. El 1 de octubre, los vencedores de la Segunda Guerra Mundial renunciaban oficialmente a sus derechos y responsabilidades sobre Alemania y su capital, Berlín. Dos días después, el país quedaba oficialmente reunificado.

Bulgaria también se vio afectada por lo que estaba sucediendo en su entorno. El 9 de noviembre de 1989, el mismo día en que se produjo la apertura del muro de Berlín, el politburó comunista del país destituyó a Todor Zhikov, líder del partido desde 1961. Su lugar fue ocupado por Petar Mladenov, político más propenso a llevar a cabo las reformas anheladas. No obstante, pasado un año el comunismo también claudicaría ante las urnas.

En Checoslovaquia, el 17 de noviembre de 1989 miles de jóvenes se congregaron en la principal plaza Wenceslao de Praga, escenario de las clásicas manifestaciones de protesta, para exigir el reconocimiento de sus derechos. Dos días después, aproximadamente doscientas mil personas se concentraron en la capital para exigir elecciones libres y la dimisión de los líderes comunistas. El 24 de noviembre abandonó su puesto Milos Jakes, secretario general del partido comunista local. Cuatro días después, tras una huelga general, el Gobierno permitió la formación de partidos no comunistas. El 10 de diciembre, un nuevo gabinete, donde los no comunistas constituían mayoría, pasó a gobernar el país. El 29 de diciembre se creó un Gobierno provisional, con Vaclav Havel como presidente, quien convocó elecciones libres para junio de 1990 y abrió la frontera con Austria. En los comicios, el partido comunista obtuvo el 14 % de los votos, el democristiano el 12 %, y el Foro Cívico (liderado por Havel), el 47 %. Este último procedió a crear un Gobierno de coalición con el nuevo partido democristiano, dejando de lado por completo a los comunistas.

En Rumanía, el proceso de transición alcanzó tintes algo más sombríos y sangrientos. En diciembre de 1989, las fuerzas de seguridad del estado acribillaron en la ciudad de

Timisoara a centenares de manifestantes que protestaban por el intento del Gobierno de desahuciar a un sacerdote disidente. La matanza dio lugar a nuevas manifestaciones. El 22 de diciembre, el presidente comunista rumano del país, Nicolae Ceausescu, intentó huir del país al constatar que las unidades militares comenzaban a apoyar a los manifestantes. No obstante, fue apresado y ejecutado sumariamente por el ejército tres días más tarde.

Nicolae Ceausescu y su esposa Elena, momentos antes de ser fusilados el 25 de diciembre de 1989 en Târgoviște

El 17 de diciembre, Ceausescu había ordenado al ejército y a la policía disparar contra los manifestantes de Timisoara. La rebelión, lejos de aplacarse por el uso de la fuerza, se extendió por el país y llegó hasta Bucarest, donde el 22 de diciembre las fuerzas armadas se sublevaron uniéndose a los manifestantes. Ese mismo día, Ceausescu y su esposa Elena, junto con dos colaboradores, abandonaron en helicóptero la capital. Primero llegaron a su residencia de Snagov, de donde volvieron a partir en helicóptero, aunque tuvieron que aterrizar cerca de Târgoviște porque las fuerzas armadas habían decidido controlar el espacio aéreo de todo el país y restringir los vuelos. El matrimonio fue entonces arrestado por la policía en un control de carretera y entregado a los militares rebeldes. El 25 de diciembre, Ceausescu y su mujer fueron condenados a muerte por un improvisado tribunal militar, que orquestó un juicio sumarísimo bajo los siguientes cargos: genocidio de sesenta mil personas en Timisoara (más tarde se descubriría que se había exagerado hasta seiscientas veces la cifra real de muertos por razones de propaganda; de hecho, la mayoría de los cadáveres expuestos ante la prensa internacional como prueba de la masacre de Timisoara habían sido desenterrados en realidad de un cementerio para indigentes), daño a la economía nacional, enriquecimiento ilícito y empleo del ejército para atacar a civiles. El matrimonio sería inmediatamente fusilado en un cuartel militar en Târgoviște.

Las revoluciones de 1989 en la Europa del Este habían significado un acontecimiento histórico de enorme relevancia. Por un lado, constituyeron el derrumbe de los sistemas comunistas surgidos después de 1945; por otro, significaron la pérdida de la zona de influencia que la Unión Soviética había establecido tras su victoria contra el nazismo. Podemos afirmar que los intentos de reformar el comunismo en la Europa Oriental acabaron por provocar su propio derrumbe y, finalmente, el de la propia URSS. Todo ello en un rápido proceso, pues si a comienzos de 1989 los comunistas gobernaban todos los países europeos al este del río Elba, al concluir el año el único Estado comunista que quedaba al oeste de la URSS era Albania, curiosamente más vinculada a China que a la URSS. La Guerra Fría había concluido ya antes de que la propia Unión Soviética se desintegrara. Incluso el completo desarme es anterior, pues ya el 8 de diciembre de 1987 Reagan y Gorbachov habían firmado en Washington el tratado que eliminaba los misiles balísticos y de crucero, tanto nucleares como convencionales, cuyo alcance se situaba entre los quinientos y los cinco mil quinientos kilómetros (los denominados euromisiles). Al alcanzarse la fecha límite del tratado, el 1 de junio de 1991, habían sido destruidos 2692 misiles, 846 estadounidenses y 1846 soviéticos. Según el tratado, ambos firmantes tenían permiso para inspeccionar las instalaciones militares del contrario.

Según Henry Kissinger, el fin de la Guerra Fría se inició con la transformación interna del régimen soviético liderado por Gorbachov, como hemos señalado con anterioridad. Pero Kissinger cree, que dentro de este período, la clave se encuentra en el XXVII congreso del PCUS, celebrado en 1986, cuando se abandonó la teoría de la inevitable lucha de clases y se proclamó la coexistencia como un fin en sí mismo. Finalmente, se puede decir que la Guerra Fría concluyó en el intervalo de los Gobiernos de Ronald Reagan y Mijaíl Gorbachov; así, en 1985 y 1989 pasamos de un ambiente de tensión y crisis intermitentes al establecimiento de una nuevas relaciones internacionales basadas en la búsqueda del entendimiento.

Fueron el fracaso de las reformas de Gorbachov y las revoluciones democráticas en Europa del Este los hechos que en definitiva llevaron al colapso del bloque soviético, el cual, a su vez, también se desintegraba internamente. Las aspiraciones separatistas de las repúblicas se habían comenzado a manifestar a través de las demandas de democracia y autodeterminación nacional. En algunos casos como en los países bálticos (Estonia, Letonia, Lituania), estas peticiones respondían a un compromiso con esos valores, pero en la mayor parte de las demás repúblicas, esas demandas no eran más que el intento de las elites locales del partido comunista por conservar el poder. Declarando la independencia, esperaban preservar a sus respectivas repúblicas de la injerencia cotidiana de Moscú. Entre el 19 y el 21 de agosto de 1991, algunos miembros del Gobierno y del partido, apoyados por algunas unidades militares, intentaron un último esfuerzo por frenar el derrumbe organizando un golpe de Estado en Moscú mientras Gorbachov descansaba en Crimea. La población civil, animada por el presidente de la Federación Rusa (la mayor república de la URSS) Boris Yeltsin, salió a la calle para protestar. Los golpistas, sin los apoyos suficientes para hacerse con el control de la situación, acabaron cediendo. El 8 diciembre en los acuerdos de Belavezha (reserva natural de Bielorrusia) se decretó la muerte de uno de los contendientes de la Guerra Fría, declarando solemnemente que: «Nosotros las Repúblicas de Bielorrusia, la Federación Rusa (RSFSR) y Ucrania como Estados fundadores de la URSS, firmantes del tratado de la Unión de 1922, en lo sucesivo denominadas altas partes contratantes, constatamos que la URSS como sujeto de derecho internacional y realidad geopolítica, deja de existir». Cada vez más impotente frente a los eventos, Gorbachov renunció a su cargo formalmente el 25 de diciembre. El Soviet Supremo reconocería al día siguiente la extinción de la Unión, disolviéndose y asumiendo Rusia los compromisos y la representación internacional del desaparecido Estado. Junto a la Federación Rusa, nacían otros catorce países: Armenia, Azerbaiyán, Bielorrusia, Estonia, Georgia, Kazajstán, Kirguizistán, Letonia, Lituania, Moldavia, Tayikistán, Turkmenistán, Ucrania y Uzbekistán. En cada uno de ellos, y entre ellos, no faltaron

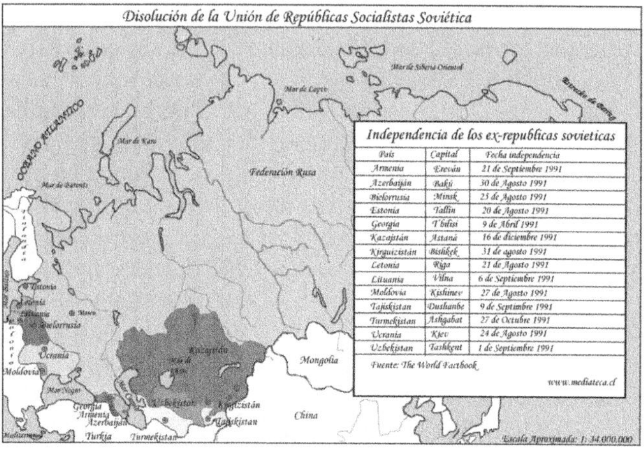

Mapa de la disolución de la Unión Soviética

los problemas. Tras el derrumbe soviético solo quedaba en pie el enorme Imperio estadounidense. Desde este punto de vista es legítimo proclamar que el ganador de esta peculiar guerra fue Estados Unidos.

La Guerra Fría había concluido. Su fin se produjo de manera bastante rápida con la derrota y la desintegración de la URSS, lo que dejó a su oponente en calidad de única gran superpotencia mundial. Este es el tema desarrollado por el historiador británico Eric Hobsbawm, en su artículo publicado en *Le Monde Diplomatique* y titulado «Después de ganar la guerra», en el que afirma: «Efectivamente, el colapso de la Unión Soviética dejó a los Estados Unidos como el único superpoder, que ningún otro poder podía o quería desafiar».

Epílogo

Tras la caída del muro de Berlín, la disolución de la Unión Soviética y el transcurso del tiempo; el período histórico denominado Guerra Fría ha terminado y el escenario que queda es el que detallamos a continuación:

Ya no hay dos grandes superpotencias con ideologías completamente distintas enfrentadas. Aunque quedan retazos, como por ejemplo en Corea del Norte con un Gobierno comunista totalitario, que amenaza con la guerra atómica cuando le conviene por motivos propagandísticos. Por otro lado, China es un gigante económico, con una avanzada economía en buena parte capitalista, aunque controlada todavía por su partido comunista. Cuba, desde la muerte de Fidel Castro, está en un proceso de transición a la democracia. Laos y Vietnam siguen siendo países comunistas.

En Europa, pertenecen ahora a la OTAN Albania, Bulgaria, República Checa, Croacia, Estonia, Eslovaquia, Eslovenia, Hungría, Letonia, Lituania, Polonia y Rumanía, países o partes de antiguos países comunistas. Un hecho que, por cierto, siempre fue percibido por Rusia como una amenaza hacia su seguridad.

En cuanto a Rusia, su democracia es débil. La conculcación de derechos humanos, los límites a la libertad de expresión y los tonos autoritarios de su presidente Vladimir Putin (antiguo miembro del KGB, el organismo sucesor de la NKVD en lo que a servicios de seguridad soviéticos se refiere) están al orden del día. Putin revisó unilateralmente las fronteras de su país y en 2014 se anexionó Crimea (durante un tiempo perteneciente a Ucrania).

Es decir, que aunque las diferencias ideológicas entre comunistas y capitalistas ya no existen, Rusia y Estados Unidos mantienen una tensión constante en lo que a política internacional se refiere. Rusia fue acusada en Estados Unidos de haber apoyado secretamente la candidatura presidencial del republicano Donald Trump. Los diferentes movimientos estratégicos dan lugar a pensar que la guerra sigue latente, por hechos como el caso de Edward Snowden (el analista de la CIA que denunció las trapacerías de la agencia en materia de control de comunicaciones; tras la denuncia se puso bajo protección rusa), la situación en Siria y la crisis de Ucrania.

Durante un tiempo Rusia se apartó de la escena global, aunque después retornó con más vigor, buscando consolidar su posición entre sus vecinos, restaurar parte de su antiguo protagonismo mundial y compensar aquello que se percibía como desplantes de Occidente. Una situación que ha sido descrita como el retorno de la Guerra Fría, en una versión bien distinta de su modelo original.

En 2008, el presidente estadounidense Barack Obama propuso empezar desde cero en las relaciones con Rusia, aunque luego anunció su intención de instalar un sistema de defensa antimisiles que amenazaba la seguridad de Rusia. Vladimir Putin, en varias ocasiones, denunció la hipocresía de los estados miembros de la OTAN, al declarar ellos la paz y extender sus bases militares en Europa, aumentando sus tropas en Polonia, poniendo sanciones económicas a Rusia y apoyando a grupos guerrilleros y golpistas de extrema derecha en las regiones de antigua influencia Rusia. El caso más sonado fue Ucrania, donde el Gobierno prorruso de Viktor Yanukovich fue apartado del poder por protestas orquestadas desde Europa (según Putin).

Así es como quedó el mundo tras finalizar la Guerra Fría.

Cronología

1945 En las conferencias de Yalta y Potsdam; Estados Unidos, la Unión Soviética y Reino Unido, las potencias vencedoras de la Segunda Guerra Mundial, sientan las bases para un nuevo equilibrio político y territorial en Europa.

La conferencia de San Francisco (26 de abril-25 de junio) reúne a representantes de cincuenta naciones para desarrollar los estatutos de la futura organización internacional (Naciones Unidas).

Ho Chi Minh proclama la independencia de la República Democrática de Vietnam (2 de septiembre).

1946 Discurso de Winston Churchill en la Universidad de Fulton (Missouri), donde se acuña el concepto de telón de acero.

1947 En un discurso dirigido a ambas cámaras, en sesión conjunta, el presidente de Estados Unidos Harry Truman anuncia su objetivo de combatir el expansionismo soviético ayudando a las amenazadas Grecia y Turquía.

El secretario de Estado general George Marshall elabora un plan de ayuda económica para Europa occidental, destinado a financiar la reconstrucción posbélica.

Firma del tratado de paz de París, con el que se pretende resolver parte de los conflictos territoriales existentes en Europa, a la vez que deshacer los cambios fronterizos creados por la Alemania nazi durante la guerra.

Escritos de George Kennan, diplomático estadounidense en Moscú, y de Walter Lippman, cronista político, donde ambos opinan sobre la política que deben seguir los Estados Unidos frente al totalitarismo soviético.

Expulsión de los comunistas de los Gobiernos de Bélgica, Francia, Italia y Austria.

1948 Stalin bloquea el acceso a Berlín Occidental, cortando todas las vías de comunicación por carretera, ferrocarril, ríos y canales. Dicho bloqueo dura once meses, durante los cuales se establece un puente aéreo de suministros que proporcionó alimentos, medicinas y otros artículos de primera necesidad a dos millones de berlineses.

Conflicto ideológico entre Yugoslavia y la Unión Soviética.

Los comunistas se hacen con el poder en Checoslovaquia.

1949 Se firma en Washington el tratado de defensa y colaboración comúnmente conocido como el Tratado del Atlántico Norte.

Comienzan los primeros experimentos atómicos soviéticos.

Se constituyen la República Federal de Alemania y la República Democrática Alemana.

Creación de la República Popular China.

1950 Tras la invasión de Corea del Sur por el ejército de Corea del Norte, se inicia un conflicto de tres años en los que intervendrán sobre todo las fuerzas de la ONU (encabezadas por Estados Unidos), las dos Coreas y la China comunista.

1951 Creación de la Comunidad Europea del Carbón y del Acero (CECA) por Bélgica, Francia, Alemania, Luxemburgo, Italia y los Países Bajos.

1952 A través del documento denominado Nota de Stalin, el mandatario soviético propone a los demás ocupantes de Alemania la reunificación de este país siempre que se mantuviera neutral y desmilitarizado. La propuesta es rechazada por la República Federal de Alemania, apoyada por sus aliados occidentales.

Estalla la primera bomba nuclear estadounidense.

1953 Se inicia la presidencia de Eisenhower en Estados Unidos.

Muerte de Stalin.

Revuelta de los obreros de Berlín, reprimida por los tanques soviéticos.

Bomba de hidrógeno soviética.

Armisticio de Panmunjom (fin de la lucha en Corea).

1954 Acuerdos de Ginebra por los que Francia abandona Indochina.

1955 La Conferencia de Bandung (Indonesia). Se crea el Movimiento de Países No Alineados. Sus integrantes condenan el colonialismo y abogan por la convivencia pacífica sin alinearse en ninguno de los dos bloques antagónicos.

La República Federal de Alemania ingresa en la OTAN y se equipa con un ejército nacional propio.

Se firma en Varsovia, bajo la supervisión de Nikita Kruschev, el pacto de alianza militar entre los países comunistas del Este.

1956 Vigésimo congreso del PCUS e inicio de la desestalinización.

Levantamiento popular en Hungría contra la presencia soviética y la dictadura comunista. Es reprimido por el Ejército Rojo, que invade el país.

Crisis de Suez. El canal, nacionalizado por el presidente egipcio Nasser, es ocupado por tropas francesas, británicas e israelíes. Ante la amenaza de una extensión de la crisis, la URSS anuncia su intervención a favor de Egipto si no se retiran las fuerzas invasoras. Estas acaban abandonando el canal por presiones ejercidas por Estados Unidos.

1957 Firma en Roma del tratado fundacional del Mercado Común Europeo.

La Unión Soviética pone en órbita el Sputnik.

1959 Triunfo de la revolución de Fidel Castro en Cuba.

Congreso de Bad Godesberg (Bonn). La socialdemocracia alemana rechaza el marxismo.

Desacuerdos ideológicos entre China y la Unión Soviética.

Visita de Kruschev a Estados Unidos.

1961 Fallida invasión anticastrista en la bahía de Cochinos (Cuba).

El vicepresidente de Estados Unidos Lyndon B. Johnson anuncia en Saigón que su país apoyará al régimen survietnamita del presidente Diem. John Fitzgerald Kennedy envía hasta 15 000 soldados estadounidenses a Vietnam del Sur.

Construcción del muro de Berlín.

1962 Crisis de los misiles de Cuba. Momento de máxima tensión de la Guerra Fría.

1963 Estados Unidos, Reino Unido y la URSS deciden suspender las pruebas nucleares terrestres y submarinas (tratado de Moscú).

En Dallas, el presidente Kennedy es asesinado. Le sucede Lyndon B. Johnson.

1964 Tras el incidente del golfo de Tonkín, desembarca la primera fuerza de combate estadounidense (3500 marines) en Vietnam del Sur. El conflicto dura unos diez años.

Renuncia forzada de Nikita Kruschev en la Unión Soviética. Le sucede Leonid Breznev.

1966 Charles de Gaulle anuncia que Francia se retira del mando militar integrado de la OTAN.

1968 Firma en Londres del Tratado de No Proliferación Nuclear entre Estados Unidos y la URSS.

Tropas del pacto de Varsovia invaden Checoslovaquia y ponen fin a la Primavera de Praga.

1969 Se inician diez años de encuentros entre Estados Unidos y la Unión Soviética, durante los cuales se firman numerosos acuerdos bilaterales destinados a controlar el armamento nuclear, aunque se mantiene la carrera de rearme.

La nave espacial estadounidense Apolo XI aterriza en la Luna.

1970 La Ostpolitik del canciller alemán federal Willy Brandt comienza a dar sus frutos: la República Federal Alemana y la URSS firman el primero de una serie de acuerdos que conducen a una relajación de las relaciones entre Oriente y Occidente.

1971 La China comunista es admitida en la ONU.

1973 Con los acuerdos de paz de París firmados por los Estados Unidos, la República Democrática de Vietnam y Vietnam del Sur se prevé la retirada de las fuerzas terrestres estadounidenses en Vietnam en un plazo de sesenta días.

1975 Conferencia de Helsinki.

1976 Muerte de Mao Ze Dong.

1979 Revolución islámica en Irán y salida del sah (emperador del país) del poder.

La Unión Soviética invade Afganistán para derrocar al Gobierno de Hafizullah Amin, considerado un amigo de los estadounidenses.

1980 Después de la invasión de Afganistán, Estados Unidos anuncia un bloqueo y boicotea los juegos olímpicos de Moscú.

Ronald Reagan, elegido presidente de los Estados Unidos.

1982 Muerte de Leonid Breznev, sustituido en la URSS por Yuri Andropov.

1983 Con el fin de derrocar a una junta militar que pretendía una alianza con la Unión Soviética y Cuba, los Estados Unidos invaden la isla caribeña de Granada (operación Urgent Fury).

La OTAN despliega sus euromisiles (Alemania, Reino Unido, Italia) en respuesta al despliegue soviético de los SS-20 (misiles de alcance medio). Ruptura de las negociaciones sobre el control de armas.

1984 En respuesta al boicot de los juegos de Moscú, la Unión Soviética boicotea los juegos olímpicos de Los Ángeles.

1985 Mijaíl Gorbachov Sergeyevich, nuevo secretario general del PCUS.

1986 Mijaíl Gorbachov, durante el XXVII congreso del partido, pone en marcha su política de reformas basadas en la glásnost.

En octubre, reunión entre Ronald Reagan y Gorbachov en Reikiavik para discutir la eliminación de las armas nucleares de alcance medio instaladas en Europa.

1987 El Tratado INF (Intermediate-Range Nuclear Forces) entre Reagan y Gorbachov elimina los misiles balísticos y de crucero, nucleares o convencionales, cuyo alcance se situara entre los 500 y 5500 kilómetros (los denominados euromisiles).

1988 La URSS se compromete a abandonar Afganistán.

1989 Victoria del partido Solidaridad en las elecciones democráticas polacas.

La caída del muro de Berlín pone fin a la división de la ciudad y da paso a la inmediata reunificación de las dos Alemanias, que se produce un año después.

Caen los regímenes comunistas de Polonia, Checoslovaquia, Hungría, Bulgaria y Rumanía sin que intervenga la Unión Soviética. Es la llamada doctrina Sinatra, propugnada por Gorbachov para permitir que sus antiguos aliados evolucionaran a su manera (variación del título de una canción de Frank Sinatra), lo que permite la democratización de dichos países.

Nicolae Ceausescu, derrocado y ejecutado en Rumanía.

1990 Reunificación de Alemania.

1991 Fin del pacto de Varsovia.

Los presidentes de Rusia, Ucrania y Bielorrusia firman en Belavezha (reserva natural de Bielorrusia) la disolución del Estado soviético.

El 25 de diciembre, Gorbachov renuncia como jefe de Estado, y al día siguiente la Unión Soviética se declara oficialmente disuelta por su propio parlamento, el Soviet Supremo.

Bibliografía

APPLEBAUM, Anne. *El Telón de Acero. La destrucción de la Europa del Este*, 1944-1956. Madrid: Debate, 2014.

APPY, Christian G. *La guerra del Vietnam: Una historia oral.* Barcelona: Crítica, 2008.

BARRIOS RAMOS, Raquel. *Breve historia de la guerra de Vietnam.* Madrid: Nowtilus, 2015.

BURLEIGH, Michael. *Pequeñas guerras, lugares remotos. Insurrección global y la génesis del mundo moderno.* Madrid: Taurus, 2014.

CARRÈRE D'ENCAUSE, Hélène. *Seis años que cambiaron el mundo. 1985-1991. La caída del Imperio soviético.* Barcelona: Ariel, 2016.

Couvée, Petra y Finn, Peter. *El expediente Zhivago. El Kremlin, la CIA y la batalla por el libro prohibido.* Madrid: Bóveda, 2016.

Fontana, Josep. *Por el bien del imperio. Una historia del mundo desde 1945.* Barcelona: Pasado y Presente, 2001.

Frattini, Eric. *KGB: Historia del centro.* Madrid: Edaf, 2005.

Gil, Julio. *La Guerra Fría: La OTAN frente al pacto de Varsovia.* Madrid: Historia 16, 1998.

Halberstam, David. *La guerra olvidada: Historia de la guerra de Corea.* Barcelona: Crítica, 2009.

Heffer, Jean y Launay, Michel. *La Guerra Fría.* Madrid: Akal, 1992.

Henríquez Orrego, Ana. «Propuesta didáctica para la enseñanza de la Guerra Fría: las principales características del mundo bipolar configurada entre el fin de la Segunda Guerra Mundial y la caída de la Unión Soviética». En: *Historia1Imagen. https://historia1imagen.cl/guerra-fria/*

Herrera Hermosilla, Juan Carlos. *Breve historia del espionaje.* Madrid: Nowtilus, 2012.

Hobsbwam, Eric. *Historia del siglo xx.* Barcelona: Crítica, 2012.

Isaacs, Jeremy (productor) y Coombs, Tessa (director). *Cold War.* [Documental]. Estados Unidos: Cable News Network (CNN), 1998.

Kempe, Fredferick. *Berlín 1961. El lugar más peligroso del mundo.* Barcelona: Galaxia Gutenberg-Círculo de Lectores, 2012.

LEFFLER, Melvyn P. *La guerra después de la guerra. Estados Unidos, la Unión Soviética y la Guerra Fría.* Barcelona: Crítica, 2008.

LEWIS GADDIS, John. *Nueva historia de la Guerra Fría.* México: Fondo de Cultura Económica, 2012.

LOWE, Keith. *Continente salvaje. Europa después de la Segunda Guerra Mundial.* Barcelona: Galaxia Gutenberg-Círculo de Lectores, 2012.

LOZANO, Álvaro. *La Guerra Fría.* Santa Cruz de Tenerife: Melusina, 2007.

MCMAHON, Robert J. *La Guerra Fría: Una breve introducción.* Madrid: Alianza, 2009.

MORENO IZQUIERDO, Rafael. *La historia secreta de las bombas de Palomares.* Barcelona: Crítica, 2016.

PHILLIPS, Russell. *Acero Rojo: Los tanques soviéticos y los vehículos de batalla durante la Guerra Fría.* España: Babelcube, 2016.

POWASKI, Ronald E. *La guerra fría. Estados Unidos y la Unión Soviética, 1917-1991.* Barcelona: Crítica, 2000.

RUIZ DURÁN, Francisco Javier. *El papel de los intelectuales en la Guerra Fría cultural.* España: Editorial Académica Española, 2001.

—*Orígenes, desarrollo y consecuencias de La Guerra Fría secreta.* Editorial Académica Española, 2012.

SEAGRAVE, Peggy y SEAGRAVE STERLING. *Los Guerreros del oro: el tesoro de Yamashita y la financiación de la Guerra Fría.* Barcelona: Crítica, 2005.

SOLAR, David. *La Guerra Fría.* Washington y Moscú, el mundo en juego. Madrid: Anaya, 2012.

Stonor Saunders, Frances. *La CIA y la Guerra Fría cultural.* Madrid: Debate, 2001.

Swift, John. *Atlas histórico de la Guerra Fría.* Madrid: Akal, 2008.

Taubman, William. *Kruschev. El hombre y su época.* Madrid: La Esfera de los Libros, 2005.

Taylor, Frederick. *El muro de Berlín. 13 de agosto de 1961-9 de noviembre de 1989.* Barcelona: RBA, 2009.

Trejo, Juan. *El fin de la Guerra Fría.* Barcelona: Belacqua, 2008.

Velarde, Guillermo. *Proyecto Islero. Cuando España pudo desarrollar armas nucleares.* Córdoba: Guadalmazán, 2016.

VV. AA. *La caricatura política en la Guerra Fría. 1946-1963.* Valencia: Universitat de València, 1999.

VV. AA. *La paz simulada: Una historia de la Guerra Fría, 1941-1991.* Madrid: Alianza Editorial, 2006.

VV. AA. *Atlas histórico de la Guerra Fría.* Madrid: Síntesis, 2013.

Weiner, Tim. *Legado de cenizas: Historia de la CIA.* Madrid: Debate, 2008.

Zubok, Vladislav M. *Un imperio fallido: La Unión Soviética durante la Guerra Fría.* Barcelona: Crítica, 2008.

Colección Breve Historia...

- *Breve historia de los samuráis*, Carol Gaskin y Vince Hawkins
- *Breve historia de la Antigua Grecia*, Dionisio Mínguez Fernández
- *Breve historia del Antiguo Egipto*, Juan Jesús Vallejo
- *Breve historia de la brujería*, Jesús Callejo
- *Breve historia de la Revolución rusa*, Íñigo Bolinaga
- *Breve historia de la Segunda Guerra Mundial*, Jesús Hernández
- *Breve historia de la Guerra de Independencia española*, Carlos Canales
- *Breve historia de los íberos*, Jesús Bermejo Tirado
- *Breve historia de los incas*, Patricia Temoche
- *Breve historia de Francisco Pizarro*, Roberto Barletta
- *Breve historia del fascismo*, Íñigo Bolinaga
- *Breve historia del Che Guevara*, Gabriel Glasman
- *Breve historia de los aztecas*, Marco Cervera
- *Breve historia de Roma I. Monarquía y República*, Bárbara Pastor
- *Breve historia de Roma II. El Imperio*, Bárbara Pastor
- *Breve historia de la mitología griega*, Fernando López Trujillo

- *Breve historia de Carlomagno y el Sacro Imperio Romano Germánico*, Juan Carlos Rivera Quintana
- *Breve historia de la conquista del Oeste*, Gregorio Doval
- *Breve historia del salvaje Oeste. Pistoleros y forajidos*, Gregorio Doval
- *Breve historia de la Guerra Civil española*, Íñigo Bolinaga
- *Breve historia de los cowboys*, Gregorio Doval
- *Breve historia de los indios norteamericanos*, Gregorio Doval
- *Breve historia de Jesús de Nazaret*, Francisco José Gómez
- *Breve historia de los piratas*, Silvia Miguens
- *Breve historia del Imperio bizantino*, David Barreras y Cristina Durán
- *Breve historia de la guerra moderna*, Françesc Xavier Hernández y Xavier Rubio
- *Breve historia de los Austrias*, David Alonso García
- *Breve historia de Fidel Castro*, Juan Carlos Rivera Quintana
- *Breve historia de la carrera espacial*, Alberto Martos
- *Breve historia de Hispania*, Jorge Pisa Sánchez
- *Breve historia de las ciudades del mundo antiguo*, Ángel Luis Vera Aranda
- *Breve historia del Homo sapiens*, Fernando Díez Martín
- *Breve historia de Gengis Kan y el pueblo mongol*, Borja Pelegero Alcaide

- *Breve historia del Kung-Fu*, William Acevedo, Carlos Gutiérrez y Mei Cheung
- *Breve historia del condón y de los métodos anticonceptivos*, Ana Martos Rubio
- *Breve historia del Socialismo y el Comunismo*, Javier Paniagua
- *Breve historia de las cruzadas*, Juan Ignacio Cuesta
- *Breve historia del Siglo de Oro*, Miguel Zorita Bayón
- *Breve historia del rey Arturo*, Christopher Hibbert
- *Breve historia de los gladiadores*, Daniel P. Mannix
- *Breve historia de Alejandro Magno*, Charles Mercer
- *Breve historia de las ciudades del mundo clásico*, Ángel Luis Vera Aranda
- *Breve historia de España I. Las raíces*, Luis E. Íñigo Fernández
- *Breve historia de España II. El camino hacia la modernidad*, Luis E. Íñigo Fernández
- *Breve historia de la alquimia*, Luis E. Íñigo Fernández
- *Breve historia de las leyendas medievales*, David González Ruiz
- *Breve historia de los Borbones españoles*, Juan Granados
- *Breve historia de la Segunda República española*, Luis E. Íñigo Fernández
- *Breve historia de la Guerra del 98*, Carlos Canales y Miguel del Rey
- *Breve historia de la guerra antigua y medieval*, Francesc Xavier Hernández y Xavier Rubio

- *Breve historia de la Guerra de Ifni-Sahara*, Carlos Canales y Miguel del Rey
- *Breve historia de la China milenaria*, Gregorio Doval
- *Breve historia de Atila y los hunos*, Ana Martos
- *Breve historia de los persas*, Jorge Pisa Sánchez
- *Breve historia de los judíos*, Juan Pedro Cavero Coll
- *Breve historia de Julio César*, Miguel Ángel Novillo López
- *Breve historia de la medicina*, Pedro Gargantilla
- *Breve historia de los mayas*, Carlos Pallán
- *Breve historia de Tartessos*, Raquel Carrillo
- *Breve historia de las Guerras Carlistas*, Josep Carles Clemente
- *Breve historia de las ciudades del mundo medieval*, Ángel Luis Vera Aranda
- *Breve historia de la música*, Javier María López Rodríguez
- *Breve historia del Holocausto*, Ramon Espanyol Vall
- *Breve historia de los neandertales*, Fernando Díez Martín
- *Breve historia de Simón Bolívar*, Roberto Barletta
- *Breve historia de la Primera Guerra Mundial*, Álvaro Lozano
- *Breve historia de Roma*, Miguel Ángel Novillo López
- *Breve historia de los cátaros*, David Barreras y Cristina Durán
- *Breve historia de Hitler*, Jesús Hernández
- *Breve historia de Babilonia*, Juan Luis Montero Fenollós

- *Breve historia de la Corona de Aragón*, David González Ruiz
- *Breve historia del espionaje*, Juan Carlos Herrera Hermosilla
- *Breve historia de los vikingos*, Manuel Velasco
- *Breve historia de Cristóbal Colón*, Juan Ramón Gómez Gómez
- *Breve historia del anarquismo*, Javier Paniagua
- *Breve historia de Winston Churchill*, José Vidal Pelaz López
- *Breve historia de la Revolución Industrial*, Luis E. Íñigo Fernández
- *Breve historia de los sumerios*, Ana Martos Rubio
- *Breve historia de Cleopatra*, Miguel Ángel Novillo
- *Breve historia de Napoleón*, Juan Granados
- *Breve historia de al-Ándalus*, Ana Martos Rubio
- *Breve historia de la astronomía*, Ángel R. Cardona
- *Breve historia del islam*, Ernest Y. Bendriss
- *Breve historia de Fernando el Católico*, José María Manuel García-Osuna Rodríguez
- *Breve historia del feudalismo*, David Barreras y Cristina Durán
- *Breve historia de la utopía*, Rafael Herrera Guillén
- *Breve historia de Francisco Franco*, José Luis Hernández Garvi
- *Breve historia de la Navidad*, Francisco José Gómez
- *Breve historia de la Revolución francesa*, Iñigo Bolinaga

- *Breve historia de Hernán Cortés*, Francisco Martínez Hoyos
- *Breve historia de los conquistadores*, José María González Ochoa
- *Breve historia de la Inquisición*, José Ignacio de la Torre Rodríguez
- *Breve historia de la arqueología*, Jorge García
- *Breve historia del Arte*, Carlos Javier Taranilla de la Varga
- *Breve historia del cómic*, Gerardo Vilches Fuentes
- *Breve historia del budismo*, Ernest Yassine Bendriss
- *Breve historia de Satanás*, Gabriel Andrade
- *Breve historia de la batalla de Trafalgar*, Luis E. Íñigo Fernández
- *Breve historia de los Tercios de Flandes*, Antonio José Rodríguez Hernández
- *Breve historia de los Medici*, Eladio Romero
- *Breve historia de la Camorra*, Fernando Bermejo
- *Breve historia de la guerra civil de los Estados Unidos*, Montserrat Huguet
- *Breve historia de la guerra del Vietnam*, Raquel Barrios Ramos
- *Breve historia de la Corona de Castilla*, José Ignacio Ortega
- *Breve historia de entreguerras*, Óscar Sainz de la Maza
- *Breve historia de los godos*, Fermín Miranda
- *Breve historia de la Cosa Nostra*, Fernando Bermejo

- *Breve historia de la batalla de Lepanto*, Luis E. Íñigo Fernández
- *Breve historia del mundo*, Luis E. Íñigo Fernández
- *Breve historia de los dirigibles*, Carlos Lázaro
- *Breve historia del Románico*, Carlos Javier Taranilla de la Varga
- *Breve historia de la Literatura española*, Alberto de Frutos
- *Breve historia de Cervantes*, José Miguel Cabañas
- *Breve historia de la Gestapo*, Sharon Vilches
- *Breve historia de los celtas* (nueva edición), Manuel Velasco
- *Breve historia de la arquitectura*, Teresa García Vintimilla
- *Breve historia de la guerra de los Balcanes*, Eladio Romero e Iván Romero
- *Breve historia de las Guerras Púnicas*, Javier Martínez-Pinna
- *Breve historia de Isabel la Católica*, Sandra Ferrer Valero
- *Breve historia del Gótico*, Carlos Javier Taranilla de la Varga
- *Breve historia de la caballería medieval*, Manuel J. Prieto
- *Breve historia de la Armada Invencible*, Víctor San Juan
- *Breve historia de la mujer*, Sandra Ferrer Valero
- *Breve historia de la Belle Époque*, Ainhoa Campos Posada

- *Breve historia de las batallas navales de la Antigüedad*, Víctor San Juan
- *Breve historia de las batallas navales de la Edad Media*, Víctor San Juan
- *Breve historia del Imperio otomano*, Eladio Romero
- *Breve historia de la Guerra de la Independencia de los EE. UU.*, Montserrat Huguet Santos
- *Breve historia de la caída del Imperio romano*, David Barreras Martínez
- *Breve historia de los fenicios*, José Luis Córdoba de la Cruz
- *Breve historia de la Ciencia ficción*, Luis E. Íñigo Fernández
- *Breve historia de Felipe II*, José Miguel Cabañas
- *Breve historia del Renacimiento*, Carlos Javier Taranilla
- *Breve historia de Carlos V*, José Ignacio Ortega Cervigón
- *Breve historia de la vida cotidiana del Imperio romano*, Lucía Avial Chicharro
- *Breve historia de la generación del 27*, Felipe Díaz Pardo
- *Breve historia de las batallas de la Antigüedad, Egipto-Grecia-Roma*, Carlos Díaz Sánchez
- *Breve historia de la vida cotidiana del antiguo Egipto*, Clara Ramos Bullón
- *Breve historia de las batallas navales del Mediterráneo*, Víctor San Juan

Próximamente...

- *Breve historia de la mitología de Roma y Etruria,* Lucía Avial Chicharro
- *Breve historia de la Filosofía,* Vicente Caballero de la Torre
- *Breve historia de la Guerra Fria,* Eladio Romero
- *Breve historia del Barroco,* Carlos Javier Taranilla
- *Breve historia del Japón feudal,* Rubén Almagón